柬埔寨包装储藏车间

柬埔寨码头物流运输

老挝木薯收获

老挝水果市场情况

老挝香蕉种植基地

缅甸香蕉组培苗中心

热带水果水洗车间

香蕉组培苗中心

澜湄国家技术培训

中柬冷冻干燥研究中心

澜湄国家农业发展现状及农产品质量安全标准分析

王 飞 王 会 曾亚琴 主编

中国农业出版社
农村读物出版社
北 京

本书编写人员

主　　编：王　飞　王　会　曾亚琴

副 主 编：吴　佳　庄志凯　李　特　张　浩　张　彪

参　　编：潘　睿　陈玉梁　郑朝中　王雷雨　王晓芳

　　　　　刘洋洋　Jarnthong Methakarn（泰）

主编单位：中国热带农业科学院农产品加工研究所

前　言

　　起源于中国青海唐古拉山的澜沧江，流经西藏、云南，从西双版纳出境后被称为湄公河，先后流经缅甸、老挝、泰国、柬埔寨、越南五国，干流全长 4 880 千米，流域面积 81 万平方千米。中国、缅甸、老挝、泰国、柬埔寨、越南秉承"同饮一江水，命运紧相连"的精神于 2016 年 3 月 23 日开启澜沧江-湄公河合作（简称"澜湄合作"）。"澜湄合作"是中国与澜湄五国共同发起和建设的新型次区域合作机制，旨在深化六国睦邻友好和务实合作，促进沿岸各国经济社会发展，打造澜湄流域经济发展带，建设澜湄国家命运共同体，助力东盟共同体建设和地区一体化进程，为推进南南合作和落实联合国 2030 年可持续性发展议程作出贡献，共同维护和促进地区持续和平和发展繁荣。自 2016 年澜湄合作机制启动以来，中国国家主席习近平积极推动澜湄沿线国家交流与合作，构建周边国家命运共同体。他跨越山海，步履不停，多次出访湄公河沿线国家，与各国领导人密切互动。他对澜湄合作取得的丰硕成果给予充分肯定，为"澜湄速度""澜湄效率"和平等相待、真诚互助、亲如一家的"澜湄文化"点赞。《三亚宣言》《金边宣言》《澜沧江-湄公河合作五年行动计划（2018—2022）》等重要文件明确提出：扩大农业科技领域的交流与合作。2020 年 2 月 20 日，国务委员兼外长王毅在澜沧江-湄公河合作第五次外长会上发言强调："进一步推动农业合作。在抓紧落实《澜湄农业合作三年行动计划》的基础上，用好澜湄农业合作机制，使更多湄公河国家产品进入中国市场。"2022 年 7 月 4 日发布的《关于在澜沧江-湄公河合作框架下深化农业合作和保障粮食安全的联合声明》中提到："农业是澜湄合作优先领域之一。近年来，六国农业部门对接各国农业发展战略，落实《澜湄农业合作三年行动计划（2020—2022）》，实施'丰收澜湄'项目集群，深化农业经贸投资合作，为六国经济发展和社会进步、建设面向和平和繁荣的澜湄国家命运共同体提供了坚实支撑。"同时，该联合声明指出，"基于澜湄农业合作的良好基础，六国农业部门将在以下方面加强合作：一是完善农业合作机制，二是加强粮食安全合作，三是推动'丰收澜湄'项目集群提质增效，四是促进经贸合作，五是开展农业科技合作和人才交流，六是拓宽对话交流平台。"澜湄合作机制搭建起中国与澜湄国家互利合作的平台和沟通交流的桥梁。

澜湄五国属于典型的农业大国，其中泰国、越南和缅甸位列全球前十大水稻种植国家，有世界三大"谷仓"之称。澜湄五国的橡胶、咖啡、椰子、甘蔗、木薯等农产品产量在世界上占有重要地位。柬埔寨的玉米产量在1989—2022 年 30 多年间直线上升，其中大部分用于国内市场消耗，其余主要出口到泰国、越南和中国等；水稻是柬埔寨主要的农作物，全国约 80% 耕地面积用于种植水稻；木薯是柬埔寨重要杂粮作物之一，橡胶是柬埔寨最重要的经济作物之一。老挝最主要的粮食作物是水稻，种植面积占全国农作物种植面积的 85%，全国超过 70% 的居民种植水稻；经济作物中咖啡的种植面积居首位，约占经济作物总面积的 1/2。缅甸高温多雨的自然条件非常适合水稻、玉米、橡胶等多种农作物的生长。越南国民经济的支柱产业是农业，农业产值约占国内生产总值的 30%，粮食作物以水稻为主，水稻产量占粮食产量的 85% 以上。泰国以种植水稻、咖啡、甘蔗、橡胶为代表，其产量和出口量长期居世界前列，在国际市场上占有一席之地。

中国属于发展中国家，农业在国民经济中占有重要地位。中国与澜湄五国空间区位毗邻、文化背景相似，自然环境存在异同，这使得中国与澜湄五国在农业领域开展合作具有诸多天然优势，便于实现资源互补、技术互通、信息共享、贸易提速。

农业标准化是现代农业的重要标志，农业标准是保障农业绿色发展的重要手段。在中国与澜湄五国的贸易往来中，由于各国农产品质量标准体系不同，贸易往来存在诸多不便。本书通过调查研究法、文献研究法、比较研究法等，结合各国农业基本情况、农业相关政策、农产品加工业现状等，指出澜湄五国农业发展的优势和劣势，并对五国农产品质量标准体系进行汇总整理，最后对中国与澜湄五国农业合作的发展前景等进行深入研究和探讨。

本书的出版得到了农业农村部亚洲合作资金"澜湄国家热带果蔬加工与检测合作平台建设"项目的支持，感谢农业农村部对外经济合作中心和国际交流服务中心的大力支持。

目　录

第一章　柬埔寨农业发展现状

柬埔寨王国（The Kingdom of Cambodia），简称柬埔寨。柬埔寨位于中南半岛南部，西部及西北部与泰国接壤，东北部与老挝交界，东部及东南部与越南毗邻，南部则面向泰国湾。柬埔寨总人口约1 600万人，高棉族占总人口80%。柬埔寨国土面积约18万平方千米。柬埔寨最南端至西边区域地处热带区域，北方以扁担山脉与泰国柯叻交界，东边的腊塔纳基里台地和高地与越南中央高地相邻。柬埔寨的政体是君主立宪制，实行自由民主和自由市场经济，立法、行政、司法三权分立。

一、柬埔寨农业基本情况

柬埔寨是传统农业国，农业资源丰富，土地肥沃，水资源和热量均较为充足，农业、牧业、渔业发展潜力较大，农产品加工业前景广阔。全国共有670万公顷可耕地，但目前耕种面积仅为260万公顷左右，加之农业生产水平低下，基本处在"靠天吃饭"的耕种阶段，土地单产极低，国内粮食尚不能完全满足自给。大量土地还适宜种植橡胶、棉花、木薯、腰果、热带水果等经济作物。总体来看，柬埔寨农业产业发展和技术水平相对落后，主要农作物单位面积产量低于世界平均水平，木薯、天然橡胶、蔬菜、椰子、咖啡、菠萝等作物的单位面积产量远低于中国。柬埔寨农业和畜牧业产业技术、产品质量与加工、劳工能力与水平等均有很大的提升空间。

柬埔寨优势种植业主要有水稻、玉米等粮食作物，木薯、天然橡胶等工业原料作物，香蕉、芒果和蔬菜等热带果蔬。种植业以粮食生产为主，谷物种植户全国占比达55.0%，产量占全国农作物总产量的53.7%。2019年，柬埔寨主要作物种植户数量及产量如表1-1所示。柬埔寨种植业产值在农业产值中占比也较大。雨季种植业产值较大，相应的成本也较高，利润率相对较低。2019年柬埔寨不同地区雨季、旱季种植业价值增值情况如表1-2所示。

表 1-1   2019 年柬埔寨不同区位主要作物种植户数量及产量数据

作物类型	种植户数量/万户	产量/万吨					
	全国	全国	金边	平原地区	洞里萨湖区	沿海地区	高原/山区
谷物	254.0	713.6	2.1	282.3	315.0	31.6	82.6
块茎和豆科作物	35.2	412.6	0.0	41.7	249.3	0.0	121.6
临时性经济作物	9.7	19.9	0.0	12.4	3.1	1.3	3.2
蔬菜	25.5	23.2	0.0	12.8	7.8	0.8	1.9
水果和坚果	110.7	105.5	0.5	37.7	30.1	12.0	25.2
长期性经济作物	25.3	53.2	0.0	22.7	14.0	1.5	15.0
其他未分类作物	1.3	0.7	0.0	0.6	0.0	0.0	0.0
总计	461.7	1 328.6	2.6	410.2	619.3	47.2	249.5

表 1-2   2019 年柬埔寨不同区位雨季、旱季种植业价值增值情况

单位：百万瑞尔

季节	项目	全国	金边	平原地区	洞里萨湖区	沿海地区	高原/山区
雨季	总产值	6 926 670	57 225	2 313 326	2 677 729	386 860	1 491 530
	净产值	6 858 374	56 609	2 285 914	2 657 071	382 583	1 476 197
	收获后损失	68 296	616	27 412	20 658	4 278	15 332
	成本	3 761 715	9 020	1 465 888	1 596 501	169 002	521 305
	价值增值	3 096 659	47 589	820 026	1 060 570	213 581	954 893
旱季	总产值	5 397 249	4 782	2 205 599	1 982 655	84 469	11 197 441
	净产值	5 357 128	4 654	2 178 614	1 977 488	83 851	1 112 491
	收获后损失	40 121	128	26 954	5 167	618	7 253
	成本	1 017 332	5 307	520 203	238 632	37 004	216 186
	价值增值	4 339 796	−653	1 658 442	1 738 856	46 847	896 304

（一）各产业基本情况

1. 水稻产业

柬埔寨种植的水稻品种主要有香稻、非香稻和糯稻。非香稻种植面积最大，2019 年种植面积 148 万公顷，收获面积 141 万公顷，产量为 353 万吨，单位面积产量为 2 504 千克/公顷（折合 166.93 千克/亩①），种植面积在 10 万公顷以上

---

① 1 亩＝1/15 公顷。

的前七大主产省区为波罗勉、马德望、班迭棉吉、茶胶、磅通、暹粒、柴桢；香稻种植面积44.3万公顷，收获面积42.0万公顷，产量112万吨，单位面积产量2 662千克/公顷（折合177.47千克/亩），种植面积在1万公顷以上的省区有马德望、班迭棉吉、暹粒、波罗勉、柏威夏、茶胶、奥多棉芷、磅通、菩萨、磅清扬、磅士卑等；糯稻是柬埔寨种植面积最小的水稻品种，2019年种植面积为9 054公顷，收获面积8 865公顷，单位面积产量为2 455千克/公顷（折合163.67千克/亩），产量为2.17万吨，种植面积在100公顷以上的省区有柴桢、茶胶、柏威夏、贡布、磅通、波罗勉、磅士卑、磅清扬等。

目前，柬埔寨已成为世界第六大大米输出国，水稻种植面积和总产量不断实现新突破。根据联合国粮农组织（FAO）公布的数据，1989—2018年30年间柬埔寨水稻产量直线上升。2016年，柬埔寨水稻总产量已超过800万吨，出口量约54万吨；2018年产量达1 089.2万吨。2019年柬埔寨水稻总产量有所减少，大米出口总量约62万吨，出口中国22.2万吨，约占总出口量的40%，与2018年相比增长了45.71%。中国是柬埔寨大米的最大出口国。

根据柬埔寨全国稻米总产量和1 400万居民的消费量来计算，自2011年开始，柬埔寨每年至少有300万吨稻米流向外国市场，但受国际贸易机制、检验检疫、稻米收储和加工能力等因素的影响，官方掌握的稻米出口量很小，如2012年出口22.41万吨。随着柬埔寨对外贸易制度的完善，以及国际贸易市场的发展，2018年，柬埔寨稻米出口量官方统计量为62.62万吨。西哈努克港是柬埔寨稻米出口的主要海运通道口。从西哈努克港出口的稻米主要销往欧洲国家、俄罗斯及中国。2018年，柬埔寨共计出口稻米62.62万吨。其中，向中国出口17.02万吨，占比27.17%，位列第一；向法国出口8.61万吨；向加蓬出口3.31万吨；向荷兰出口2.67万吨。在出口的稻米中，香米49.36万吨，占总出口量的78.82%；长粒稻米10.60万吨，占总出口量16.93%；长粒蒸米2.67万吨，占总出口量的4.25%。欧盟2019年1月17日宣布，为保护欧盟粮农利益，对进口自柬埔寨的稻米征收关税。2019年，中国对柬埔寨进口的稻米配额由30万吨提升到40万吨。中国已成为柬埔寨稻米出口的最大市场。柬中稻米贸易和产业合作将迎来新的纪元。

柬埔寨水稻以雨季稻为主，旱季稻次之，前雨季稻分布较为零散。2011年，雨季稻面积为2.62万平方千米，占总收获面积的69%。2016年，雨季稻为2.59万平方千米，占总收获面积的71%。两期雨季稻种植范围基本一致，主要分布在洞里萨湖周围的低地和南部的湄公河下游。由于柬埔寨农业基础设施落后，灌溉引水条件是旱季稻种植的主要限制性因素。即便在有灌溉设施的情况下，旱季稻的种植也需要综合考虑人力、灌溉成本等因素，因此，旱季稻的种植年际变化较大。2011 年, 柬埔寨旱季稻面积为 1.07 万平方千米, 占水稻种植总面积的 28%, 主要为单季稻类型; 2016 年, 旱季稻面积为 0.95 万平方千米, 占总收获面积的 25%, 主要为双季稻类型。

在柬埔寨, 前雨季稻一般在 4 月底至 5 月初播种, 这时候仍处于旱季, 即便会有零星降雨, 也难以满足水稻早期播种插秧对水资源的需求, 因此, 前雨季稻对灌溉条件的依赖程度同样很高。前雨季稻成熟期在 7 月底至 8 月, 洪水威胁风险很大。受多种因素制约, 柬埔寨前雨季稻种植面积较小, 2011 年和 2016 年分别只有 0.13 万平方千米和 0.12 万平方千米。不同年份空间格局差别较大, 2011 年前雨季稻主要分布在洞里萨湖西北部, 而 2016 年前雨季稻主要分布在洞里萨湖东部和南部的湄公河沿岸靠近水源的区域。

柬埔寨单季稻收获主要分布在两个时间段。其中, 洞里萨湖东部和湄公河沿岸靠近水源的单季稻收获时间在 3—5 月, 这一区域的种植面积约占单季稻种植面积的 30%。这部分单季稻主要为旱季稻, 充分利用旱季洞里萨湖水位消落的低地区域进行水稻种植。而进入雨季, 洞里萨湖水位高涨, 该区域长时间被水淹没, 不再适宜第二季水稻种植。通常情况下, 单季稻中的雨季稻收获时段较长, 根据种植时间、种植品种以及雨季降雨的不同, 其收获时间从 9 月可延伸至次年。2011 年受严重洪灾影响, 柬埔寨雨季稻的收获期大多始于 11 月底, 至次年结束。2011 年雨季稻约占单季稻种植面积的 59%。2011 年双季稻第一季收获时间集中于 7—8 月, 约占第一季种植面积的 45%, 主要为前雨季稻; 洞里萨湖周围双季稻的第一季主要于 3 月收获, 占第一季收获面积的 38%, 主要为旱季稻。双季稻中的第二季主要为雨季稻。同样, 受洪水影响, 96% 的区域集中于 11 月至次年收获。2016 年, 76% 的单季稻于 10 月至次年收获, 类型为雨季稻。湄公河三角洲区域单季稻的收获时间集中于 4—5 月, 占比为 17%, 主要为旱季稻。双季稻第一季集中于 3 月收获, 占双季稻第一季种植面积的 83%, 主要为旱季稻。双季稻第二季收获时间集中于 7—8 月和 12 月至次年 1 月两个时段, 分别为前雨季稻和雨季稻, 各占双季稻种植面积的 26% 和 60%。

柬埔寨气温和热量适宜, 只要具备水资源条件, 全年任何季节都可进行水稻种植。为适应降雨过程和洪水消长动态, 柬埔寨形成了年内多样化的水稻熟制和耕作类型, 增加了遥感水稻种植格局监测难度。2010 年之后, 柬埔寨水稻生产面积基本稳定在 300 万平方千米左右。从热量条件来看, 柬埔寨一年四季可随时种植水稻, 但由于历史原因和经济社会发展水平的限制, 柬埔寨农业基础设施落后, 灌溉系统仍不完善, 无法覆盖全国, 对柬埔寨水稻种植时空格局具有显著影响。旱季稻在生长前期尚可利用雨季结束后的存水, 但其生长季主要在旱季, 基本没有降雨, 必须依赖灌溉措施。同样, 前雨季稻在旱季后期播种插秧，也需要灌溉能力。因此，在灌溉设施缺乏的情况下，柬埔寨水稻种植以单季稻为主。对 2011 年和 2016 年的水稻熟制研究结果看，一年两熟水稻田面积稳定在当年水田总面积的 20% 左右，变化不大。但是，从空间分布上看，一年两熟的水稻田分布格局变化较大，说明仍有相当一部分区域具有一年双季的水稻种植灌溉条件。在这些区域，当年是否种植双季稻可能更多是基于农户对双季稻投入、产出的判断。

2. 木薯产业

木薯是世界三大薯类作物之一，原产美洲热带地区，在年均气温 18℃、无霜期 8 个月以上的热带亚热带地区均可种植。由于具有粗生易栽、生长快、产量高、适应性强和用途广等特点，木薯已发展成为世界上广泛种植的粮食和经济作物。目前，全球约有 90 个国家栽培木薯，种植面积达 1 851 万公顷。木薯有"淀粉之王""地下粮仓"和"特用作物"等美称，是优良的工业原料，可以加工生产淀粉糖类、淀粉类、酒精类、有机化学品类、精细化学品类五大系列 2 000 多个品种的产品，可广泛应用于食品、医药、酒精、纺织、造纸、制糖和涂料等各个行业中。

（1）木薯种植情况

柬埔寨木薯一般种植于平地，每年可种植木薯 2 次，植后 8—12 个月可收获。雨季于 3—6 月种植，平均产量 20.8 吨/公顷；旱季于 10—11 月种植，平均产量 22.6 吨/公顷。过去，柬埔寨木薯种植区主要分布在东北部的腊塔纳基里、磅湛、桔井等省；现在，班迭棉吉、马德望、磅通、拜林、柏威夏、蒙多基里、暹粒、柴桢等省的木薯种植面积日益增加，正在形成新的木薯主产区（表 1-3）。

表 1-3　柬埔寨木薯种植分布及产量情况

地区	面积/公顷	单位面积产量/(吨/公顷)	总产量/吨
桔井省	7 118	6.00	42 708
磅湛省	53 798	20.12	1 082 416
班迭棉吉省	8 047	10.35	83 286
马德望省	10 747	41.12	441 917
磅通省	1 743	7.58	13 212
拜林省	6 517	50.00	325 850
柏威夏省	4 835	10.65	51 493
蒙多基里省	5 806	15.50	89 993
暹粒省	1 254	12.78	16 026
柴桢省	3 296	7.47	24 621
合计	103 161	20.37	2 171 522

　　1989—2019 年柬埔寨木薯产量直线上升，2006 年开始爆发性增长，种植面积 10 年间增长近 30 倍，2019 年产量达到 1 373.79 万吨，成为柬埔寨主要创汇的农产品之一。柬埔寨木薯种植主要分布在湄公河、洞里萨河沿岸和洞里萨湖附近的冲积平原地区，包括磅针、磅通等省，主栽品种有甜种和苦种，甜种用于鲜食，苦种用于加工淀粉（含粉率 24%～28%）。在冲积平原种植区，木薯在雨季结束后开始种植，次年 6 月洪水到来前收获；在山地种植区，木薯在 6 月雨季开始前种植，次年春天收获。柬埔寨木薯用途包括鲜食，本地加工成淀粉、酒精或饲料以及干片出口。2014 年柬埔寨全国出口木薯202 万吨，2015 年出口增加至 290 万吨，增幅达 40% 以上，最大出口对象国为泰国和越南。柬埔寨木薯出口的激增得益于加工条件的改善和出口市场的扩大。为发展木薯等农业产业，柬埔寨政府致力于通过提供免税优惠，吸引更多外资投资柬埔寨木薯种植（外籍法人以多种方式使用土地，包括特许、15 年或以上长期租赁——最长租期 70 年，50 公顷以上的经济作物种植项目享受投资优惠），并鼓励农民把新鲜木薯加工为木薯干片以便于出口，满足国外采购商的需求和提高木薯价值。

　　近十几年来，得益于木薯需求量的增加及销售市场的红火，柬埔寨木薯种植面积扩展迅猛。2002 年柬埔寨全国的木薯种植面积只有 1.93 万公顷，2011 年迅速增加至 39.17 万公顷，10 年间木薯种植面积扩大了 19 倍。同时，全国木薯总产量也随之快速增长，由 20 世纪 90 年代鲜薯产量 15.2 万吨/年，迅速提高至 21 世纪初的年平均 27.34 万吨，2011 年柬埔寨全国木薯产量达800 万吨（表 1-4）。

表 1-4　1996—2011 年柬埔寨木薯生产情况

年份	面积/公顷	单位面积产量/(吨/公顷)	总产量/吨
1996	13 000	5.36	69 656
1997	10 060	7.68	77 270
1998	8 208	8.11	66 534
1999	14 003	16.32	228 512
2000	15 380	9.61	147 763
2001	13 590	10.47	142 262
2002	19 284	6.33	122 014
2003	25 039	13.21	330 649
2005	22 507	16.09	362 050
2006	29 957	17.87	535 623
2010	108 871	19.20	2 090 325
2011	391 700	21.70	8 000 000

（2）木薯病虫害情况

由于木薯产业的快速发展，柬埔寨各农业公司分别从泰国、越南等周边国家引进木薯品种，不同的木薯病虫害也随之产生，其中为害比较严重的为木薯水蜡虫。柬埔寨班迭棉吉省农业官员表示，该省 2010 年共种有 2.5 万公顷木薯，但有将近 1/3 受到水蜡虫的侵袭，损失严重。此外，柬埔寨木薯还存在褐斑病，该病并未大面积发生，对木薯产量影响较小。同时，在磅清扬省发现菟丝子草害。菟丝子寄生于木薯上，吸收木薯养分，致使木薯干枯死亡，若不及时处理将会严重影响木薯产量。

（3）木薯产品贸易情况

过去很长一段时间，柬埔寨的木薯加工一直处于空白状态。柬埔寨薯农直接把木薯卖到泰国，由泰国干燥木薯，再出口。2009 年初，为了保护泰国木薯农利益，泰国政府严禁进口柬埔寨木薯。由于柬埔寨自身缺乏加工能力，柬埔寨木薯产业遇到困难，柬埔寨才开始在班迭棉吉省筹划建立木薯加工厂。目前，柬埔寨只有 1 家由韩国投资的乙醇加工厂，这家工厂的木薯消费量甚少，年消费量约 10 万吨，每年可产出 3.6 万吨乙醇，出口到欧洲市场。柬埔寨剩余的大批量木薯干片主要还是出口到越南和泰国。一直以来，柬埔寨的木薯主要出售给越南和泰国，再由两国转口进入中国市场。直到 2012 年，柬埔寨首次向中国出口 3 000 吨木薯干，标志着柬埔寨木薯干以一般贸易的方式成功进入中国市场。柬埔寨商业部公布的报告显示，2011 年前 10 个月，柬埔寨出口了 22.83 万吨木薯，与 2010 年同期的 11.67 万吨相比，增长近 100％。柬埔寨商业部官员指出，2011 年前 10 个月出口木薯的总额达 1 000 万美元，与 2010 年同期的 290 万美元相比，增长 2 倍多。

3. 橡胶产业

柬埔寨地处中南半岛，属于热带季风气候，柬埔寨的雨季有 7 个多月，整个国家的气候湿润。由于其独特的气候条件与较为薄弱的工业技术水平，农业发展成为柬埔寨发展较为重要的部分。柬埔寨的海岸线全长为 460 千米，其优越的自然环境催生了柬埔寨丰富的农业资源。柬埔寨有 85％以上的人民从事着农业相关的工作。柬埔寨的主要农作物是水稻。而橡胶是种植面积仅次于水稻的第二大经济作物。橡胶产业的发展也提供了柬埔寨较大分量的经济来源。

随着国际橡胶价格呈现增长态势，柬埔寨橡胶种植及加工产业获得迅速发展。2017 年柬埔寨橡胶种植面积达到 43.13 万公顷，橡胶总产量为 14.8 万吨，干橡胶出口量为 4.52 万吨；2019 年柬埔寨橡胶种植面积达 43.45 万公顷，可割胶橡胶园面积 23.23 万公顷，占总种植面积的 54％。磅通省的橡胶种植面积最大，占全国总面积的 15.4％；蒙多基里省次之，占全国总面积的

8.4%。2011—2020 年柬埔寨天然橡胶种植面积、开割面积和产量数据如表1-5 所示。

表1-5 2011—2020 年柬埔寨天然橡胶种植面积、开割面积和产量

项目	2011 年	2012 年	2013 年	2014 年	2015 年	2016 年	2017 年	2018 年	2019 年	2020 年
种植面积/万公顷	21.31	28.03	32.87	35.78	38.89	43.27	43.63	43.67	43.71	43.74
开割面积/万公顷	4.51	5.53	7.85	9.05	11.12	12.70	17.02	20.19	25.45	30.60
产量/万吨	5.13	6.45	8.52	9.71	12.68	14.52	19.33	22.01	28.76	33.72

数据来源：国际橡胶研究组织（IRSG）统计报告，http://www.rubberstudy.org/reports。

柬埔寨通过调整橡胶种植园分布及模式，重点扶持国有种植园、私人种植园和民营工业种植园的发展。国有橡胶种植园集中在磅湛省，占全国橡胶种植园半数以上；但随着私人种植园的不断发展，国有种植园的面积占比正在不断减少。1992 年，柬埔寨皇家政府（RGC）决定采取"土地让步"（ELC）计划，促进家庭橡胶种植园的发展。到 2016 年底，柬埔寨家庭橡胶种植园面积为 15.45 万公顷，占柬埔寨国家橡胶种植园总面积的 35.81%。柬埔寨的"土地让步"计划使得很大部分的土地开发成为种植经济作物的土地。

2020 年，柬埔寨天然橡胶种植面积为 43.74 万公顷，居世界第八位，割胶面积为 30.60 万公顷，同比增长 20.24%，开割率为 69.96%，是世界割胶面积增长最快速的国家。柬埔寨政府大力支持橡胶种植业发展，将其作为减少农村地区贫困的主要手段之一。由于劳动力成本较低，柬埔寨橡胶种植业具有较好的比较优势，即使其他主要产胶国的产量不同程度出现下滑，柬埔寨仍持续增产，产量从 2016 年的 14.52 万吨快速增加到 2020 年的 33.72 万吨，年均增长 33.06%。同时，柬埔寨橡胶产量占世界橡胶产量的比重也越来越大，这主要得益于割胶面积的快速增加。

随着柬埔寨地区改革开放进程的加快，柬埔寨橡胶种植园的培育量与日俱增。2021 年以来，随着柬埔寨各地区的经济发展以及国际天然橡胶价格的攀升，柬埔寨政府正在不断推进橡胶产业的发展，加强天然橡胶业的保护与扶持。橡胶的生产及用量已经逐渐成为衡量一个国家工业化程度的重要手段。柬埔寨在橡胶种植业上有着极大的不可替代性。一是因为橡胶的培育与成长对气候与地域要求较为严格，柬埔寨独特的季风气候使得柬埔寨的橡胶产业发展良好；二是因为橡胶产品有着极大的不可替代性，柬埔寨地区的橡胶种植业历史悠久，在东盟地区的橡胶使用方面占有较大的份额。引进橡胶种植技术以来，柬埔寨不断扩大橡胶种植园的分布。柬埔寨橡胶种植园的所有权大致可以分为三类：国有种植园、私人种植园、民营工业种植园。

国有种植园：柬埔寨在引进橡胶种植技术时，首先是在磅湛省进行试验

与扩大的。磅湛省的橡胶业起步较早。在对柬埔寨的国有种植园进行统计时，大多数国有橡胶种植园集中在磅湛省。柬埔寨的国有橡胶种植园占到柬埔寨全国橡胶种植园的半数以上，但随着私人种植园的不断发展，国有种植园的面积比例正在不断减少。柬埔寨主要的七个国有橡胶种植园分别为 Chup，Peam Cheang，Krek，Memot，Snuol，Chamcar Andong 和 Beung Ket。在2008 年底，柬埔寨政府决定将国有的橡胶种植园私有化，于是以公开拍卖的形式将六所种植园私有化；在 2009 年初再次进行拍卖，对最后一所国有橡胶种植园进行私有化的改造，成功促进了国有种植园的转型与发展。

私人种植园：私人种植园也被称为小农橡胶种植园与家庭橡胶种植园。从 1990 年开始，柬埔寨有了家庭橡胶种植园。后来由于其销路良好，家庭橡胶种植园的扩散速度急剧增加，从 1995 年的 10 000 公顷增加到 2006 年的18 600 公顷。根据 2017 年公布的数据，到 2016 年底，柬埔寨家庭橡胶种植园的面积为 154 500 公顷，占柬埔寨国家橡胶种植园总面积的 35.81%。绝大多数私人橡胶种植园的不断发展主要归功于 1992 年，柬埔寨皇家政府（RGC）提出的"土地让步"（ELC）计划。1992 年柬埔寨"土地让步"计划主要针对经济作物，如棕榈油、甘蔗、玉米等，还有能够快速增长的植物，如桉树、松树等，以及其他有价值的树木，如橡胶等。种植经济作物能够使种植面积占比很大的柬埔寨土地获得更有价值的使用方式，同时也能促进柬埔寨的农业发展。然而，只有一定数量的种植园是在进步的，并不断通过种植橡胶获取更多的价值；对于另一部分用来种植经济作物的土地而言，它是否已经种植橡胶树，或者说是否通过橡胶获取一定的价值仍然是未知的。

民营工业种植园：上文中提到，柬埔寨的"土地让步"（ELC）计划使很大部分的土地开发成为种植经济作物的土地。柬埔寨的大量经济作物是由林地转换与开发的。在柬埔寨加入东盟与 WTO 后，柬埔寨的经济增长速度在亚洲名列前茅，成为亚洲经济快速增长的国家之一。柬埔寨在 2013 年 GDP增长率为 7.2%，2015 年增长率为 7%。2016 年，柬埔寨的橡胶产业出口量为 150 000 吨，比上年同期的橡胶出口量增长了 30 000 吨。由于国际天然橡胶价格不断提升，柬埔寨的橡胶出口单价也由每千克 650 瑞尔升至每千克700 瑞尔，出口量也有了稳步的提升。

4. 热带水果产业

柬埔寨种植的主要热带水果有香蕉、芒果、菠萝、番荔枝、火龙果、榴莲、番石榴、龙眼、番木瓜等。芒果种植面积最大，2019 年种植面积为96 765 公顷，收获面积 55 944 公顷，产量为 359 758 吨。其中，马德望省芒果种植面积最大，奥多棉芷、磅湛、甘丹次之。香蕉种植面积 10 870 公顷，收获面积 8 375 公顷，产量 15.4 万吨，主要生产省区有马德望、磅湛、菩萨、柏威夏。

5. 畜牧业

柬埔寨畜牧养殖主要有牛、猪和家禽等。养殖最多的是鸡、鸭，牛和猪次之。贡布、暹粒、茶胶等省区禽类养殖较多，波罗勉、磅士卑、磅通、暹粒等省区牛、猪养殖较多。2019 年柬埔寨不同区位畜禽养殖数量如表 1-6 所示。在畜禽养殖上投入最多的品类是饲料，占总成本的 95% 以上，具体成本构成见表 1-7。

表 1-6　2019 年柬埔寨不同区位畜禽养殖数量

单位：头（只）

种类	全国	金边	平原地区	洞里萨湖区	沿海地区	高原/山区
黄牛	2 743	27	1 082	828	208	597
水牛	327	0	95	106	19	107
马	3	0	2	0	0	1
猪	568	0	169	213	93	94
绵羊	0	0	0	0	0	0
山羊	79	0	7	46	0	26
鸡	40 785	255	13 554	10 308	3 600	13 069
鸭	25 138	82	16 776	5 616	1 989	674
鹌鹑	1 292	0	0	1 291	0	0
其他	131	4	31	65	9	22
总计	71 066	368	31 716	18 474	5 918	14 590

表 1-7　2019 年柬埔寨不同区位畜禽养殖成本

单位：百万瑞尔

品类	全国	金边	平原地区	洞里萨湖区	沿海地区	高原/山区
饲料	1 330 055	4 973	647 030	290 682	140 678	246 693
雇工	15 923	0	11 660	2 562	8	1 693
兽药与防疫	46 597	480	27 047	10 308	3 433	5 329
其他成本	820		505	155	20	140
产品和饲料进出市场	6 136	0	5 345	34	73	683
总计	1 399 531	5 453	691 586	303 741	144 211	254 539

6. 水产业

水产是柬埔寨农业的重要组成部分，80% 的居民动物蛋白均由鱼类提供。

全国35％的农户从事渔业活动，1.3％的农户从事水产养殖，主要集中在平原地区和洞里萨湖区（表1-8）。

表1-8　2019年柬埔寨不同区位渔业与水产养殖家庭数量

项目	全国	金边	平原地区	洞里萨湖区	沿海地区	高原/山区
全国农户数/户	3 636	532	1 282	1 051	231	541
渔业活动/户	1 271	5	440	465	87	274
占比/%	34.96	0.94	34.32	44.24	37.66	50.65
水产养殖/户	47	1	30	14	1	1
占比/%	1.29	0.19	2.34	1.33	0.43	0.18

（二）柬埔寨农业发展优势

1. 畜禽养殖业自然条件优越

畜禽养殖业是柬埔寨排在种植业后的第二大农业产业。畜禽养殖业发展对促进柬埔寨农业农村经济发展和农民减贫具有重大作用。该国发展畜禽养殖业自然条件较好，牧草种植可为畜禽养殖提供充足的饲料，因此开发潜力巨大。

2. 贸易便利化

在贸易全球化的国际发展趋势之下，柬埔寨高度重视自身多边贸易体制的完善和发展，特别是通过清除贸易投资障碍，逐步提高贸易便利化水平，挖掘贸易合作的潜力。有学者研究发现，在加入东盟自由贸易区后，柬埔寨与其贸易伙伴之间的贸易互补程度加深，贸易流动水平逐渐提高。也有学者通过研究柬埔寨基础设施项目发现，柬埔寨采用多样化原则战略，让越来越多的伙伴参与国内基础设施建设，从而分散基础设施融资和执行，提高国内贸易便利化环境建设。

3. 环境气候条件优越

柬埔寨国土大体呈碟状，东部、北部和西部三面被山脉与丘陵环绕，湄公河干流从北向南贯穿全境、洞里萨湖水系自西北向东南注入湄公河，在中部形成平坦开阔的冲积平原；平原、高原和山地地貌分别占全国总面积46％、29％和25％。柬埔寨属热带季风气候，雨旱两季分明，年平均相对湿度约为80％，较为湿热，全国年平均降水量较大，约为1 724毫米，但时空分配不均；全年近90％的降雨集中在雨季；西南部与东北部年降水量在1 800毫米以上，中部洞里萨湖降水量则为1 200～1 600毫米。多年平均年陆地蒸发量为982毫米，相当于多年平均年降水量的56.9％。柬埔寨多年平均水资源总量为 1 467 亿立方米，其中地表水资源量为 1 347 亿立方米，地下水资源量为 345 亿立方米，不重复量 120 亿立方米。境内水量主要靠降雨补给，径流的时空分布基本上与降水一致，总体来看全年径流量的 84% 集中在雨季，由东北和西南山区向洞里萨湖和三角洲地区递减。根据地形地貌、水系及水土资源分布特点，柬埔寨全国分为洞里萨湖区、湄公河三角洲区、东北部山区和西南沿海区四大区域。其中洞里萨湖区及湄公河三角洲区光热条件好，特别适宜水稻等作物生产，是国家粮食主产区。

4. 农业资源、耕种条件优越

作为新兴稻米出口国，柬埔寨具有相当大的潜力发展为东南亚国际粮仓、稻谷生产加工出口基地和国际稻米流通中心，其水稻生产情况将继续对巩固全球粮食安全和稳定国际稻米市场价格发挥重要作用。得益于其地理位置、农业资源和耕种条件等方面的优势，近年来柬埔寨水稻生产呈现出较强的商业化特点。2010 年，中柬两国签署《关于柬埔寨大米对华输出的检验检疫议定书》，大米贸易成为两国经贸合作新增长点。2016 年以来，中国已成为柬埔寨大米最大出口市场，2019 年出口中国高达 22.2 万吨。

（1）土地资源

柬埔寨国土面积 181 035 平方千米，土地资源丰富。据 FAO 统计，2019 年柬埔寨农业用地 556.6 万公顷，其中农田 406.6 万公顷、可耕地面积 381.9 万公顷，林地 822.41 万公顷，永久草地面积 150 万公顷。柬埔寨耕地面积占国家土地面积的 21.10%，主要分布在平原地区和洞里萨湖区。在雨季，有 51% 的耕地面积用于种植作物；在旱季，用于种植作物的耕地面积仅占 10%。

（2）气候资源

柬埔寨属于热带季风气候，降雨主要集中在 5—11 月，12 月至次年 4 月为旱季，全国年平均降水量为 1 700 毫米左右。受地形和季风影响，各地降水量差异较大，象山南端可达 5 400 毫米，金边以东约 1 000 毫米，年度间降水量差异也较大。日均温度为 21～35℃，12 月至翌年 1 月最为凉爽，月平均气温 24℃；4 月最为炎热，月平均气温达 30℃ 以上，最高可以达到 40℃。总体来说，柬埔寨的气候条件适合农业生产。

（3）水资源

柬埔寨江河众多，水资源丰富，主要河流有湄公河、洞里萨河等，还有东南亚最大的洞里萨湖，多年平均地表水资源量为 1 347 亿立方米，多年平均地下水补给资源为 416 亿立方米。水资源总量的年内分配规律与降水类似，年内分配不均，且主要集中在雨季，5—11 月的水资源总量占全年的 80% 以上。

（4）劳动力资源

柬埔寨农业劳动力相对丰富。2019 年全国农业劳动力（15～64 岁）312.4 万人，其中男性 148.1 万人、女性 164.3 万人；2019 年从事农业的熟练工人 167.2 万人，其中男性 80.3 万人、女性 86.9 万人。农业劳动力占全国劳动力的比例呈现下降趋势，2009 年农业劳动力占比为 57.6%，2019 年降为 35.5%。

（三）柬埔寨农业发展劣势

1. 农业基础设施差及资金不足

目前，制约柬埔寨水稻产量提高的主要因素是农业基础设施，尤其是水利系统基础设施。目前柬埔寨全国约有 350 个水利系统仍能正常使用，可灌溉全国 30%～40% 稻田。柬埔寨农业专家表示，若水利灌溉系统覆盖面积扩大 20%～30%，水稻产量将增加 500 万吨。

由于资金投入有限，柬埔寨现有水利基础设施建设相对薄弱，水利设施严重不足，导致灌溉水源得不到保证，水资源得不到有效利用。一是大部分农田对天然降雨依赖性强，雨季灌溉面积不到种植面积的 25%，粮食产量不高；二是缺乏大型骨干蓄水工程对天然来水进行调蓄，天然来水过程与农业灌溉用水期不协调，工程性缺水严重；三是现有灌溉渠系年久失修，渠系配套建设不完善，工程效益未能充分发挥，灌溉水利用率和灌溉保证率较低，水资源浪费严重。此外，还存在重建设、轻管理的现象，工程管理水平较低，不能适应水利发展要求。

2. 品种改良和技术改进欠缺

柬埔寨至今仍有较大比例农户利用简单的栽培技术和落后的管理方式种植传统水稻品种，单位面积产量远远低于世界平均产量和周边国家产量，现代水稻品种也多集中在南部省份用于出口。因此，柬埔寨水稻仍有较大的生产潜力。为了进一步增强柬埔寨的水稻生产优势，进而扩大其在国际粮食市场上的贡献，柬埔寨仍需要继续在水稻技术和生产上加强国际合作。

3. 贸易多样化程度低

有学者研究了柬埔寨的国际贸易结构，发现柬埔寨的出口贸易主要集中在一些初级产品和基础制成品上，贸易多样化程度较低。

4. 橡胶种苗繁育不规范

柬埔寨的橡胶种苗基本由企业或胶农自己繁育，质量较差，优良品种覆盖率较低，引进的品种基本未经筛选直接种植。

5. 橡胶栽培技术落后，培训机制缺失

柬埔寨橡胶一般直接引用品种来源国的栽培技术进行种植，没有采用标

准化栽培，小胶农的生产技术与管理措施落后，胶乳产量低，缺少熟练割胶工人，橡胶树死皮率较高。遇到经济效益低下时，弃管弃割问题严重。

6. 农业劳动力成本增加

劳动力的稀缺使得生产成本增加。柬埔寨农业劳动力的比例从 2011 年的 55.8％下降到 2014 年的 45.3％。无法以农业收入生存是农业部门工人减少的内在原因。农民越来越多地增加种子和化肥的成本，以提高产量。当农民基于缺乏市场信息、来自邻国的相同产品的非正式进口收货后加工服务成本高以及缺乏农产品加工业等原因而以低价销售其产品时，这一高成本就无法用收入来补偿。更严重的是，农业工作的低收入使许多农民陷入债务，因为他们在生产阶段无法承担金融服务提供商的高利率贷款。柬埔寨农民，特别是青年人，放弃农业领域工作的人数增加。

7. 土地纠纷问题突出，影响外商投资

长期的战乱打乱了原有的土地制度。1993 年恢复和平以来柬埔寨政府对土地的管理基本上处于一种失控的状态，以致土地纠纷频发，成为影响社会稳定的一个大问题。乘管理混乱之机，大量土地被非法侵占，然后倒卖给公司开发。土地纠纷突出，一直是柬埔寨的主要社会问题之一，而且有愈演愈烈之势。土地纠纷情况复杂，有些土地纠纷因为政治势力的介入而成为政治话题，解决起来比较棘手。近年来，柬埔寨政府实施了土地管理和行政改革计划，以便重整严重破坏的地契注册系统，目前已取得了显著成绩，仅 2016 年就发出约 400 万张地契，大大遏制了土地纠纷蔓延的势头。

8. 战乱时期大量未爆地雷的清除进展缓慢，令外商投资望而却步

柬埔寨是世界上受地雷危害最严重的国家之一。长期的战乱给柬埔寨留下了上千万颗地雷，每年因地雷死伤者比比皆是，大量土地被迫闲置。尽管在国际社会的支持下，近些年排雷工作取得了一些进展，但彻底排除地雷仍然任重道远。柬埔寨政府计划到 2025 年全部清除地雷，还需要 4 亿多美元的资金。2018 年中国政府向柬埔寨无偿援助 250 万美元的排雷经费，并且承诺连续 3 年提供无偿援助。2018 年，排雷中心发现并排除 45 493 颗地雷与未爆炸物，完成 88.67 平方千米土地的排雷工作。2019 年排除了 36 165 颗地雷与未爆炸物，完成 487 个雷区的 66.97 平方千米土地的排雷工作。按照这样的排雷速度，加上资金短缺的现状，2025 年要完成该项工作仍比较困难。

9. 劳资纠纷不断，罢工游行频发，也严重影响了外资的流入

近年来，柬埔寨企业频繁发生的罢工事件已经引起有关部门乃至国际社会的广泛关注。劳资纠纷的主要特点：一是罢工频发，每年多达数百起；二是日益具有联动性，一个工厂或者企业的罢工往往引来多个工厂工人的响应，甚至得到地区性乃至全国性工会联合会的支持；三是政党介入，经济斗争掺杂了政治因素；四是日益具有破坏性，譬如破坏工厂财产、围攻企业主等暴力事件时有发生。劳资纠纷不断，罢工游行频发（尤其在成衣业领域），近年来日益成为柬埔寨一个严重的社会问题，不但影响了社会安定，而且也对吸引外资带来不利影响。为改善投资环境，近年来柬埔寨政府从多方面开展工作，使得频繁发生的罢工势头得到一定遏制，但罢工仍然时有发生。

二、柬埔寨农业相关政策

（一）"四角战略"

柬埔寨政府一直将农业发展作为头等大事，将解决人民的吃饭问题作为发展经济的重中之重，制定一系列政策措施鼓励和促进农业发展。柬埔寨政府高度重视农业发展，将农业列为优先发展的领域。2004年，柬埔寨政府提出了以优化行政管理为核心，加快农业发展、加强基础设施建设、吸引多投资和开发人才资源的"四角战略"。为进一步发挥柬埔寨传统农业优势，发展并实现农业现代化，提高农业生产竞争力和气候变化适应能力，柬埔寨农林与渔业部在"四角战略"的基础上制定了《2019—2023年农业发展战略计划》，将农业现代化作为战略目标，为提高农业耕作技术水平和产品质量指明了方向，在可持续发展、全球化趋势及新技术应用等的基础上朝着提高生产力、使农作物多样化并满足市场需求的方向推动传统农业的发展，提高劳动生产率和农副产品的种类多样化，发展高附加值农业和农业生产加工业。

（二）推广农业多种经营，鼓励发展农村信用社

柬埔寨的农业部门还重视推广农业的多种经营，鼓励发展农村信用社，因地制宜全面发展农林牧渔业。在农业方面，强调加强杂粮作物，尤其是木薯的种植。在渔业方面，2020年柬埔寨政府宣布将拨款50万美元，帮助全国10个省份的鲶鱼和鳗鱼养殖，全国水产养殖将增加30%，相当于增加40万吨的产量。

（三）引进和利用外资

在农业领域引进和利用外资是柬埔寨《投资法》的重要内容之一。柬埔寨历届政府都十分重视引进和利用外资以促进农业的发展，并且已经取得了引人瞩目的成绩。为了吸引更多外资发展本国农业，柬埔寨政府多次对

1994年颁布的《投资法》进行修改完善，其中对达到一定规模的农业开发项目（如对开发种植1 000公顷以上的水稻、500公顷以上的经济作物、50公顷以上的蔬菜种植项目），畜牧业存栏1 000头以上、饲养100头以上奶牛的项目，饲养家禽10 000只以上的项目，以及占地5公顷以上的淡水养殖、占地10公顷以上的海水养殖项目，均给予支持和优惠待遇。具体措施包括：一是项目实施后，从第一次获得盈利的年份起，可免征盈利税的时间最长为8年，如持续亏损则被准许免税；如果投资者将其盈利用于再投资，可免征其盈利税。二是政府只征收纯盈利税，税率为9%。三是分配投资盈利，不管是转移到国外，还是在柬埔寨国内分配，均不征税。四是对投资项目需进口的建筑材料、生产资料、半成品、原材料及所需零配件等，均可获得100%免征关税及其他赋税优惠的待遇，但该项目必须是产品80%供出口的投资项目。五是允许投资人以特许、无限期长期租赁和可续期短期租赁等方式使用土地。2005年底，柬埔寨政府颁布《经济土地特许权法令》，推行经济特许土地政策，外来投资者可通过长期租赁的方式使用土地，最长租期为70年，期满还可申请继续租赁。投资人有权拥有地上不动产和私人财产，并以之作为抵押品。《经济土地特许权法令》颁布后，农业领域的投资大幅增长，来自越南、中国、泰国、韩国和美国等的投资者利用经济特许地种植木薯、花生和甘蔗等经济作物。2012年，柬埔寨颁布《提高经济特许地管理效率政府令》，宣布暂停批准新的经济特许地。对于此前已获批准的经济特许地，柬埔寨政府将继续依照法律原则和合同执行，政府从投资开发的第六年起对经济特许地征收租金，租金为5美元/公顷，并逐年提高1%。六是颁布《促进水稻生产和大米出口政策》，吸引外资投资大米种植和加工。由于柬埔寨加工能力有限，泰国、越南米商在柬埔寨大量低价收购水稻，运到其国内加工后以泰国、越南大米品牌高价出口，而大米的原产国柬埔寨却不能享受产品的附加值。

除了以上优惠待遇外，柬埔寨政府还对投资者提供投资保障。具体包括：一是对外资与内资基本给予同等待遇，所有的投资者，不分国籍和种族，在法律面前一律平等；外国投资者同样可享受美国、欧盟、日本等28个国家和地区给予柬埔寨的普惠制待遇（GSP）。二是柬埔寨政府放弃针对投资者财产的国有化政策。三是已获批准的投资项目，柬埔寨政府不对其产品价格和服务价格进行管制。四是不实行外汇管制，允许投资者从银行系统购买外汇转往国外，用以清算其与投资活动有关的债务。

在对外国公民的限制投资领域方面，《投资法》对土地所有权和使用制定的规定包括：一是用于投资活动的土地所有权，必须由拥有柬埔寨国籍的自然人或法人投资者所有。外来投资者可通过长期租赁的方式使用土地，期满可申请继续租赁。二是除禁止或限制外国人投资的领域外，外国投资人可以以个人、合伙、公司等商业组织形式在商业部注册并取得相关营业许可，即可自由实施投资项目。拟享受投资优惠的项目，需向柬埔寨发展理事会申请投资注册并获得最终注册证书后方可实施。获投资许可的投资项目被称为"合格投资项目"。

（四）建设"东南亚粮仓"的国家战略

根据柬埔寨建设"东南亚粮仓"的国家战略，为满足粮食自给自足和粮食出口的目标要求，促进 2035 年柬埔寨全国灌溉面积进一步发展，结合地形、水系及水土资源条件等方面特点，将柬埔寨全国划分为四大分区，并因地制宜提出灌溉用水保障措施。在对现有灌区进行续建配套与节水改造的基础上，新建一批水源工程和灌区配套工程，提高旱季灌溉比例，灌溉水有效利用系数达到 0.5，使灌溉保证率达到 75%，灌溉保障能力得到提升，粮食安全得以保障。

三、柬埔寨农产品加工业现状

柬埔寨地处东南亚中南半岛，面积 181 035 平方千米，是世界上 51 个最不发达国家之一。2018 年，柬埔寨农业生产总值占国内生产总值的 23.5%；2015 年，柬埔寨农业从业人口占全国人口的 41.5%，占全国贫困人口的 93%。发展农产品加工业是促进农业发展和减少贫困人口数量的有效途径。农产品加工业跨越了农业、工业和健康卫生等多个领域，各国定义略有不同，一般认为农产品加工业主要是以农业物料、人工种养或野生动植物资源为原料进行工业生产活动的总和，其涵盖范围比较广，包括制糖、造纸、制革、家具、纺织服装等行业。

农产品加工业的发展与国家经济发展水平息息相关。数据分析显示，在人均国内生产总值低于 1 000 美元时，主要面临农产品供应安全问题，农产品加工业处于起步阶段，以家庭作坊为主；在人均国内生产总值为 1 000～3 000 美元时，主要面临农产品食用安全问题，加工业处于发展阶段，出现现代农产品加工企业；在人均国内生产总值为 3 000～10 000 美元时，主要面临农产品质量和便利性等问题，农产品加工业迅速发展，以现代农产品加工企业为生产主体；当人均国内生产总值超过 10 000 美元时，主要关注产品的营养问题，农产品加工业趋于饱和，以现代农产品加工集团为生产主体。

柬埔寨农产品加工业由大型企业主导，但国内市场供应不足。大型企业数量占比为 0.6%，使用了 63.3% 的劳动力，并贡献 76% 的总产值；微型企业数量占比为 97.3%，使用了 29.3% 的劳动力，仅贡献 12% 的总产值。大型企业是柬埔寨农产品加工业的生产主体。但是，大型企业主要源于日本、韩国、法国、中国等的直接投资，产品也主要是面对国际市场；真正服务于柬埔寨国内市场的是微型企业，这些企业生产能力有限，产品品质不稳定，存在一定的食品质量安全隐患，国内市场供应不足，需要进口补充。柬埔寨农产品加工企业的注册率和规范化程度有待提高。自 2013 年以来，柬埔寨出台了促进农产品加工企业发展的政策，国家政策或金融机构、金融服务对象均为具有正式注册、财务报表和企业管理记录完整的规范化企业。但是，有 98.6%、62.8%、28.6%、7.04% 的微型、小型、中型和大型企业尚未正式注册。同时，大部分企业缺失规范化的财务报表和企业管理记录，微型、小型、中型和大型企业拥有规范化记录的仅为 0.02%、3.89%、24.1%、66.2%。这些规范化记录的缺失导致企业难以进一步获得业务扩展或企业发展的金融支持。企业的目标市场划分明确，大型企业主要面对国际市场。在接受调查的企业中，63% 的大型企业和 37.1% 的中型企业是外国直接投资的，而大多数微型和小型企业是柬埔寨所有的，分别占比 99% 和 94%。

柬埔寨《2014 年投资环境评估报告》数据显示，在 164 家出口公司中，有 93% 的公司在运营的第一年就开始出口，这反映了其投资的目标是国际市场。而大部分微型和小型企业的目标是满足国内市场需求。大型农产品加工企业聚集效应明显。2011 年，68% 的大型农产品加工企业位于金边市，13% 位于坎达尔省，12% 位于磅湛省、西哈努克省和斯瓦里恩省等，其中金边和坎达尔省成立的农产品加工区成为大型加工企业的聚集区，有利于产业的发展。与大型企业不同，微型和小型企业的分布与地域的人口密度相关。大部分微型和小型企业从事农产品的初加工或半成品生产，产业效益较低。在稻谷行业，主要产品即为大米，鲜有深加工产品。仅有少数碾米厂产品符合国际标准，大部分碾米厂的设备和技术落后、生产率低、碎米率高；从事米糠油、谷维素、大米蛋白和多肽等高附加值产品生产的企业极少。

（一）各类农产品加工业现状

1. 水稻加工业

水稻从农田收割后，出口的大米经过收储，由田间地头运输到仓储地，再进行脱壳等粗加工。柬埔寨由于晒干、保存以及加工技术有限，还因收储能力不足，大量水稻在收制后直接被泰国、越南等周边国家的商人收购，致使水稻产业附加值低。造成这一现象的原因有以下几点：柬埔寨交通设施较为落后，导致运输成本较高且运输损失率居高不下。经测算，在柬埔寨从田间地头运输至储藏地晒干，损失率高达 20%；碾米厂设备较为落后，技术不够先进，加工后水稻损失率高达 25%～30%；由于电力及柴油、汽油等原料价格比周边国家高 50%左右，加工费用较高，碾米厂利润较为稀薄；加工成本高，利润稀薄又导致碾米厂没有资金实力进行设备更新、技术换代。由于收储能力不足，在丰收年份大量品种较为普通的水稻堆积导致霉变损失。在农村，规模较小的水稻加工企业及工坊由于资金短缺，收储大量水稻的能力较弱，使得柬埔寨较为优质的未加工水稻在收获后被周边国家商人大量收购，运送到周边国家加工后贴牌出售。这些都严重限制了柬埔寨水稻生产及出口的能力，对柬埔寨水稻产业链的形成产生了极其恶劣的影响。

2. 木薯加工业

柬埔寨是一个以农业为主的国家，耕地面积 670 万公顷，大量土地没有开发，土质多属沙壤土、沙土，适宜种植木薯。柬埔寨人均拥有土地面积较大，属于地多人少的国家，土地资源丰富，最主要的是土地耕作成本较低[80～100 美元/(人·月)]。旱季、雨季分化明显，常年平均气温 23～32℃，为木薯机械化生产、木薯干片的生产提供了优越的自然条件。柬埔寨的木薯产品主要以鲜薯、干片、淀粉的形式直接出口到越南，部分作为食用淀粉在本国消化，严重缺乏木薯加工企业，如淀粉、变性淀粉、木薯深加工等企业，在很大程度上制约了木薯产业的发展，但却为计划进入的木薯加工企业提供了很好的发展机遇。近年来，柬埔寨和中国就木薯科技合作及木薯产品外贸出口零关税等达成协议，木薯产业合作发展潜力巨大。

（二）柬埔寨农产品加工业发展优势

1. 资源优势

柬埔寨的热带水果、海洋生物、粮食作物等各类生物资源丰富，这无疑是其发展农产品加工业的天然优势。

2. 政策支持

农产品加工业已经成为柬埔寨的国家重点发展领域。2015 年 8 月，柬埔寨发布了《2015—2025 年制造业发展规划》。该规划指出，农产品加工业、中小微企业、运输及物流业和技能培训是未来的主要发展领域。政府计划通过订单农业和金融服务等多种形式促进农产品加工企业发展，计划在 2025 年将农产品加工比例提高至 12%。柬埔寨农产品加工业未来将以中小微企业为主，政府将在技术培训和政策鼓励等方面大力扶持中小微加工企业发展。柬埔寨农林与渔业部作为农产品加工业发展的牵头单位，将从以下 4 个方面促进农产品加工业的发展：建立农产品加工业园区，促进加工企业的集群式发展；

建立出口农产品加工企业的专项扶持基金;建立部门之间的联动机制以促进
产品出口,包括解决物流问题、废除隐性收费和建立贸易平台等;进一步确
定优先发展的产品,制定发展规划。

3. 充足的原料市场

柬埔寨属于农业国家,部分特色农产品供应充足,比如胡椒、腰果、香
蕉和芒果等,均以生鲜农产品形式出口为主。随着农产品加工业发展,充分
利用国内原料,发展农产品加工,将生鲜产品出口现状转化为最终产品出口,
将更有利于产业的可持续发展。以腰果产业为例,2017 年,柬埔寨腰果产量
约为 4.9 万吨,8% 的腰果在国内加工,80% 的腰果出口至越南加工,剩余腰
果出口至欧洲和中东等地。仅腰果加工产业,柬埔寨就还有 92% 的充足原料
可以进一步释放。并且,随着腰果加工产业发展,农业种植领域也会调整种
植结构,提高农产品加工领域的活力。

4. 制造业发展促进农产品加工业发展提速

柬埔寨的制造业发展加速。2016 年,柬埔寨国内生产总值提高 7.0%,
其中农业产值增长 1.8%、制造业产值增长 10.5%、服务业产值增长 6.7%。
制造业的增长速度分别是农业和服务业的 5.8 和 1.6 倍。农业和工业配套物
资丰富。随着柬埔寨国内基础设施水平的提升、法规制度的完善,越来越多
的外国投资者开始在柬埔寨投资制造业,产业呈现集群式的发展,常常是一
个项目的投资,会带来多个项目配套。此外,柬埔寨国内物流业得到长足的
发展,可以实现商品的大规模交换,从而为物资的丰富提供保证。

5. 充足的人力资源为农产品加工业保驾护航

农产品加工业属于劳动密集型产业,充足的劳动力市场才能满足农产品
加工业的需求。世界银行统计数据显示,柬埔寨人口增长率在 20 世纪 90 年
代达到历史最高峰,15～64 岁的劳动力数量在 20 世纪 90 年代后期迅速提高,
并有望在 2050 年左右达到顶峰,因而未来较长一段时间会有充足劳动力。
FAO 统计数据显示,2010 年柬埔寨从事农业、制造业和服务业的劳动力人数
分别约为 415 万人、124 万人、227 万人,2015 年从事农业、制造业和服务业
的劳动力人数分别约为 346 万人、212 万人、275 万人。2015 年,从事制造业
的人数比 2010 年提高了 71%,即新增劳动力 88 万人进入制造业;从事制造
业的劳动力占全部人口 25.5%,比 2010 年的 16.2% 提高了 57%。

(三)柬埔寨农产品加工业发展劣势

1. 初加工业、加工业落后

柬埔寨生产的橡胶原料质量普遍较差,初加工业无法支撑橡胶种植业与
加工业的发展。胶乳、生胶片等初级产品加工原料只能被运到越南进行加工。

这使柬埔寨橡胶种植者始终处于价值链底端，没有参与胶乳收获后的原料收购、储藏等价值链管理。

从整体上来说，柬埔寨水稻加工企业数量相对较少、规模普遍较小、加工能力不足、机械装备落后、产业链条相对分散，严重制约本国水稻产业发展。

柬埔寨的木薯加工长期处于空白状态，薯农直接把木薯卖到泰国，由泰国干燥木薯再出口。柬埔寨自身缺乏加工能力阻碍了木薯产业的发展，因此柬埔寨在班迭棉吉地区建立木薯加工厂。目前，柬埔寨只有 1 家由韩国投资的生物质能源加工厂，年消耗木薯量 10 万吨，产出 3.6 万吨乙醇出口欧洲。

柬埔寨的天然橡胶生产加工技术水平非常有限。这是由于缺乏现代加工设施，难以加工出足够数量和出口可接受标准的天然橡胶制品，能源的高成本也阻碍了加工设备的投资，这导致现有的半成品（例如干燥橡胶凝块）必须出口到越南进行后续加工，然后再出口到国际市场。

2. 农产品加工业发展的政策和相关标准不完善

2000 年以来，柬埔寨政府的工作重点在于解决贫困居民的民生问题，鼓励和支持农产品加工业发展的政策不足。2003 年，柬埔寨全国贫困人口比例为 50.2%（贫困人口比例是指收入在国家贫困线以下人口的数量占总人口数量的比例）。政府陆续出台了保护农民土地和林地的政策、对部分农产品生产进行农资补贴等，以促进农业生产发展，到 2012 年全国贫困人口比例降低至 17.7%。由于忽略对农产品加工业的投入，多年来柬埔寨农产品加工业停滞不前，大部分农产品加工品缺少国家标准。国家标准数量少、大部分的农业加工品缺少国家标准，导致农产品加工企业无据可依、产品质量参差不齐、行业发展混乱。

3. 专业技术人员缺乏

柬埔寨从事农产品加工的专业技术人员缺乏。柬埔寨培养农产品加工领域专业技术人员的学校主要有皇家农业大学、波雷列国立农业学院和磅湛国立农业学校 3 所学校，每年毕业生在 100 名左右，不能满足生产企业的需求。此外，波雷列国立农业学院和磅湛国立农业学校的主要培养目标是专业技术人才，将其发展为专业技术工人还需进一步在生产企业进行培训。

四、柬埔寨农产品质量安全标准

（一）农产品标准

1. 柬埔寨大米产品标准

柬埔寨大米标准有 CS CODEX STAN 198：2016 和 CS 053：2012，

Rev. 1：2014。表 1-9 为 CS 053：2012，Rev. 1：2014 主要质量指标。

表 1-9　CS 053：2012，Rev. 1：2014 主要质量指标

项目	内　　容
指标	CS 053：2012，Rev. 1：2014
品种	香米和白米
等级	按加工等级分 12 等级，按长度分 4 级（其中长谷粒等级再细分 2 级）
碎米/%	大碎米：100%A 级≤3（其中香米≤4）；100%B 级≤4；100%大米≤3；5%碎米≤7；10%碎米≤12；15%碎米≤17；25%碎米≤28；35%碎米≤40；100%A1 额外超级碎米：—；100%A1 超级碎米：—。小碎米：0.1～5 不等
加工精度	特精碾米：去除全部的壳、胚芽和糠层的精米
	精碾米：去除壳、胚芽和糠层的精米，但是没有达到特精碾米的程度
	适度碾米：去除壳和大部分的胚芽的精米，但是没有达到精碾米的程度
	普通碾米：去除壳、一部分的胚芽和麸皮外层得到的精米
水分/%	≤14.0
不完善粒/%	损伤米粒 12 个等级按不同等级≤0.1～2.5，其中规定 100%A1 额外超级碎米和超级碎米两个等级未成熟率≤0.5
杂质总量/%	（其他组成）12 个等级分别从 0.1～2.0 不等
杂色粒/%	黄米粒含量按不同等级≤0.1～2.0
	红色米粒含量按不同等级≤0～7.0
	红条纹米粒含量按不同等级≤0.1～7.0
互混粒/%	未规定互混率，但优质香米、香米、优质白米对纯度有规定，按等级要求≥83～90
垩白粒/%	垩白粒率：12 个等级按不同等级≤3.0～12.0
色泽、气味	优质香米有强烈的自然香味，香米有中等香味，优质白米有透明胚乳且煮熟后柔软黏稠，白米煮熟后结实黏稠

（1）品种等级分类

柬埔寨大米分为香米和白米两种类型，这两种类型的大米根据性状不同再次细分，香米分为优质（或特级）香米和香米；白米分为优质（或特级）白米和白米。香米和白米按加工等级进行分级，分为 12 级，按长度分为 4 级。其中，按长度进行分级分为极长谷粒、长谷粒（又分 2 个等级）、中等谷粒、短谷粒。柬埔寨香米和白米对粒长划分精细严格，长度和形状（长/宽）是籼米分级的一个重要指标。国际优质大米市场对籼米粒主推型为长型到适中形状。

（2）碎米

柬埔寨标准中碎米分为大碎米、小碎米，对完整米粒、大碎米、小碎米都有详细指标要求。柬埔寨标准中小碎米是指米核的碎片，可以穿过直径1.75毫米的圆孔筛孔。

（3）加工精度

柬埔寨标准加工精度分为特精碾米、精碾米、适度碾米、普通碾米，对各级加工精度用"大部分""一部分"等词描述。

（4）水分标准

柬埔寨标准中要求水分含量不得超过14%。水分含量是影响大米质量的最重要因素之一。如水分含量过低，大米过于干燥，大米的新鲜度和食味下降，加工时碎米率高；当大米水分含量过高时，自身代谢旺盛，品质下降，降低大米的食用安全性。柬埔寨标准中严格的水分含量指标，更有利于延长大米的储存时间、提高保存品质和食用安全。

（二）农产品安全指标

1. 污染物、真菌毒素限量

柬埔寨标准中规定大米不得含有食品法典委员会规定的对人体健康有害的重金属；规定所有的精米产品不得含有微生物、寄生生物或其他微生物衍生物，包括可能对人体健康有害的霉菌。

2. 农药残留限量

柬埔寨标准中规定大米不得含有食品法典委员会规定的对人体健康有害的农药残留，共9项农残限量指标（表1-10）。

表1-10 柬埔寨标准农药残留限量指标

农药名称	最大残留限量/（毫克/千克）
敌敌畏（Dichlorvos）	0.15
呋虫胺（Dinotefuran）	0.30
氯丹（Chlordane）	0.02
氯虫苯甲酰胺（Chlorantraniliprole）	0.04
氟唑菌酰胺（Fluxapyroxad）	0.40
三唑磷（triazophos）	0.60
氟酰胺（Flutolanil）	1.00
甲萘威（Carbaryl）	1.00
硫酰氟（Sulfurylfluoride）	0.10

(三) 标准化管理体系

柬埔寨的国家标准化机构是柬埔寨标准研究院 (Institute of Standards of Cambodia, ISC), 隶属工业和科技创新部, 内设信息部、认证部、法规部、标准发展部、行业试验室中心 5 个部门, 代表柬埔寨参加国际标准化活动, 主要职责包括以下几点。

①研究编制产品、商品、材料、服务、实践和操作方面的国家标准, 并促使国家标准的推广和实施;

②实施合格评定;

③建立和维护标准化和质量所需的实验室、图书馆、设施和其他设备;

④对供国内消费或出口的产品、商品、物质、材料和设备的合格性进行认证;

⑤对生产和服务的管理体系标准的合格性进行认证;

⑥暂停、撤销和取消产品标准标志、合格证明、产品证书、管理体系证明、登记或资格认可证明;

⑦开展标准化相关研究;

⑧提供教育、培训和咨询服务, 促进标准化实施和提高质量;

⑨对国内或国外机构的实验室、设施和其他设备进行认可;

⑩开展国际标准化合作;

⑪培养标准化意识并促进标准的实施, 改善国家经济、卫生、安全及社会福利。

柬埔寨国家标准委员会 (NSC) 根据《标准法》成立, 柬埔寨标准研究院是该委员会的秘书处。柬埔寨标准委员会由 1 名主席、1 名常务副主席、3 名副主席、16 名委员组成。主席为工业和科技创新部代表, 常务副主席为 ISC 院长, 商务部代表、农林与渔业部代表、卫生部代表为副主席, 其他 16 个部门代表为委员。其主要职责有以下几点。

①批准、修订和废止国家标准;

②批准、修订和废止标准标志;

③确定非强制性或强制性的标准;

④向部长提出标准化重点的领域、政策、方案、规划、项目和活动的建议, 确保达到最佳效果;

⑤向部长提出有效实施产品标准、工艺标准、实践标准、试验标准和服务标准的建议, 并批准方案、规划、项目和活动, 从而促进工业发展和通过标准化活动保护消费者;

⑥建议柬埔寨标准研究院编制、批准、接受和选择标准相关准则和

程序；

　　⑦制定标准委员会的内部职能规章；

　　⑧履行部长确定或委派的其他职能。

　　柬埔寨标准化管理体系如图 1-1 所示。

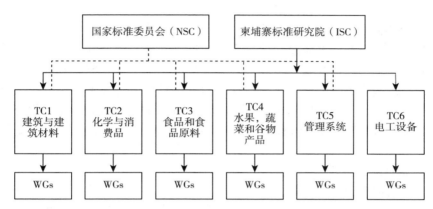

图 1-1　柬埔寨标准化管理体系

（四）标准化现状

1. 柬埔寨标准化机构概况

　　柬埔寨于 1995 年成为国际标准化组织成员。1997 年柬埔寨工业、矿产能源部建立工业标准办公室，负责收集相关标准化问题信息，建立标准化法律法规。1999 年柬埔寨成为东盟标准与质量咨询委员会（ACCSQ）成员和ACCSQ 的工作组成员。2001 年，柬埔寨参与 IEC（国际电工委员会）并成为其中一员。2001 年 5 月，柬埔寨工业标准 42 次法令通过内阁议会认可。2002年 2 月，工业标准办公室升级更名为柬埔寨工业标准局，隶属工业、矿产能源部。2008 年，柬埔寨工业标准局依照柬埔寨《标准法》升级为柬埔寨标准协会。自 2013 年 1 月，柬埔寨标准协会成为 ISO（国际标准化组织）通信成员。柬埔寨的标准主管部门是柬埔寨标准协会。ISC 是一个隶属工业和科技创新部，旨在制定国家标准化和交易便利化的国家标准和合格评定的机构，其主要工作有 4 项：发展国家标准，开展合格评定，提供以上工作的培训、咨询服务和必要信息，关注认证认可。

2. 标准的类型

　　柬埔寨国家标准的代号为 CS，目前制定的标准有产品标准、工艺标准、实践标准、测试标准和服务标准 5 种类型。

　　①产品标准：包括专业术语、符号、生物化学特性、部件材料等特点、

产品和商品的生产方法、检测及试验方法、包装、标记或标签；

②工艺标准：包括工艺过程、工艺参数和工艺配方、过程控制等；

③实践标准：包括指导手册、操作性文件和指南文件；

④测试标准：包括检验、检测、评价、认证等；

⑤服务标准：以物流及旅游服务业为主。

3. 标准性质

从性质上来看，柬埔寨标准分为强制性标准和非强制性标准。强制性标准主要涉及电气、食品安全等领域，农业标准基本为非强制性标准。强制性标准由技术法规予以确定，强制性标准的生效日期应自技术法规发布之日起不得少于 60 天。柬埔寨标准的宗旨是提升产品、服务和管理质量，提高生产效率，确保贸易公平和便利，确保产品使用合理，加强消费者和大众权益保护。

4. 标准制定程序

柬埔寨标准制定程序如下：

①草案由利益相关方和 ISC 工作人员或确定的工作组负责准备，包括调查和收集所有相关资料、测试和分析收集的资料及所有国际参考资料；

②草案必须向相关技术委员会提交讨论；

③讨论草案必须公示至少 60 天；

④如有任何意见，草案必须送回技术委员会审查以解决存在的问题；

⑤草案必须送至国家标准委员会进行批准；

⑥经批准的标准由职能部门签署并发布。

5. 标准制定情况

截至 2017 年底，柬埔寨现行的标准约 900 项，数量最大的前三类是食品技术、农业、电气工程。柬埔寨 CS 标准中，约有 92.5％为非强制性标准，7.5％为强制性标准。柬埔寨标准多数采用国际和国外标准，其中 192 项标准采用 ISO 的标准，361 项采用 CODEX 标准，177 项采用 IEC 的标准，22 项采用其他国家标准，采标率约为 86.1％。

6. 标准化活动

（1）国际及区域性活动

柬埔寨 1995 年成为国际标准化组织（ISO）的用户成员（Subscriber Member），2012 年升级为通信成员；1999 年成为东盟标准与质量咨询委员会（ACCSQ）成员。2001 年参加了 IEC。作为国际标准化组织和东盟标准与质量咨询委员会的成员国，柬埔寨均会派代表参加相关的会议与标准化活动，例如：出席 ISO 成员国大会，与 ISO 其他成员国协商在柬埔寨开展标准化援助项目，参与东盟标准与质量咨询委员会组织的标准协调一致性（MRA）活动，探讨在相关产业中制定东盟成员国通用的一致性标准。

在参与国际与区域性标准化活动的同时，柬埔寨积极寻求国际和发达国家在技术、人员、基础设施等方面的援助与合作，与标准化水平高的国家签署了一系列合作协议，探索适合本国发展的标准化进程。2016 年，柬埔寨与日本、韩国签署标准合作备忘录。2016 年 7 月，在德国计量协会的援助培训下，柬埔寨标准研究院的 26 名职员完成相关标准化培训及考试，成为获得资格认证的标准化培训师。2016 年 8 月 8 日，柬埔寨标准研究院（ISC）与德国联邦物理技术研究院（PTB）合作，在柬埔寨举办为期 2 天半的标准化培训班，共计 26 名 ISC 成员参加培训。2016 年 9 月 12 日，中国国家标准化管理委员会与柬埔寨签署了《标准化合作协议》，深化双方互利合作和互联互通，在双方共同关注的领域，相互采用对方标准，共同推动产品标准的协调一致，减少和消除贸易壁垒。

（2）国内标准化活动

尽管柬埔寨不断加快步伐提高标准化能力和水平，但由于国家质量基础薄弱、资金与政策扶持不足，其国内标准化相关工作进展缓慢。为了提高国内民众的质量意识，推进相关标准在国内企业和产业的实施，柬埔寨一是在国外合作机构的援助下，在国内开展标准化有关的培训和学术交流会议；二是以推行农业标准化为突破口，由柬埔寨政府主持制定相关大米国家标准，提升标准在国内的影响与地位；三是积极推进标准认证，2017 年柬埔寨标准研究院增加了 63 个新的产品标准认证，国家产品标准认证达到 868 个，标准认证涵盖食品、电子、化学物质和建筑，以及农业领域。

7. 柬埔寨技术法规、合格评定和认证认可

（1）技术法规

技术法规是指强制执行的、规定产品特性或相应加工和生产方法的、包括可适用的行政管理规定在内的文件，可包括或专门规定用于产品加工或生产方法的术语、符号、包装、标志或标签要求方面的内容。ISC 发布技术法规的基本原则是：技术法规的设立是因为个别部门认为某些产品将会对人、经济或环境造成危害；政府监管机构的一些技术法规是基于国家标准；工业和科技创新部发布技术法规是基于食品产品的健康性和电子产品的安全性的考虑。

（2）合格评定

合格评定程序是直接或间接用来确定是否满足技术法规或标准相应规定的技术程序，ISC 进行合格评定的原则是：工业和科技创新部设立的技术法规内的所有产品必须通过 ISC 的认证计划来确定是否符合标准；符合技术法规的产品上市前需带有 ISC 的安全标志或质量标志。对于国内或国外生产商如何获得合格标志，ISC 给出了 3 种选择方案。

方案 1：国内或国外生产商的测试报告或工厂检测报告得到 ISC/MIME 认可后会得到一个认证认可机构给出的合格证。在这种情况下，检查所有相关文件后，国内或国外生产商会得到一个产品安全标志许可或产品认证标志许可。

方案 2：国内或国外生产商拥有经过 ISC/MIME 认可的机构的检查报告和工厂检测报告。在这种情况下，国内或国外生产商需向 ISC 申请一个合格证才能得到产品安全标志许可或产品认证标志许可。

方案 3：国内或国外生产商没有任何测试报告、工厂检验报告和合格证。在这种情况下，国内或国外生产商被要求将产品送至一个经认可的实验室测试，并由 ISC/MIME 认可的机构进行工厂检查，测试结果和工厂检测报告需送至 ISC 或 ISC/MIME 认可的机构进行评估。在收到合格证后，ISC/MIME 将颁发产品安全标志许可或产品认证标志许可。

（3）认证认可

柬埔寨的认证认可主要有产品认证和体系认证。产品认证计划是柬埔寨标准协会基于 ISO 5 体系提出的。该计划根据 ISO/IEC 指南 65 的要求已由挪威认证委员会认证认可，目前在申请 ISO/IEC 17022。柬埔寨工业标准处按建立柬埔寨标准的要求操作产品认证，并为任何未被开发的产品标注进行产品注册。其产品认证标志见图 1-2。柬埔寨的认证体系包括 GMP、HACCP、ISO 9001、ISO 14001、ISO 22000 等。目前体系认证根据 ISO/IEC 指南 17021 准备评审用的质量手册。柬埔寨工业标准机构在组织认可之后将依据 CS ISO 9001：2000，CS ISO 14001：2004 及 CS HACCP 要求提供 ISO 9001，ISO 14001 及 HACCP 证书（在联合国工业发展组织支持下进行）。其体系认证标志见图 1-3。

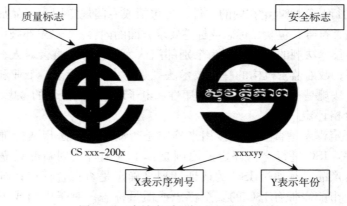

图 1-2 柬埔寨质量标志和安全标志

图 1-3　体系认证标志

8. 特点分析

（1）标准化程度低，水平有待提升

柬埔寨标准化发展处于初级阶段，由于自身能力、基础设施等条件的限制，发展较缓慢，面临基础设施建设不足，标准化人才匮乏、民众和企业标准化意识薄弱、国内支柱型产业标准化程度低等方面的挑战。柬埔寨根据产业需要，开始着手建立相关标准技术委员会及工作组，逐步提高柬埔寨标准化整体水平。

（2）国家政策扶持，发展空间大

《柬埔寨 2015—2025 年产业发展政策》将产业标准相关内容纳入产业发展的政策措施和行动的中长期计划，扶持产业标准化发展的稳步推进。制定标准化相关行动计划中，强调要提高企业对标准化的重要性的意识和兴趣，技术中等教育和高等教育要加强标准化的技能培训。通过人才培训和教育，提高企业和技术人才的标准化水平，助力产业发展。国家层面的政策扶持，为发展标准化打造了广阔的发展前景。

（3）标准制定以采标为主，重视主要农产品标准的制定

柬埔寨由于标准化基础与人才比较薄弱，缺乏足够的技术手段自主制定标准，因而绝大部分标准都采用国际标准，采标率高达 86.1%。水稻和木薯是柬埔寨的重要出口产品。柬埔寨不断完善水稻和木薯的标准体系，制定水

稻相关标准 16 项，包括产品标准、检验方法标准、农药残留及卫生标准，其中产品标准就有 8 项，囊括柬埔寨水稻各种类；制定木薯相关标准 14 项，其中产品标准 6 项，包括木薯和木薯粉的各种类。

（五）农药管理体系

柬埔寨《农用物质标准及管理法令》（Sub‑decree）是 1998 年开始实施的。在此法令的第三章对农药管理进行了如下描述：

①任何农药在没有及时获得登记或没有得到 MAFF 的许可之前都不能进行制造、分装、分配、销售和使用等。

②任何自然人或法人，曾经从事、现在从事或想从事农药贸易都必须将其产品在 MAFF 登记。

③任何用来销售、贮存和使用的农药包装或容器上都必须贴上用高棉语书写的标签，并要易于理解。

④农药容器及外包装都必须符合 MAFF 标准和条例的规定。

⑤除非得到 MAFF 许可，禁止包装农药，禁止用食品或饮料容器移注或分发任何农药。

⑥禁止进口、生产或销售假劣农药、破损农药或不含有标签上所声明的质量和有效成分的农药，或附加条件登记的农药。

⑦农药贮存手续和条件由 MAFF 管理。农药仓库的场地必须得到 MAFF 的许可（须得到环境部的同意）。

⑧废弃农药和多余的农药以及农药容器的处理都必须得到 MAFF 的许可（须得到环境部的同意）。

⑨农药广告亦由 MAFF 管制。只有获得正式登记的农药才能做广告。

目前，依照 Sub‑Decree 制定的农药管理条例草案已呈送 MAFF 领导讨论审批。

（六）农药登记体系

一般地，任何农药在柬埔寨的商业分配、当地使用或贸易都必须获得 MAFF 的书面许可。柬埔寨的农药登记有四种类型。

临时登记：所有被许可在当地使用和销售的农药名单中的农药都可获得临时登记。临时登记阶段的农药可以销售。

附加条件登记：授予有些资料要求或有些条件还需要登记申请者进一步补充的农药。如由 MAFF 要求的当地药效试验结果或农药质量及安全指示等。处于此阶段登记的农药禁止销售。

正式登记：能够获得所有登记所需技术资料（如药效、环境、对人和动物的安全性等）的农药可以获得正式登记。MAFF 向申请者颁发带有 MAFF 登记证号、有效期为 3 年的农药登记证。

试验使用许可：颁发给研究机构的一种许可证。许可研究机构进口，用于研究且尚未登记的农药。

当登记资料要求和条件能够满足要求时，临时登记或附加条件登记可以在一年内转为正式登记；理由充分时，可延展一年。

参 考 文 献

BANSOK R，CHHUN C，PHIRUN N，2011. Agricultural development and climate change：the case of Cambodia ［M］. Phnom Penh：CDRI.

BUNCHHAY T，吴珊，2017. 柬埔寨主要农业产品的国际竞争力：挑战和战略 ［J］. 全国流通经济，2128（4）：20－22.

褚小菊，冯婧，陈秋玉，2014. 基于 ISO 22000 标准的中国食品安全管理体系认证解析 ［J］. 食品安全质量检测学报，5（4）：1250－1257.

CHUNG S，TAKEUCHI J，FUJIHARA M，et al.，2019. Flood damage assessment on rice crop in the Stung Sen River Basin of Cambodia ［J］. Paddy and Water Environment，17（2）：255－263.

冯璐，2021. 国际市场需求下的中柬稻米合作：柬埔寨稻农种植行为实证 ［J］. 热带农业科学，41（10）：113－120.

韩丙军，赵方方，游雯，等，2020. "一带一路"国家热带农产品质量安全标准解读：中国、泰国、老挝 ［M］. 北京：中国农业科学技术出版社.

胡慧茵，2022. 柬埔寨从"一带一路"倡议受益良多　自贸协定生效后农产品、旅游等领域涌现大量商机 ［N］. 21 世纪经济报道，2022－01－10（009）.

黄翀，2021. 基于时序遥感的柬埔寨水稻种植时空格局监测 ［J］. 资源科学，43（12），2393－2402.

黄琨，2014. 柬埔寨标准化发展现状 ［C］//国家标准化管理委员会. 市场践行标准化：第十一届中国标准化论坛论文集. 中国标准化协会：5.

李涛，2022. 海外中资企业的国际形象塑造研究：基于"柬埔寨中资企业营商环境与劳动力素质调查"分析 ［J］. 思想战线，48（4）：97－114.

刘斌，2005. 陕西省农产品质量安全认证发展研究 ［D］. 杨凌：西北农林科技大学.

刘开强，李丹婷，吕荣华，等，2010. 柬埔寨水稻生产概况与发展战略 ［J］. 广西农业科学，41（6）：619－622.

卢赛清，石兰蓉，田益农，等，2014. 柬埔寨木薯生产状况及发展机遇 ［J］. 农业研究与应用，152（3）：60－63.

孟丽蜂，2017. 柬埔寨橡胶行业出口策略研究 ［D］. 北京：首都经济贸易大学.

Ministry of Agriculture，Forestry and Fisheries of Cambodia，2017. Annual report for agriculture forestry and fisheries 2016 - 2017 and direction 2017 - 2018 ［R］. Phnom Penh：MAFF Conference.

欧燕芳，王全永，聂晓宇，等，2019. 中国与柬埔寨大米产品标准比对研究 ［J］. 标准科学，537（2）：6 - 10.

王飞，李积华，霍剑波，2021. 东盟国家农业发展现状及合作前景分析 ［M］. 北京：中国农业出版社.

王向社，2019.2018 年柬埔寨腰果喜获丰收 ［J］. 世界热带农业信息，502（4）：30.

王向社，2019a. 柬埔寨农业概况与近期农业舆情简述 ［J］. 世界热带农业信息，506（8）：8 - 9.

王向社，2019b. 柬埔寨盼中国进口更多农产品 ［J］. 世界热带农业信息，502（4）：33 - 34.

玉家铭，2018. 柬埔寨标准化管理体系和标准化现状 ［J］. 标准科学，530（7）：11 - 14.

云雨韩，2022. CAFTA 框架下柬埔寨贸易便利化对中柬贸易潜力的影响研究 ［D］. 哈尔滨：哈尔滨商业大学.

张超，HOUR PHANN，KONG PHEACH，2020. 柬埔寨农产品加工业的发展现状与机遇 ［J］. 农产品加工，496（2）：85 - 89.

张党琼，2020. 中国与柬埔寨农业合作的现状与问题 ［J］. 南亚东南亚研究，49（3）：77 - 91，154 - 155.

赵树辰，何子杰，徐驰，等，2021. 柬埔寨灌溉发展规划思路 ［J］. 长江技术经济，5（6）：122 - 126.

赵溪竹，王真辉，王立丰，2022. 中国-柬埔寨天然橡胶科技合作成效分析 ［J］. 热带农业科学，42（10）：109 - 113.

第二章　老挝农业发展现状

老挝人民民主共和国（The Lao People's Democratic Republic），简称老挝。老挝是位于中南半岛北部的内陆国家，北邻中国，南接柬埔寨，东临越南，西北接缅甸，西南毗邻泰国，国土面积 23.68 万平方千米，人口733.8 万人（2021 年），首都万象。老挝全国划分为 17 个省、1 个直辖市（万象市）。老挝境内 80％为山地和高原，且多被森林覆盖，地势北高南低，北部与中国云南的滇西高原接壤，西部是湄公河谷地和湄公河及其支流沿岸的盆地和小块平原。全国自北向南分为上寮、中寮和下寮，上寮地势最高，川圹高原海拔 2 000～2 800 米，最高峰普比亚山海拔 2 820 米。老挝属热带、亚热带季风气候，5 月至 10 月为雨季，11 月至次年 4 月为旱季，年平均气温约 26℃。老挝全境雨量充沛，近 40 年来年降水量最少年份为 1 250 毫米，最大年降水量达 3 750 毫米，一般年份降水量约为 2 000 毫米。老挝有锡、铅、钾盐、铜、铁、金、石膏、煤、稀土等矿藏，迄今得到开采的有金、铜、煤、钾盐等。老挝水利资源丰富。2019 年老挝森林面积约 1 940 万公顷，全国森林覆盖率约 80％，出产柚木、花梨等名贵木材。

一、老挝农业基本情况

老挝以农业为主，工业基础薄弱。1986 年起老挝推行革新开放，调整经济结构，即农林业、工业和服务业相结合，优先发展农林业；取消高度集中的经济管理体制，转入经营核算制，实行多种所有制形式并存的经济政策，逐步完善市场经济机制，努力把自然和半自然经济转为商品经济；对外实行开放，颁布《外资法》，改善投资环境；扩大对外经济关系，争取引进更多的资金、先进的技术和管理方式。1991—1996 年，老挝国民经济年均增长 7％。1997 年后，老挝经济受亚洲金融危机严重冲击。老挝政府采取加强宏观调控、整顿金融秩序、扩大农业生产等措施，基本保持了社会安定和经济稳定。2017 年老挝经济增长 6.9％，国内生产总值（GDP）约 170 亿美元，人均GDP 约 2 472 美元。2018 年经济增长 6.5％，GDP 约 179 亿美元，人均 GDP 约 2 599 美元。老挝货币名称是基普（KIP），2019 年 7 月与美元汇率比约为 8 703∶1。2016—2018 年，老挝农业年平均增长率为 2.7％。老挝农作物主要有水稻、玉米、薯类、咖啡、烟叶、花生、棉花等。老挝全国可耕地面积约800万公顷，农业用地约470万公顷。

（一）各产业基本情况

老挝降水丰富、热量充足，气候条件及地理条件都很适宜农作物生长。在老挝农业生产中，种植业占据很重要的位置。

1. 粮食作物

在老挝的粮食作物中，水稻的种植面积最广、产量最高，玉米次之。除此之外，薯类也是老挝重要的粮食作物。

老挝的水稻作物分为雨季稻和旱季稻两大类，其中雨季稻平均占92.88%。2011—2013年，老挝雨季稻种植面积增长20.71%，产量增长24.89%；旱季稻的种植面积及产量增加不多。从区域上看，老挝分为北部、中部和南部3个农业生态区。北部生态区的沙耶武里省雨季稻种植面积最大、琅勃拉邦省次之，波乔省雨季稻平均产量最高、琅勃拉邦省平均产量最低；中部生态区的沙湾拿吉省雨季稻种植面积最大，万象省平均产量最高；南部生态区的占巴塞省雨季稻种植面积最大，平均产量也最高。旱季稻主产区位于北部的华潘省、川圹省、沙耶武里省及丰沙里省等。

2. 经济作物

老挝拥有种类繁多的经济作物，主要有蔬菜、甘蔗、咖啡、花生、大豆、烟草、茶叶和橡胶等，主产区分布在会芬高原、川圹高原、甘蒙高原和波罗芬高原。其中，波罗芬高原的经济作物可耕面积将近100万公顷，这一地区是老挝咖啡的主要出口基地。橡胶的主产区在波罗芬高原，但是数量并不多，尚未形成产业发展。糖棕和罂粟是老挝的特种经济作物。糖棕的主产区在占巴塞省，该省的孟孔地区是世界糖棕生产中心；罂粟的种植在老挝全国都较普遍，主产区在"金三角"地区及附近的波乔省、琅南塔省、沙耶武里省和乌多姆赛省等。

天然橡胶产业是老挝农业的重要支柱产业之一。资料显示，20世纪30年代泰国商人在老挝占巴塞省巴江县试验种植了0.5公顷橡胶树。这一时期老挝经济发展比较落后，老百姓的温饱问题难以解决。由于橡胶树属于新引进物种，老百姓对其没有全面的认识，而且当时橡胶树的栽培、割胶、品种改良等技术都不太成熟，橡胶树产生的经济效益与旱谷和水稻等其他农作物相差无几，当时橡胶树种植在老挝没有得到有效地推广。到了20世纪90年代，由于国际禁毒工程"罂粟替代种植"得到更多国家的认同和合作，橡胶树种植在老挝北部传统罂粟种植重灾区得到了空前的发展。2014年，老挝政府出台规定，不再允许企业和个人大面积开发种植橡胶树，仅允许个人小面积种植。截至 2015 年底,老挝橡胶树种植面积约为 34.2 万公顷,其中老挝北部种植面积最大,为 20.36 万公顷,中部种植面积为 6.11 万公顷,南部种植面积为 7.73 万公顷。老挝橡胶主产区主要有琅南塔省、波乔省、乌多姆赛省、琅勃拉邦省、沙耶武里省、万象省、甘蒙省、巴塞省、阿速坡省。据不完全统计,老挝现有的 16 家橡胶加工厂年产能约 14 万吨,主要种植品种为 PB260、GT1、RRIM600、RRIV4、RRIV121 和 RRIV124,栽培模式为株距 3 米×6 米。根据土壤情况设置机械化肥沟,间作柱花草、葛藤等植物,辅助移动灌溉和叶面肥混施系统。割制为 3 天 1 刀,乙烯利浓度 2.5%,每年涂 4 次。目前仍存在管理粗放、开割标准和割面规划混乱、割胶技术差、没有统一标准、产品品质差、病虫害防治意识淡薄等问题。这是由于适合老挝应用的天然橡胶生产技术成果少,政府没有培训机制和培训能力,缺少熟练割胶工人。小胶农的生产技术仍然落后,导致产量低下、胶园死皮发生率高等。此外,老挝国家天然橡胶标准体系空白,中国、越南等国家投资者在生产过程中都各自采用原来的标准。在胶园抚管领域,老挝橡胶产业管理无标准可言,除了大型中资、越资企业外,老挝没有一个橡胶产品检验室。在贸易领域,中国和越南是老挝天然橡胶最主要的进口国,两国从老挝进口的天然橡胶占老挝天然橡胶出口总量的比重超过 90%。但由于质量低下,老挝橡胶每吨价格比泰国橡胶低 2 000~3 000元。可见,老挝天然橡胶产业的种植、抚管、加工和贸易等全产业链急需合作和提升。

1920 年老挝开始大规模种植咖啡。2013 年,老挝咖啡种植总面积为 76 880 公顷,总产量 32 640 吨,总产值 6 133.70 万美元;2014 年,种植总面积 84 000 公顷,总产量 3 万吨,总产值达 10 268.70 万美元,咖啡种植户 2.3 万余户。老挝咖啡生产规模总体呈上升态势。老挝咖啡单位面积产量较低,中粒种为 500 千克/公顷,小粒种为 1 500 千克/公顷,与我国 2 250.55 千克/公顷的单产水平相差甚远。由此可知,老挝咖啡尚有巨大增产潜力。老挝咖啡主要产自南部占巴塞、沙拉湾和色贡等省,这些地区咖啡产量占老挝咖啡总产量的 90% 以上。北部及其他地区的产量不足 10%,但北部丰沙里省近年来咖啡种植发展十分迅速,已成为北部重要的咖啡产区。老挝咖啡以中粒种为主,占 55.16%;小粒种占 42.67%;大粒种占 2.17%。老挝具有海拔高、昼夜温差大、雨量适中等气候特点,境内属火山岩地质,土壤呈微酸性。老挝南部波罗芬高原及北部山区是世界公认的优质咖啡产区。

3. 畜牧业

老挝的国土面积 23.68 万平方千米,地广人稀,畜牧草场多,老挝农民家家户户几乎都从事家畜和家禽的饲养。在畜牧养殖中,水牛主要用于耕田,黄牛主要用于肉类加工,骡、马和驴主要用于驮运,其他畜禽供食用和上市交易。老挝地势北高南低，拥有许多适宜发展畜牧业的草场，全国草场面积达到 150 万公顷。为了发展畜牧业，老挝政府鼓励农户从事畜禽养殖，减免养殖税；支持有关单位、企业和公司建立和发展养殖场，如养牛场、养猪场、养鸡场和养鸭场等；积极吸引外资，鼓励外商与老挝有关单位或私人合作建立和发展集畜禽养殖、加工和营销为一体的企业。目前老挝的畜牧养殖正在由传统养殖向现代养殖迈进，主要集中在万象市、万象省、川圹省、沙耶武里省、琅勃拉邦省、甘蒙省、沙湾拿吉省、占巴塞省一带。近年来，老挝畜牧业发展迅速，除了水牛的存栏数有所下降外，其他畜牧存栏量都在增加。

2021 年，老挝获得对中国出口 50 万头活牛的配额。在此之前的 4 月 28 日至 5 月 4 日，作为试点项目，老挝已将 2 000 多头牛经北部的琅南塔省边境口岸运往中国。协议规定，老挝出口的牛须在 4 岁及以下、体重至少 350 千克。老挝农林部指出，上述规定旨在鼓励本国企业和农户扩大饲养规模、确保牛肉质量，这对于提升老挝畜牧业水平大有裨益。

目前，老挝全国共有 1 370 个畜牧养殖场。为了提高牲畜产量，满足国内外市场需求，老挝农林部制定了畜牧业七大重点发展方向，包括配种、喂养、疫苗供应和防疫、牲畜管理、屠宰、肉类加工、草场建设。在相关政策措施的支持配合下，老挝牲畜存栏量提升了 5.2%。当前，由本国及外国企业家投资的各种养殖项目正在老挝兴起，比如匈牙利政府分阶段、有重点地向老挝政府提供贷款：第一阶段 800 万美元，以发展老挝畜牧和渔业项目；第二阶段 3 000 万美元，旨在提高老挝的肉类质量安全。同时，匈牙利政府与万象市那赛通县合作建设了一个肉类加工厂。2017 年 7 月，老挝农林部与新西兰签署合作协议，新西兰将向老挝提供超过 360 万美元的援助，以支持老挝农业发展，重点是提升老挝牛肉的质量、数量，支持老挝牛肉行业长期发展。

虽然老挝的畜牧业有所发展，但缺乏先进的养殖技术，与邻国中国、泰国、越南相比较，效益不高。以黄牛为例，由于长期近亲繁殖，品种退化，个头越养越小。有些养殖户缺乏育肥技术，出售的肉牛瘦弱，重量轻，价位不高。同时，由于老挝国内畜牧家禽防疫技术薄弱，几乎每年都会暴发禽流感，导致大规模扑杀家禽，给养殖户造成巨大的经济损失。

4. 渔业

老挝渔业规划相对薄弱。老挝政府还未区分规划不同的渔业区，未能根据各地的鱼种、规模规划不同的渔业生产方式；已有的渔业计划、项目、法律规章没有很好地为促进和发展渔业提出相应的战略规划服务；资金短缺；渔业人才支撑不足。总的来说，老挝渔业资源丰富，渔业的生产及消费也在逐年增加，但是缺乏优质鱼苗和先进的养殖技术，产量一直较低。

当前，老挝政府一方面积极改善现有的渔业养殖设施。比如完善南爽河渔业养殖发展中心项目、占巴塞省孔县那村和哈德村本地鱼种研究站项目、乌多姆赛省北部（敦乔村）山区本地鱼种生产中心建设项目以及琅勃拉邦、沙湾拿吉、占巴塞鱼苗生产站发展计划。另一方面，老挝也借助国际社会的力量发展本国的渔业生产。如与日本合作，加强渔业和水产养殖业的研究和发展。老挝将在日本国际协力机构的支持下，大力建设和发展渔业生产体系、渔业病害研究室和南爽河渔业发展中心，在琅勃拉邦和阿速坡建立新的渔业站以促进老挝渔业发展取得新成果。同时，老挝注重加强与中国的渔业合作。2017 年 9 月，60 箱约 120 万尾罗非鱼苗从中国广西南宁出口到老挝。在出口鱼苗的同时，广西还对老挝渔业进行技术扶持，将广西先进的罗非鱼养殖技术向老挝转移和推广。

（二）老挝农业发展优势

1. 自然资源优势

老挝属热带、亚热带季风气候，5 月至 10 月为雨季，11 月至次年 4 月为旱季，年平均气温约 26℃，全境雨量充沛，一般年份降水量约为 2 000 毫米，水利资源丰富。湄公河在老挝境内的流域面积达 21.3 万平方千米，水能丰沛，有 100 多条支流，水库、沼泽等资源丰富，为老挝水产业的发展提供了较好的支撑条件。除了丰富的水资源，老挝还有金、铜、锡、铅、钾、铁、石膏、煤、盐等矿藏。全国锡储量为 6.5 万～8 万吨。此外，老挝森林面积约 1 700 万公顷，全国森林覆盖率约 50%，盛产柚木、酸枝、花梨木等名贵木材。

2. 地域优势

老挝国土面积 23.68 万平方千米，地形南北长、东西窄。北部多为山地和高原，全国平原面积 431 万公顷，主要分布在万象以南的湄公河沿岸，著名的有巴色、万象、查尔平原，土壤资源包括腐质土、红壤土、潜育土等富含矿物质的土壤，易于农作物的生产（表 2-1）。老挝属热带、亚热带季风气候，日照时间长，雨水充足，种植业开发条件优良。老挝还拥有 150 万公顷的草场，为畜牧业的大规模发展打下坚实的基础。老挝北部山地大部分地区农业尚处于刀耕火种阶段；东南部高原和西部低山丘陵的种植业较为发达；平原低地地区是老挝经济较为发达的区域，包括湄公河沿岸的万象市及周边、中部的沙湾拿吉省和南部的占巴塞省，是全国粮食产品和工业品的主要供应地。老挝南部地区的农业经济发展水平较中部地区相对落后，当地以种植湿季水稻为主，通过改良品种，水稻产量逐年增加。另外，南部地区的咖啡种植的面积居全国最大，占 90% 左右。虽然南部地区农业发展水平弱于中部地区，但是当地交通便利，湄公河的交通优势明显，当地农民销售农产品的现象较为普遍，订单农业发展规模较大，其农业的市场化水平明显高于其他地区。

表 2-1　老挝农业资源表

资源类型	细分	具体资源举例
土地资源	土壤	腐质土、红壤土、潜育土、冲击土、砖红壤土和黑色石土等
	平原	万象平原、巴色平原、查尔平原、北汕平原、班班平原、沙湾拿吉平原等
	盆地	南塔盆地、孟新盆地、孟洪盆地、孟赛盆地、孟洪沙盆地等
	高原	甘蒙高原、川圹高原、虚实高原、波罗芬高原等
	谷地	万荣谷地、他曲谷地、琅勃拉邦谷地等
水资源	河流	湄公河及其支流南塔河、南乌河、南森河、南屯河、南俄河、南蒙河、南康河、色邦非河、色邦亨河、色敦河、公河、塞加曼河等
	水库	南俄河水库等
气候资源	气温降水	年平均气温大约23.6℃，月平均温度最高和最低分别出现在5月和1月，分别为26.2℃和19.3℃，4～5月最高可达42℃，冬季最低接近零度
		旱季（10月—次年4月）和雨季（5—9月）明显。老挝南部地区降水量最大，多在2 000毫升以上，如长山山脉南端降水量可达3 000毫升；中部如万象，降水量在1 500～2 000毫升；北部省份就只有1 000～1 500毫升
生物资源	粮食作物	以水稻为主，还包括玉米、黄豆、绿豆、红薯、木薯等
	经济作物	咖啡、茶叶、烟草、橡胶、花生、棉花、酸豆、西瓜、甘蔗和糖类等
	果类作物	以热带水果为主，如芒果、香蕉、菠萝、椰子、柚子、木瓜、橘子、橙子和黄果等
	家畜家禽	黄牛、水牛、猪、羊、鸡、鸭、鹅等
	水产类	鲤鱼、鲇鱼、鲻鱼、攀鲈鱼、鳅鱼、巴勒鱼、鳄鱼等

数据来源：老挝农业统计中心和老挝统计局。

3. 作物优势

老挝最主要的粮食作物是水稻，种植面积占全国农作物种植面积的85%，全国超过70%的居民种植水稻。北部、中南部的高原和山地是咖啡、天然橡胶、烟草、花生和茶叶等出口经济作物的主要产地，其中咖啡的种植面积居首位，约占经济作物总面积的1/2。家畜大多由农户在野外饲养，多食用天然牧草和农作物副产品。随着老挝人口的不断增长，在日益激烈的国际竞争条件下，充分利用已有资源发展现代化农业、提升农产品市场竞争力是老挝农业经济发展的必然选择。总体上，老挝农业还基本处于粗放式种植和养殖阶段、农业单产较低、抗灾能力较差，粮食产量也不稳定。但是，老挝农业资源丰盛，具有很大的发展潜力和利用价值。

4. 交通地域优势

老挝是陆路上连接中国与其他东盟国家路程最短的国家，同时也是东南亚地区唯一没有出海口的国家，由此可见其区位独特，作用突出。多年来，老挝一直保持着政治局势稳定的较好局面，与中国在政治层面上高度互信，是中国重要的全天候战略合作伙伴国之一。

5. 国家政策支持以及贸易往来

随着经贸合作不断壮大，特别是自"一带一路"倡议提出以来，中老两国的经贸往来得到长足发展。作为两国间重要的合作纽带，农业合作的空间日益增大，这为两国进一步开展经贸合作及双边对话提供了必备条件。

（三）老挝农业发展劣势

1. 生产力水平低下

老挝农业生产力水平低下。首先表现在资金方面，老挝缺乏必要的农业发展资本。老挝每年用于消费支出的费用占 GDP 的 90%，仅剩 10% 主要用于资本积累，其中用于农业方面的资本极少。老挝政府预算赤字很大，国民经济发展严重依赖外国支援和投资，从而影响老挝的国家发展。老挝出口小于进口，本身创汇能力弱，再加上大量外汇外流，老挝每年都举借大量外债以稳定国民经济发展。与湄公河流域其他国家相比，老挝还缺乏科学研究机构和技术推广机构，科研机构和技术推广机构一直没有受到应有的重视，相关方面的预算少、成果少、农业生产科技含量低。农业发达国家的经验表明，农业经济的发展必须依靠先进的技术，先进农业技术的研究与推广又依托于相关机构和部门。在激烈的国际竞争中，老挝人口少、市场经济发育不完善、农业生产经营管理科技水平低，严重制约了老挝的农业经济发展。与周边国家相比，老挝农业劳动力素质不高，劳动生产率低下，缺乏高素质、高水平的农业从业人员。农业生产者接受教育的程度直接影响着农业生产经营管理中科技的投入与推广。老挝农业生产者素质低下导致较低的生产力水平。

2. 基础设施建设不完善

农业生产中的关键生产要素主要有可供耕种的土地和土壤、提供农产品生产交易的基础设施以及为作物生长提供养分的肥料等。其中，基础设施指的是诸如农田水利建设、农技推广站、农业气象监测站点以及农产品流通交易交流平台等软硬件设施建设。在以上基础设施中，农田水利在整个农业生产发展体系中的作用尤为重要。然而，老挝农村地区有将近53%农田缺乏相关配套水利设施。由此带来的必然结果就是灌溉能力低下，耕作面积减少，农产品收成大幅下降。此外，老挝境内多山地高原，目前公路网建设尚不完善，运输道路情况并不理想，导致农产品物资陆地运输成本也大幅提升。基础设施建设不完善影响到老挝农业生产销售的各个环节，直接波及当地农民的收入，也降低了当地农民生产积极性。

3. 农业技术人才缺失

受教育条件所限，老挝农民的受教育程度普遍不高，具备从事专业农产品生产的劳动力资源不充足。较低素质的劳动力导致农民工薪资普遍偏低，大多数劳动力都会选择出国务工来维系家庭生活。由于当地严重缺乏专业技术人才和农产品生产加工技能培训方面的指导，当地农产品在整个市场中的价值不高。此外，老挝国家经济研究院高级官员表示：2015 年东盟共同体成立后，尽管老挝政府出台能让老挝在地区贸易受益的促进政策，但限于农业生产水平，农业种植和农产品的数量和规模依然很小。老挝虽然有 60％～70％的人口从事农业，但年增长率仅为 3％，农业仅占 GDP 的 23.3％。由此可见，精通农业技能的专业人才对农业发展的重要性。

4. 资金投入严重不足

农业发展的资本短缺是限制老挝农业进一步有效提升的又一关键诱因。老挝农业基础设施建设水平低下的窘境，在一定程度上可以通过资金的投入、大力兴建农田水利设施等一系列软硬件建设来缓解。然而，老挝现行体制下的农业资金投入十分有限。在有限的投资中，一旦出现资金链断裂，整个地区的农业生产便会遭受巨大影响，甚至面临某种程度上的危机。除此之外，老挝本国的银行存款相当有限，缺乏发放贷款的能力。

5. 农业产业结构的制约

老挝农村基础设施建设等环节的薄弱局面导致当地农业生产抵御自然灾害的能力大幅度降低。一方面，由于老挝资源的硬性限制，当地农业经营结构普遍呈现规模小、抵御外来冲击能力弱等缺点。这些劣势因素都强烈依赖资金的投入。而农村经济结构的单一性也无法吸引优秀的国内外企业或者是相关金融机构提供资金支持，从而导致老挝农村经济发展受到规模限制。另一方面，老挝国内大部分农业经营模式为传统形式的自给自足农业，部分地区刚开始普及有机种植技术。有机绿色农产品要求在整个种植过程中不得使用化肥、农药等，采用纯天然的种植方式。有机绿色农产品的认证非常严格，整个认证体系对产品的生产、加工、流通的各个方面都有严格要求和监督体制。有机绿色农产品的价格虽高，但培养过程需要付出多倍的额外劳动，当地多数农民不愿意转向有机种植的生产模式。

6. 农业内部结构构成比例不适当

老挝丰富的农业资源和优越的地理条件适宜农作物的生长，水稻在老挝全国各地均可种植两季，在生产条件优越的地区还可以种植三季。虽然按照目前的生产条件，老挝并不缺乏劳动力，但技术和资金方面严重制约了老挝的农业发展，使得老挝大部分地区只能种植一季水稻。另外，农业基础设施不完善，农业生产受自然气候的影响很大，农产品产量波动性较大。农田水利基础设施薄弱，抵御自然灾害的能力较弱，再加上多数农业生产者缺乏科学的管理意识，老挝农业的单位面积产量在东南亚国家中偏低。

二、老挝农业相关政策

（一）"十年社会经济发展战略（2016—2025 年）"

老挝"十年社会经济发展战略（2016—2025 年）"提出，要实现可持续绿色经济增长，加强人力资源开发，高效利用自然资源，加强政府社会管理职能，积极融入国际一体化，推动实现工业现代化。该战略提出，到 2025 年，老挝贫困率将降低至 10％，农业、工业和服务业产值分别至少提高 3.2％、9.3％、8.9％，商品和服务出口总额占 GDP 的比重不低于 15％。

（二）"2030 年愿景"

老挝"2030 年愿景"提出，到 2030 年，老挝将成为中高收入的发展中国家，GDP 较 2015 年增长 4 倍以上，实现经济平稳可持续增长，财政实现独立自主，社会主义市场经济体制逐步形成。

（三）双边经贸协定

目前，全球 38 个国家和地区将老挝列为其普惠制的受惠国。其中，欧盟给予老挝最高层次优惠，对进入欧盟市场的所有老挝产品免关税和无配额限制；中国给予老挝特殊优惠关税待遇，对 459 种商品免除进口关税；印度、智利、蒙古国、塔吉克斯坦、泰国、韩国、越南等国家也分别与老挝签订了特殊优惠关税协定。

（四）颁布实施《土地法》

1993 年 5 月，老挝政府颁布了《土地法》，将土地私有化通过法律的形式进行保护，从根本上解决了土地权属问题。《土地法》明确规定，农业生产者保留对土地的占有权、使用权、出租权、抵押权、转让权，允许老挝公民继承、移交和出售所占有的土地。《土地法》的颁布大大促进和激励着农业生产者的农业生产经营活动。

（五）改革农业所有制结构，鼓励经营多样化和经营自主化

老挝于 1980 年正式开始合并与整顿农业生产合作社，并学习中国实行耕

地家庭承包责任制。1987年，老挝政府向承包土地的农户颁发《土地证书》，通过法律形式确认农民对土地的使用权、收益权和转让权，农户可自行决定生产经营方式。老挝在20世纪90年代就已基本实现了土地等生产资料的私有化及土地经营的自主化。

（六）减免农业税，调动农民生产经营的积极性

老挝在1980年颁布的《关于农业税收的公告》中宣布废除农业生产中按农产品产量征税的政策，改为按耕地的好坏征税，还对农业生产者开垦荒地种植农作物5年之内予以免税。1989年老挝修订了原有的《税收制度决议》，着重调整了农业税的税率问题，不同程度降低了各种农作物的征收税率。老挝1993年3月颁布的《土地税法》将更多的农业税收减免上升到国家法律的层面，修缮了过去的税收制度，多产多收税制成为历史，加重征收被弃的土地税，对保护土地、开垦荒地等活动在农业税上予以减免。另外，鼓励农业生产者相互之间交易剩余的农产品，并提高农产品收购价格，从而极大地刺激了农业生产者生产经营的积极性。

（七）将农业发展融入消灭贫困的国家战略中

老挝消灭贫困的国家战略中包含农业发展战略。老挝在国家发展战略中明确提出要在2020年彻底消除贫困。为了实现这一目标，老挝在2001年制定了中长期国家发展战略。针对农业发展，老挝充分认识到农业生产在国民经济发展中的基础性地位，并将农业发展作为消除贫困的首要问题，具体做法包括提高劳动力素质、开发农产品交易市场、加大农产品的技术含量、引进和推广科学管理方法、鼓励农业生产和经营自由化、促进农业生产现代化发展。

（八）畜牧业、渔业政策规划

老挝政府在发展本国畜牧业、渔业的同时，也注重规范本国畜牧业、渔业及环境保护。在"六五"期间，老挝政府制定并颁布了《畜牧兽医法》（2008年）、《渔业法》（2009年），用法律形式规范了本国畜牧业、渔业的发展。同时，将每年的7月13日确定为老挝的"放生日"，以此来进行鱼类放生和水生动物保护。2017年7月13日，为鼓励全国各地的野生动物回归天然河流、沼泽以及森林地区，老挝农林部在首都万象举办了隆重的水生动物及野生动物放生仪式。老挝国家主席、农林部部长及相关人员参加了放生仪式，凸显了老挝政府对自然环境及鱼类生物资源保护的重视。该仪式放归自然河流的鱼类共有4 000万尾。

1. 制定和实行《畜牧兽医法》《渔业法》

为了规范本国畜牧业、渔业的发展。2008 年，老挝颁布了《畜牧兽医法》，共分为九大章 99 条。第一章法律概述，就畜牧、兽医及该法中的相关词汇进行了界定，简要介绍了政府对畜牧和兽医的政策、原则及国际合作；第二章畜牧业，分别对畜牧事务（包括畜牧区面积及牲畜的数据统计、制定科学的发展计划、畜牧科技的教育研究、畜牧体系的发展、畜牧的目的）、畜牧经营（包括畜牧经营许可、饲料生产、饲料抽检、饲料机械的销售、农场建设、种苗的管理与供应、牲畜买卖及肉制品的生产加工和销售、畜牧职业学校的设立、经营性畜牧的相关记录）、促进畜牧业（包括促进投资、种苗发展、科学技术、媒体数据、市场以及畜牧土地的选择和使用）三个方面进行规范；第三章兽医，就兽医事务、兽医行业的经营、促进兽医业发展三个方面做了详细的规制；第四章对畜牧从业者及销售者的权利与义务进行了规制；第五章为禁止条例，列举了个人、家庭、畜牧从业者和兽医的禁止条款；第六章为解决分歧，规定了解决分歧的形式和解决办法；第七章为畜牧业与兽医的管理与检查，明确了管理机构及各级管理机构的权利与义务；第八章明确了贡献者的政策和对违规者应采取的惩处措施，分别从有贡献者和违规者两个角度规定了国家政策和相应的惩处措施；第九章规定了老挝《畜牧兽医法》由老挝人民政府颁布实施，自施行以来具有法律效力，其他与该法相违背的规章条款不再施行。

2009 年，老挝颁布了《渔业法》，共分十大章。第一章为渔业法概述；第二章为老挝渔业发展概述，分别介绍了老挝渔业资源、渔业生产模式、老挝渔业发展的基本情况；第三章为渔业的经营与保护，分别从渔业经营、渔业的保护与发展等方面介绍了老挝渔业经营的计划、后续研究以及保护鱼类及其他水生动物的栖息地和生态系统等相关内容；第四章为水生动物的利用，介绍了水生动物的利用及模式，并从鱼和水生动物的饲养经营、渔业经营的条件、违规渔业经营的取缔三个角度对商业性质的渔业生产进行了规制，介绍了生产者的权利与义务；第五章为禁止条款，从营利性机构、个人、国外组织以及监管部门几个角度对渔业方面的禁止条款做了详细的列举；第六章为解决分歧条款，列举了渔业经营过程中，国际、政府、生产者间可能出现的分歧，规定了解决办法；第七章为渔业的管理与检查，规定了渔业管理委员会的职责与权限，规定了渔业管理部门、各级管理部门的职责与权力、渔业生产者的权利、水源地渔业管理委员会的职责与权力、村级渔业规章等内容；第八章明确了对贡献者的政策、对违规者的惩罚以及对个人或者机构的培训措施；第九章明确了老挝渔业的开禁捕捞以及相关的符号与印章；第十章为总结，写明老挝《渔业法》由老挝人民政府颁布实施，自施行之日起具有法律效力，其他与该法相违背的规章条款不再施行。

2. 畜牧业、渔业科研体系建设及国际合作

老挝农林科学研究院是老挝国内综合性的农林科学研究院，下设 14 个部门，涉及畜牧业、渔业的有畜牧研究中心（Livestock Research Center）、水生生物资源研究中心（Living Aquatic Resources Research Center）。除此之外，位于琅勃拉邦省的老挝北部农林学院设有畜禽、水产养殖专业。近年来，老挝渔业有了很大发展，渔业技术有了提升。老挝制定了渔业生产标准，还成立并完善了渔业研究中心、淡水渔业发展中心、鱼类疾病研究办公室、渔业生产检查中心、渔业饲料分析检查中心。2016 年 1 月，老挝农林部畜牧渔业司合作厅印制出版了《鱼苗生产基础知识》，旨在向老挝人民普及养殖知识，促进老挝鱼苗的生产。同时，老挝农林部畜牧渔业司与 FAO 联合发布《2015—2020 年老挝渔业发展管理战略计划》，旨在探究老挝渔业发展的方法与进程，推动渔业的养殖、保护、发展和利用，确保消费者的食品供给和安全，鼓励渔业产业化生产，确保农村发展和农民增收，改善人民生活水平。此外，老挝与柬埔寨还加强了湄公河流域的渔业合作。2017 年 2 月，老挝湄公河委员会及柬埔寨湄公委员会的代表在柬埔寨暹粒召开会议，讨论联合渔业管理计划。该计划旨在重建湄公河及色贡河流域内陆渔业资源。两国将通过联合计划管理上述河流中长途迁徙的五种鱼类。

（九）国外产业政策规划

鼓励和支持企业加大对老挝畜牧、鱼产品加工与贸易等领域的投资合作。当前，老挝的牲畜数量以及人均每年消耗的肉蛋鱼数量都在增加。老挝政府明确了 2020 年、2025 年人均消耗的肉蛋鱼数量，也明确了未来一段时期畜牧产品的发展目标。根据笔者掌握的资料，老挝大部分地区的畜牧及屠宰仍然是自给自足的家庭作坊式的经营方式，没有形成大规模的屠宰及肉类加工。以万象屠宰场为例，作为老挝最大的屠宰场，年宰牛 5 000～10 000 头，宰猪 2 500～5 000 头，生产能力有限。所屠宰的畜牧产品无法满足当地民众的需要，经常面临肉制品供不应求的情况。

（十）加工业国内政策

1. 土地和草山租赁方面的优惠政策

老挝政府把投资区域划分为三类地区。边远山区交通不便为一类地区，处于中间状态的为二类地区，交通条件较好的为三类地区。租赁国有土地种植粮食的，一类地区每公顷每年租用费为 5 美金，二类地区每公顷每年为 10 美金，三类地区每公顷每年为 15 美金。租赁国有土地种植经济林木的，一类地区租用费为每公顷每年 6 美金，二类地区为每公顷每年 10 美金，三类地区为每公顷每年 20 美金。租赁国有土地养殖大牲畜的，一类地区租用费为每公顷每年 5 美金，二类地区为每公顷每年 10 美金，三类地区为每公顷每年 20 美金。租赁国有水面养殖水产品的，一类地区租用费为每公顷每年 10 美金，二类地区为每公顷每年 20 美金，三类地区为每公顷每年 30 美金。租赁农民土地的，国家没有限定费用，由租赁者和农户协商决定，一般地区的租金为每公顷每年 50 美金左右。

2. 农业税方面的优惠政策

农业税按粮食产量和经济作物实际收入征收。粮食征收农业税按产量分类计算：第一类，每年每公顷产水稻 3 501 千克及以上者，每年每公顷交水稻 140 千克；第二类，每年每公顷产水稻 3 001～3 500 千克者，每年每公顷交水稻 120 千克；第三类，每年每公顷产水稻 2 501～3 000 千克者，每年每公顷交水稻 100 千克；第四类，每年每公顷产水稻 2 500 千克及以下者，每年每公顷交水稻 80 千克。

经济作物按收入纳税。咖啡、砂仁、茶叶、烟草按实际收入的 5% 纳税。水果和其他经济作物按实际收入的 3% 纳税。大牲畜按实际收入的 5% 纳税。

3. 农产品加工企业利润税优惠政策

老挝除把投资区域分为三类地区外，还把投资产业划分为三类：一类为优先鼓励投资的产业、二类为鼓励投资的产业、三类为一般性鼓励投资的产业。种植水果、种植咖啡、种植油料作物、大牲畜养殖、饲料加工厂、屠宰厂、粮油加工厂为一类鼓励发展的产业；水稻和玉米种植为二类鼓励发展的产业。在一类地区，进行一类鼓励投资的项目，免除 10 年利润税；进行二类鼓励投资项目，免除 6 年利润税；进行三类鼓励投资项目，免除 4 年利润税。在二类地区，进行一类鼓励投资的项目，免除 6 年利润税；进行二类鼓励投资的项目，免除 4 年利润税；进行三类鼓励投资的项目，免除 2 年利润税。在三类地区，进行一类鼓励投资的项目，免除 4 年利润税；进行二类鼓励投资的项目，免除 2 年利润税；进行三类鼓励投资的项目，免除 1 年利润税。将获得利润用于再投资以扩大再生产的投资者，将免除下一年度的利润税。出现年度亏损，投资者可在下一年度扣除亏损金额，根据税务部门出示的相关证明，投资者可在三年内扣除所亏损的金额。

三、老挝农产品加工业现状

老挝北部 9 省包括波乔省、川圹省、丰沙里省、华潘省、琅勃拉邦省、琅南塔省、沙耶武里省、万象省、乌多姆赛省。北部经济以农业为主，农业占 GDP 比重在 50％以上，工业基础薄弱。

老挝目前普遍存在水利灌溉、防洪防旱、通路通电等农业基础设施落后、不完善，农业管理、技术人才短缺，良种、化肥、农药等辅助生产资料供应不足等问题。老挝农业主要是精耕细作的小规模生产模式，且国内土地的自然生态情况复杂，如北部地区以山地为主，少有面积较大的成片开阔土地。此外，老挝整体国民受教育水平较低，第二产业发展严重不足，对现代机械化生产既缺乏硬件方面的技术支持，又缺少人才方面的软实力保障，少量的现代化机械农业生产项目规模都比较小，经验难以进行推广。宏观上来看，目前老挝开展的对外农业贸易主要以初级产品种植完成后直接定向运到他国售卖为主，成规模化的产业园等现代农业模式的定制化生产、精细化加工等非种植领域的合作开展得还很少，存在一定的产业空白亟待发展。除农产品种植阶段外，现代农业运作所需要的各后续环节相关专业人才普遍较少，一定程度上制约了老挝对外农业贸易整体的发展质量、水平和行业前景。

老挝第二产业实力孱弱，农业现代化与科技水平低下，劳动力受教育程度低，市场经济观念欠缺，农产品出口以初级产品为主，精深加工产品不足，贸易利益有限。而初级农产品价格缺乏弹性，易受国际价格影响。当前国际大宗商品价格下跌，老挝农产品贸易利益深受影响。此外，老挝农产品普遍缺乏品牌战略及长远规划，忽视包装与广告，仅是将初级产品出口邻国，其余后续产业链如包装、销售等均由出口国进行，附加值低、品牌缺失、利益有限。

（一）各类农产品加工业现状

1. 咖啡加工业

由于缺乏资金投资，加上老挝自身工业水平较低，老挝咖啡加工的技术水平较低。虽然有很多国际机构对老挝的咖啡加工技术进行了资助，但杯水车薪，仍未改变老挝落后的咖啡加工技术。当前，从咖啡加工发展的阶段上看，老挝的咖啡产业还停留在初级阶段，咖啡所采用的加工技术落后，加工设备简单，很大一部分为 20 世纪 90 年代留下来的老旧设备，加工质量难以保证。

老挝很多地区咖啡初加工采用的方式仍为传统日晒式加工，这种方式又称为自然干燥式或非水洗式。其处理方式一般为直接晾晒咖啡果实，一直晒到咖啡全部干燥。干燥完后，通过一定的方式去掉咖啡的果皮和果肉，提取出咖啡豆。传统日晒式的晾晒方式一般是农户在自家的院子里或者其他空地上暴晒，晾晒方式很粗糙，稍有不注意，咖啡就会渗入杂味，从而产生异味，影响咖啡的口感。传统日晒式的晾晒方式与当前先进的离地晾晒法相比，加工技术落后，老挝急需改善当前的初级处理方式，提升初级处理水平，从而提升老挝咖啡的整体口感。

与此同时，老挝从事咖啡初级加工的企业整体较为弱小，缺乏资金雄厚技术先进的代表性企业，导致老挝咖啡的加工技术提升较为困难。小散弱的咖啡加工企业，难以对咖啡进行大规模的深加工精加工，难以全面保障咖啡的质量水平。相关资料显示，老挝从事咖啡初级加工的企业多数仅仅从事简单的收购和加工，个体户或小微企业居多，上规模的初加工企业非常少见。然而，咖啡种植生长周期较长，采摘时间也长，加工程序又较为复杂，现有的加工现状难以满足老挝咖啡出口贸易的发展要求，迫切要求改进现有的咖啡加工技术，从而提升老挝咖啡的质量水平。

在老挝众多小散弱的咖啡加工企业中，很多企业没有完善的加工设备，大量加工企业主要依靠若干台单机对咖啡进行简单的粗加工。很多老挝咖啡加工企业从咖啡种植农户手中收购仅仅在水泥场或土场晾晒分散处理的咖啡初级品，或者是农户通过老旧的小型研磨机将咖啡干果磨碎的咖啡仁，这导致老挝咖啡的出口质量难以保证，存在部分不符合出口标准的咖啡，影响了老挝咖啡的出口贸易。

2. 水稻加工业

在老挝，碾米工作主要在村庄一级的小型碾米厂进行，设备简陋，平均每天可碾米 6 吨左右。老挝小型碾米厂加工的水稻大概占全国水稻产量的90%；全国只有不到 10 家大型水稻加工厂，平均每天处理能力在33 吨左右；200 家中等规模的水稻加工厂，平均每天处理能力在 16 吨左右。

老挝大多数碾米厂的产能仅为 50%左右，且营运利润率较低，除那些能够以优惠条件获得政府合约的少数厂外，大多数加工厂没有条件或无法以可承受的利率获得信贷。除了产能能力低外，老挝的磨机磨粉率也较低，许多设备陈旧，很多加工厂缺乏技术更新能力，水稻加工厂的铣削率不到 60%，极大地影响了水稻加工的质量。

3. 农副产品加工业

老挝北部 9 省农副产品加工业的主要门类包括食品加工业、木材加工业、橡胶加工业。近几年来，老挝北部地区农副产品加工业发展态势良好，主要表现在以下几点：

一是农副产品加工业在促进农民增收和吸纳劳动力等方面的作用显著。尤其是木材加工业，就业人数占到工业部门人数的 25%。

二是政府不断加深农林领域的对外经济合作。积极与中国、越南、马来西亚、文莱等国家合作开展橡胶、沉香、柚木、甘蔗、茶叶、果树等多种经济作物的种植与加工。合作方式由原料贸易逐渐转向引进外资进行直接投资。

三是加工企业数量不断扩大、规模有所上升。老挝统计局数据显示，2018 年，工业占老挝 GDP 的比重为 31.53%，其中建筑业产值增速最快，为 24.4%；农业占 GDP 的比重为 15.71%，其中渔业产值增速最快，为 6.38%。2021 年老挝 GDP 总量为 188.27 亿美元，同比增长 2.53%，相比 2011 年增加了 100.77 亿美元。2021 年，老挝农业产值为 30.25 亿美元，相比 2020 年减少了 0.76 亿美元，占老挝 GDP 的比重为 16.07%；工业产值为 64.26 亿美元，比上年增加了 2.73 亿美元，占 GDP 的比重为 34.13%，其中制造业实现产值 16.37 亿美元，占工业产值的比重为 25.47%，占 GDP 的比重为 8.70%。

（二）老挝农产品加工业发展优势

1. 农林资源丰富

丰富的农林资源为农副产品加工业的发展提供了坚实的物质基础。老挝北部森林面积约为 1 020 万公顷，森林覆盖率高达 75%，主要种植柚木、沉香木、檀香木、花梨木等极具经济价值的树种。柚木种植普遍，主要分布在琅勃拉邦、乌多姆赛、沙耶武里、波乔等省，紫檀主要分布在琅南塔、波乔等省。近年来老挝经济林木开发增大了林产资源的总量和种类。集中于琅南塔、乌多姆赛、波乔等省的橡胶种植面积约 3.3 万公顷。茶叶、咖啡和热带水果也开始进行规模化生产，为绿色饮品加工提供了原材料。该地区盛产的紫胶、树脂、沉香、安息香等森林副产品既是老挝农副产品加工业的重要资源，也是出口创汇的主要产品。

特殊的地理位置使得老挝北部气候湿热，雨量充沛，土壤肥沃，植物生长量大，生物产出率高，有利于生物多样性形成和开发。老挝北部地区拥有耕地面积大约 59 万公顷，人均耕地面积 0.25 公顷，优质天然草场面积达 69 万多公顷，但已开发土地仅占 4%，为发展规模化、可持续的种植和养殖业提供了优越的土地资源。同时，当地具有特色的优质肉禽品种及独特的加工工艺为畜产品加工业的发展奠定基础；当地未被工业污染的环境也极有利于绿色有机农业的发展和生态农业品牌的树立。

2. 战略通道优势

老挝与越南、泰国、中国接壤，其区位具有过境通道的战略性优势，是连接东南亚与中南半岛国家的中心。只要主要的交通运输网络能够贯通，且运输费用能够下调，这必将有效改善老挝北部地区农副产品加工业的物流环境，有利于区位优势向竞争优势的转换。

（三）老挝农产品加工业发展劣势

1. 交通、通信基础设施落后

目前在琅勃拉邦仍有 43% 的村庄没有公路。虽然老挝北部河流众多，但因为旱季水枯、雨季洪水泛滥，水路运输非常有限。人口多且零散分布在交通无法贯通的偏僻山区，通信落后，信息闭塞。不利的交通通信条件使面向外部市场的农业产业化和商品化困难重重。

老挝国内公路线路总里程较短，主要干线短且少，支线少且不通畅。截至 2012 年初，老挝公路总里程仅为 4.1 万千米，每 100 平方千米内公路的千米数为 17.33 千米。老挝铁路发展较晚，2009 年才建成并运行第一条铁路，航空运输能力弱，机场、飞机和航线都很少。交通运输条件差，导致物流速度慢、信息闭塞且不利于传播，农业经济发展缓慢。

2. 农业基础设施落后，科技基础薄弱

老挝国家财政收入主要来源于外援，到位率低且倾向于中南部。2000—2005 年，外援项目资金 28 亿美元，实际到位仅 10.7 亿美元。农业基础设施的改善和建设缺乏资金支持，使得该地区整个农业系统的抗逆性严重不足。而且基地化程度低，生产分散、细小，质量参差不齐，农副产品加工缺少规模化、标准化的原料保证。

老挝农业科技发展的基础相对薄弱。农业一直都是老挝的支柱产业，但在过去 20 年，农业部门的增长率仅为 3% 左右。受经济发展水平的制约和影响，老挝农业发展呈现以小农户为主、分散经营、缺少农业专业技术人员、农业基础薄弱的特点。老挝大部分地区的农业生产至今仍然以传统农业生产模式为主，农业机械化和农业科技水平较低，依靠农作物的天然生长、刀耕火种的现象仍然存在。

投入相对不足。2019 年老挝公共债务占到 GDP 的 58%，这在很大程度上限制了老挝对农业及农业科技发展的投入。加之，近年来老挝国家层面倾斜对电力、交通、水利设施等方面的投资，对农业科技的投入相对不足。2020—2021 年，受疫情影响，老挝面临的经济压力更大，对农业科技发展的投入减少。

3. 工业基础极为薄弱，技术落后

老挝生产工艺基本处于 20 世纪 50 年代的水平。例如万象省的木制品加工机器与先进的科技发展水平相比滞后了 20～40 年，质量难以适应消费市场发展趋势。技术层面的落后状况，限制了当地资源的有效利用。农村贫困面大，劳动力素质过低。2005 年的调查数据显示，老挝 15 岁以上的人口中，知识人口仅占 68.2%，且仅有 37.7% 的知识人口能读写。劳动力接受以及吸收技术和信息的能力弱，新技术的推广速度和运用效果不佳，抑制了国外资本

的进入。市场的分散及国民购买力的低下使得其国内市场非常狭小。同时，北部商品流通总量年均增长率极低，市场扩张能力有限，老挝国内市场容量难以支撑农副产品加工业的发展。

4. 传统生存心理的负面影响

老挝当地居民缺乏竞争意识、满足现状，与大农业生产中崇尚技术、倡导变化、追求创新的发展要求相违背，这给农业商品经营与发展带来较大阻力。

农业科技在农村普及程度较低。小农思想的保守性在某种程度上约束了老挝一些农村群众对农业科技的学习、接受及应用。此外，因为老挝农村群众的收入较低，很多年富力强的青壮年都到城市打工以增加收入，留在农村专门从事农业生产的懂技术的人较少，这部分留守群众对新知识的接收缺乏积极性，这给农业科技的推广普及增加了难度。

科技成果推广专业平台和人员不足。农业发达国家的经验表明，农业经济的发展必须依靠先进的技术，先进农业技术的研究与推广又依托相关机构和部门。可见，科技成果推广专业平台和人员是农业科技成果能否有效转化的关键。目前，虽然老挝政府已意识到科技成果转化的重大价值，但受诸多原因限制，专业平台和人员队伍仍未建立健全，限制了农业科技成果的推广或影响了其推广的效果，从而妨碍了农业科技成果转化。

四、老挝农产品质量安全标准

老挝遵循 FAO 的标准。FAO 农药标准是制定农用农药产品主要技术指标项目的规范性文件。1999 年前，在旧评审管理程序下，FAO 仅公布标准文本，标准发布后用于适用剂型和含量的所有产品，申请人提供的资料相对少，部分产品存在不可预见性风险，标准条款不能作为农药使用风险管理的依据。1999 年 FAO 开始实施新程序。其新程序仅限定评估申请者（或多个）提供的产品，要求提供相关支持评审报告的所有数据（理化性质、毒理学和环境等资料），以及在国际范围经验证的有效成分和相关杂质的分析方法，以降低风险，有利于安全使用；通过相同产品认证，可扩展适用其他申请者的产品；评审报告与标准文本同时公布（包括支持评审报告所有数据的摘要及申请者、建议和意见等相关信息）。

截至 2018 年 12 月，按 FAO 新程序制定的标准有 290 个，涉及 92 种农药；按 1999 年前程序制定的标准有 363 个，涉及 112 种农药（2016 年 FAO 发布更新计划，在第一批 56 种"更新优先列表"农药中有 8 个是中国提交的）。这些标准均采用国际农药分析协作委员会（CIPAC）农药有效成分，杂质的分析方法和通用理性化性能测定方法，CIPAC 编码加剂型代码组成 FAO

产品标准编号。

老挝于 2017 年颁布了《农药管理法令》，目的是规范本国农药使用，方便政府对农药的生产、销售、使用的管理和监测，从而确保人类、动物、植物和环境的质量、效率和安全，并达到农业和森林生产活动与清洁、绿色和可持续农业等原则一致的目的，保证老挝在国际和地区中的一体化能力，更好地为国家经济社会发展做出贡献。

（一）农药管理

老挝农林部是本国的农药行政管理部门，有以下权利和义务：研究拟订与农药活动有关的政策、规划、法律及规例，并提交政府审定；将农药生产活动的有关政策、规划、法律法规细化为规划、方案、项目和规章，并负责实施；宣传和传播与农药有关的政策、规划、法律、法规、计划、方案和项目；开展农药登记准备，审查允许和禁止使用的农药清单，并制订调查农药风险的计划；就农药的咨询、生产、处理、处置、分析、检测等进行评估、签发、暂停、吊销农药经营许可证；评估和签发为研究、测试、展览、技术开发或为政府某一特定项目在紧急情况下提供援助而进口农药的进口农药许可证；发展和提高从事农药和减少农药风险活动的工作人员的知识和能力；指定农药登记办事处；监测和评估全国农药活动的实施情况；接受和处理有关农药活动的申诉或投诉；与国外及国际组织就农药及降低风险活动进行合作；协调有关部委和地方有关部门开展农药生产活动；定期总结和向政府报告农药活动的实施情况；法律、法规规定的其他权利和职责。

1. 农药分类

（1）剧毒农药

剧毒农药是指对人类具有急性毒性，并且长期对环境产生不利影响的农药。此类农药在动物试验结果中，当口服剂量小于 5 毫克/千克体重，或皮肤接触小于 50 毫克/千克体重时，会造成 50% 试验动物死亡。禁止生产、进口、经销、使用和持有剧毒农药。

（2）高毒农药

高毒农药是指对人类健康、生命具有急性毒性的农药，并且长期对环境产生不利影响。此类农药在动物试验结果中，当口服剂量在 5～50 毫克/千克体重，或皮肤接触在 50～200 毫克/千克体重时，会造成 50% 试验动物死亡。禁止生产、进口、经销、使用和持有高毒农药，但经农林部门核准和登记后，高毒农药可用于技术研究开发、植物病虫害防控检疫。

（3）中毒农药

中毒农药是指对人类健康和生命有毒的农药。此类农药在动物试验结果中，当口服剂量在 50～2 000 毫克/千克体重，或皮肤接触在 200～2 000 毫克/千克体重时，会造成 50％试验动物死亡。经农林部门登记批准后，可以生产、进口、经销、使用和持有中毒农药，并严格按照有关规定进行监督。

（4）低毒农药

低毒农药是指对人类健康和生命有毒的农药。此类农药在动物试验结果中，当口服剂量或皮肤接触超过 2 000 毫克/千克体重时，会造成 50％试验动物死亡。低毒农药经农林部门登记批准后，可以生产、进口、经销、使用和持有，并遵守有关管理规定。

（5）不太可能出现急性危害的农药

不太可能出现急性危害的农药指对人体健康和生命有毒，但没有急性毒性的农药。此类农药在动物试验结果中，当口服剂量或皮肤接触超过 5 000 毫克/千克体重时，会造成 50％试验动物死亡。此农药经农林部门登记和授权后，可以生产、进口、分配、使用和持有，并遵守有关管理规定。对人类、动物和环境健康安全的生物农药无须登记，但须经农林部门授权后方可进行生产、进口、分配、使用和持有。

2. 分类规定

老挝对农药的容器和包装进行了规定：坚固，耐用，防漏；在有效期内，在正常储存和使用条件下，不腐烂，不影响农药的质量；与食品和饮料的容器和包装不同；儿童无法打开；适用于特定农药；在储存和使用过程中安全。同时要求农药生产企业按照以下技术要求和标准进行：农药生产场所应当远离社区、学校、医院、市场、水源，并符合相关技术标准；具备必要的安全防护体系；具有配套的机械、设备、生产工艺；具有符合标准的废水和工厂废物处理系统，不会对环境造成不利影响；提供急救服务，并配有处理农药泄漏意外的设施。

老挝同时设定农药相关的配套服务：①农药咨询业务，是指就有关农药生产、销售、使用、处置、处理、分析、测试和其他活动提供建议的服务。从事农药咨询业务的人员，应当从化学、农学、植保等专门技术专业毕业，经过培训，具有 5 年以上农药实际工作经验。②在使用农药方面，设置农药应用服务，包括通过熏蒸、喷洒或其他方法使用农药防治农业生产场所或者其他场所的病虫害。从事农药应用服务业务的人，应当为经农林部门培训和认证的技术人员，且具有至少 3 年实践经验；有足够材料、仪器设备，设立人员保护和福利制度；按照农林部门的规定，建立农药使用情况记录制度。

3. 最大残留量

目前，老挝共制定热带作物中农药最大残留限量见表 2-2，作物包括芒果、菠萝、榴莲、鳄梨等，农药种类包括甲霜灵、氯氰菊酯和高效氟氯氰菊酯、乐果、乙烯利、戊唑醇、多菌灵、百菌清。

表 2-2　老挝农药最大残留限量表

农药种类	作物	MAL/(毫克/千克)
2，4-D	甘蔗	0.05
	玉米	0.05
	水稻	0.1
	高粱	0.01
	柑橘	1
阿维菌素	苹果	0.02
	柑橘	0.01
	黄瓜	0.01
	甜玉米	0.01
	番茄	0.02
	西瓜	0.01
	花生	0.01
联苯菊酯	香蕉	0.1
	柑橘	0.05
	茄子	0.3
	高粱	0.05
	茶	30
	番茄	0.3
去草胺	苹果	3
	柑橘	1
	葡萄	1
	芒果	0.1
	番茄	1
胺甲萘	芦笋	15
	胡萝卜	0.5
	柑橘	15
	茄子	1
	高粱	0.02
	红辣椒	5
	葵花籽	0.2
	番茄	5

（续）

农药种类	作物	MAL/（毫克/千克）
多菌灵	芦笋	0.2
	香蕉	0.2
	胡萝卜	0.2
	咖啡	0.1
	葡萄	3
	花生	0.1
	菠萝	5
	石榴	3
	水稻	2
	芒果	5
	番茄	0.5
卡巴呋喃	香蕉	0.1
	柑橘	2
	玉米	0.05
	高粱	0.1
	水稻	0.1
	柑橘	0.5
百菌清	香蕉	0.01
	芹菜	20
	黄瓜	3
	葡萄	3
	木瓜	20
	花生	0.1
	番茄	5
毒素蜱	香蕉	2
	西蓝花	2
	卷心菜	1
	胡萝卜	0.1
	卷心菜	1
	柑橘	1
	葡萄	0.5
	玉米	0.05

（续）

农药种类	作物	MAL/（毫克/千克）
毒素蜱	洋葱	0.2
	石榴	1
	土豆	2
	高粱	0.5
	茶	2
	水稻	0.5
甲基毒死蜱	柑橘	2
	茄子	1
	葡萄	1
	石榴	1
	土豆	0.01
	水稻	0.1
	高粱	10
	番茄	10
高效氟氯氰菊酯	石榴	0.1
	柑橘	0.3
	卷心菜	2
	茄子	0.2
	土豆	0.01
	番茄	0.2
	芦笋	0.02
	柑橘	0.2
	菜头	0.01
	玉米	0.02
	芒果	0.2
	石榴	0.2
	水稻	1
	高粱	0.05
氯氰菊酯	芦笋	0.4
	柑橘	0.3
	咖啡	0.05
	榴莲	1

（续）

农药种类	作物	MAL/（毫克/千克）
氯氰菊酯	茄子	0.03
	黄瓜	0.07
	芒果	0.7
	洋葱	0.01
	木瓜	0.5
	石榴	0.7
	水稻	2
	高粱	0.2
	茶	15
	番茄	0.2
溴氰菊酯	苹果	0.2
	胡萝卜	0.02
	柑橘	0.02
	葡萄	0.02
	青菜	2
	洋葱	0.05
	蘑菇	0.05
	番茄	0.3
二嗪农	西蓝花	0.5
	卷心菜	0.5
	哈密瓜	0.2
	玉米	0.02
	石榴	0.3
	番茄	0.5
乐果（有机磷杀虫剂）	芦笋	0.05
	卷心菜	0.05
	花椰菜	0.2
	柑橘	5
	芒果	1
	红辣椒	0.5
	土豆	0.05

（续）

农药种类	作物	MAL/（毫克/千克）
乙烯利	苹果	5
	哈密瓜	1
	葡萄	1
	菠萝	2
	番茄	2
草甘膦	香蕉	0.05
	玉米	5
	高粱	2
	向日葵	7
吡虫啉	苹果	0.5
	香蕉	0.05
	花椰菜	0.5
	卷心菜	0.5
	柑橘	1
	黄瓜	1
	茄子	0.2
	葡萄	1
	芒果	0.2
	西瓜	0.2
	番茄	0.5
马拉硫磷	苹果	0.5
	芦笋	1
	柑橘	7
	黄瓜	0.2
	葡萄	5
	玉米	0.05
	高粱	3
	番茄	0.5
甲霜灵	芦笋	0.05
	鳄梨	0.2
	西蓝花	0.5
	卷心菜	0.5

（续）

农药种类	作物	MAL/（毫克/千克）
甲霜灵	胡萝卜	0.05
	花椰菜	0.5
	柑橘	5
	黄瓜	0.5
	石榴	1
	番茄	0.5
	西瓜	0.2
戊唑醇	苹果	1
	香蕉	0.05
	西蓝花	0.2
	卷心菜	1
	胡萝卜	0.4
	花椰菜	0.05
	咖啡	0.1
	茄子	0.1
	大蒜	0.1
	葡萄	6
	芒果	0.05
	木瓜	2
	石榴	0.5
	水稻	1.5
	番茄	0.7

（二）热带农产品安全标准

老挝农产品贸易高度依赖邻国，中国、泰国在老挝农产品贸易发展中地位突出、影响较大。近年来，尽管老挝政府禁止在全国范围内扩建香蕉种植园，但香蕉逐渐成为老挝的主要出口农产品，大部分香蕉主要出口到中国、泰国两大市场。2017 年，老挝香蕉出口创收 1.679 亿美元，2018 年降至 1.12 亿美元。除香蕉外，老挝的其他主要出口农产品包括木薯（出口额达 1.29 亿美元）、咖啡（1.43 亿美元）、橡胶（1.05 亿美元）。

老挝的水果、蔬菜等在欧盟（EU）、东盟（ASEAN）和中国有很大的出口潜力。国际贸易中心（ITC）分析表明，老挝特色农业具有巨大的出口潜力，估值高达6.34亿美元。不过，农业和食品相关产品是国际贸易中受管制最多的部门之一。为了确保食品安全，并满足控制蔬果的植物健康和农药残留的监管制度，老挝针对菠萝、鳄梨、胡椒、咖啡豆等重要出口作物已制定相关农药残留标准（表2-3），此举将提高出口商进入区域市场和欧洲市场的机会。

表2-3 老挝关于热带农产品中农药最大残留限量表

食品名	农药名称		主要用途	最大残留限量/(毫克/千克)
	中文	英文		
澳洲坚果	硫丹	endosulfan	杀虫剂	
菠萝	莠灭净	ametryn	除草剂	
	乙烯利	ethephon	植物生长调节剂	2
	丙环唑	propiconazole	杀菌剂	
	代森锰锌	mancozeb	杀菌剂	
	多菌灵	carbendazim	杀菌剂	5
	二嗪磷	diazinon	杀虫剂	
	噻虫胺	clothianidin	杀虫剂	
	噻虫嗪	thiamethoxam	杀虫剂	
	三唑醇	triadimenol	杀菌剂	
	三唑酮	triadimefon	杀菌剂	
	烯酰吗啉	dimethomorph	杀菌剂	
	溴氰菊酯	deltamethrin	杀虫剂	
鳄梨	虫酰肼	tebufenozide	杀虫剂	
	咯菌腈	flfludioxonil	杀菌剂	
	甲霜灵和精甲霜灵	metalaxylandmetalaxyl - M	杀菌剂	0.2
	甲氧虫酰肼	methoxyfenozide	杀虫剂	
	螺螨酯	spirodiclofen	杀螨剂	
	嘧菌环胺	cyprodinil	杀菌剂	
	噻虫胺	clothianidin	杀虫剂	
	噻虫嗪	thiabendazole	杀虫剂	
	噻菌灵	thiabendazole	杀菌剂	
	唑螨酯	fenpyroximate	杀螨剂	
胡椒	阿维菌素	abamectin	杀虫剂	
	丙森锌	propineb	杀菌剂	

（续）

食品名	农药名称		主要用途	最大残留限量/(毫克/千克)
	中文	英文		
胡椒	代森铵	amobam	杀菌剂	
	代森联	propineb	杀菌剂	
	代森锰锌	mancozeb	杀菌剂	
	代森锌	zineb	杀菌剂	
	福美双	thiram	杀菌剂	
	福美锌	ziram	杀菌剂	
	咪鲜胺和咪鲜胺锰盐	prochlorazandprochlorazmanga-nesechloridecomplex	杀菌剂	
咖啡豆	苯嘧磺草胺	saflflufenacil	除草剂	
	吡虫啉	imidacloprid	杀虫剂	
	吡唑醚菌酯	pyraclostrobin	杀菌剂	
	丙环唑	propiconazole	杀菌剂	
	草铵膦	glufosinate-ammonium	除草剂	
	敌草快	diquat	除草剂	
	啶酰菌胺	boscalid	杀菌剂	
	毒死蜱	chlorpyrifos	杀虫剂	
	多菌灵	carbendazim	杀菌剂	0.1
	粉唑醇	flflutriafol	杀菌剂	
	氟吡禾灵	haloxyfop	除草剂	
	环丙唑醇	cyproconazole	杀菌剂	
	甲拌磷	phorate	杀虫剂	
	甲氰菊酯	fenpropathrin	杀虫剂	
	硫丹	endosulfan	杀虫剂	
	螺螨酯	spirodiclofen	杀虫剂	
	氯虫苯甲酰胺	chlorantraniliprole	杀虫剂	
	氯菊酯	permethrin	杀虫剂	
	氯氰菊酯和高效氯氰菊酯	cypermethrinandbeta-cypermethrin	杀虫剂	0.05
	嘧菌酯	azoxystrobin	杀菌剂	
	噻虫胺	clothianidin	杀虫剂	

（续）

食品名	农药名称		主要用途	最大残留限量/(毫克/千克)
	中文	英文		
咖啡豆	噻虫嗪	thiamethoxam	杀虫剂	
	噻嗪酮	buprofezin	杀虫剂	
	三唑醇	triadimenol	杀菌剂	
	三唑酮	triadimefon	杀菌剂	
	戊唑醇	tebuconazole	杀菌剂	0.1
	溴氰虫酰胺	cyantraniliprole	杀虫剂	
可可豆	灵霜灵和精甲霜灵	metalaxylandmetalaxyl - M	杀虫剂	
	磷化氢	hydrogenphosphide	杀虫剂	
	硫丹	endosulfan	杀虫剂	
	噻虫胺	clothianidin	杀虫剂	
	噻虫嗪	thiamethoxam	杀虫剂	
荔枝	氯氟氰菊酯和高效氯氟氰菊酯	cyhalothrinandlambda - cyhalothrin	杀虫剂	
	毒死蜱	chlorpyrifos	杀虫剂	
	氯氰菊酯和高效氯氰菊酯	cypermethrinandbeta - cypermethrin	杀虫剂	
	百菌清	chlorothalonil	杀菌剂	
	苯醚甲环唑	difenoconazole	杀菌剂	
	吡唑醚菌酯	pyraclostrobin	杀菌剂	
	春雷霉素	kasugamycin	杀菌剂	
	代森锰锌	mancozeb	杀菌剂	
	敌百虫	trichlorfon	杀虫剂	
	多菌灵	carbendazim	杀菌剂	
	多效唑	paclobutrazol	植物生长调节剂	
	氟吗啉	flflumorph	杀菌剂	
	甲霜灵和精甲霜灵	metalaxylandmetalaxyl - M	杀菌剂	
	腈菌唑	myclobutanil	杀菌剂	
	喹啉铜	oxine - copper	杀菌剂	
	硫丹	endosulfan	杀虫剂	
	螺虫乙酯	spirotetramat	杀虫剂	
	马拉硫磷	malathion	杀虫剂	

（续）

食品名	农药名称		主要用途	最大残留限量/(毫克/千克)
	中文	英文		
荔枝	咪鲜胺和咪鲜胺锰盐	prochlorazandprochloraz - manganesechloridecomplex	杀菌剂	
	嘧菌酯	azoxystrobin	杀菌剂	
	氰霜唑	cyazofamid	杀菌剂	
	三乙膦酸铝	fosetyl - aluminium	杀菌剂	
	三唑磷	Triazophos	杀虫剂	
	三唑酮	triadimefon	杀菌剂	
	双炔酰菌胺	mandipropamid	杀菌剂	
	霜脲氰	cymoxanil	杀菌剂	
	溴氰菊酯	deltamethrin	杀虫剂	
	乙烯利	ethephon	植物生长调节剂	
榴莲	氯氰菊酯和高效氯氰菊酯	cypermethrinandbeta - cypermethrin	杀虫剂	1
龙眼	毒死蜱	chlorpyrifos	杀虫剂	
	氯氰菊酯和高效氯氰菊酯	cypermethrinandbeta - cypermethrin	杀虫剂	
	咪鲜胺和咪鲜胺锰盐	prochlorazandprochlorazmanganesechloridecomplex	杀菌剂	
芒果	丙溴磷	profenofos	杀虫剂	
	氯氟氰菊酯和高效氯氟氰菊酯	cyhalothrinandlambda - cyhalothrin	杀虫剂	0.2
	溴氰菊酯	deltamethrin	杀虫剂	
	氯氰菊酯和高效氯氰菊酯	cypermethrinandbeta - cypermethrin	杀虫剂	0.7
	氰戊菊酯和 S-氰戊菊酯	fenvalerateandesfenvalerate	杀虫剂	
	丙森锌	propineb	杀菌剂	
	代森锰锌	mancozeb	杀菌剂	
	多菌灵	carbendazim	杀菌剂	
	福美双	thiram	杀菌剂	
	乙烯利	ethephon	植物生长调节剂	
	苯醚甲环唑	difenoconazole	杀菌剂	
	吡虫啉	imidacloprid	杀虫剂	0.2
	吡唑醚菌酯	pyraclostrobin	杀菌剂	

（续）

食品名	农药名称		主要用途	最大残留限量/(毫克/千克)
	中文	英文		
芒果	代森铵	amobam	杀菌剂	
	多效唑	paclobutrazol	植物生长调节剂	
	福美锌	ziram	杀菌剂	
	咯菌腈	flfludioxonil	杀菌剂	
	乐果	dimethoate	杀虫剂	
	螺虫乙酯	spirotetramat	杀虫剂	
	咪鲜胺和咪鲜胺锰盐	Prochlorazandprochloraz - manganesechloridecomplex	杀菌剂	
	嘧菌环胺	cyprodinil	杀菌剂	
	嘧菌酯	azoxystrobin	杀菌剂	
	灭蝇胺	cyromazine	杀虫剂	
	噻虫胺	clothianidin	杀虫剂	
	噻菌灵	thiabendazole	杀菌剂	
	噻嗪酮	buprofezin	杀虫剂	
	戊唑醇	tebuconazole	杀菌剂	
	丁草胺	butachlor	除草剂	0.1
木薯	代森锰锌	mancozeb	杀菌剂	
	敌草快	diquat	除草剂	
	涕灭威	aldicarb	杀虫剂	
山竹	丙溴磷	profenofos	杀虫剂	
香蕉	阿维菌素	abamectin	杀虫剂	
	百草枯	paraquat	除草剂	
	百菌清	chlorothalonil	杀菌剂	0.01
	苯丁锡	fenbutatinoxide	杀螨剂	
	苯菌灵	benomyl	杀菌剂	
	苯醚甲环唑	difenoconazole	杀菌剂	
	苯嘧磺草胺	saflflufenacil	除草剂	
	吡虫啉	imidacloprid	杀虫剂	0.05
	吡氟禾草灵和精吡氟禾草灵	flfluazifopandflfluazifop - P - butyl	除草剂	

（续）

食品名	农药名称		主要用途	最大残留限量/(毫克/千克)
	中文	英文		
	吡唑醚菌酯	pyraclostrobin	杀菌剂	
	吡唑萘菌胺	isopyrazam	杀菌剂	
	丙环唑	propiconazole	杀菌剂	
	丙硫多菌灵	Albendazole	杀菌剂	
	丙森锌	propineb	杀菌剂	
	草铵膦	glufosinate - ammonium	除草剂	
	代森铵	amobam	杀菌剂	
	代森联	metriam	杀菌剂	
	代森锰锌	mancozeb	杀菌剂	
	敌草快	diquat	除草剂	
	敌敌畏	dichlorvos	杀虫剂	
	丁苯吗啉	fenpropimorph	杀菌剂	
	啶虫脒	acetamiprid	杀虫剂	
香蕉	啶氧菌酯	picoxystrobin	杀菌剂	
	毒死蜱	chlorpyrifos	杀虫剂	2
	多菌灵	carbendazim	杀菌剂	0.2
	噁唑菌酮	famoxadone	杀菌剂	
	粉唑醇	flflutriafol	杀菌剂	
	氟吡甲禾灵和高效氟吡甲禾灵	haloxyfop - methylandhaloxyfop - P - methyl	杀虫剂	
	氟吡菌酰胺	flfluopyram	杀菌剂	
	氟虫腈	fifipronil		
	氟硅唑	flflusilazole	杀菌剂	
	氟环唑	epoxiconazole	杀菌剂	
	氟唑菌酰胺	flfluxapyroxad	杀菌剂	
	福美双	thiram	杀菌剂	
	福美锌	ziram	杀菌剂	
	活化酯	acibenzolar - S - methyl	杀菌剂	
	甲氨基阿维菌素苯甲酸盐	emamectinbenzoate	杀虫剂	
	甲基硫菌灵	thiophanate - methyl	杀菌剂	

（续）

食品名	农药名称		主要用途	最大残留限量/(毫克/千克)
	中文	英文		
香蕉	腈苯唑	fenbuconazole	杀菌剂	
	腈菌唑	myclobutanil	杀菌剂	
	联苯菊酯	bifenthrin	杀螨剂	0.1
	联苯三唑醇	bitertanol	杀菌剂	
	氯苯嘧啶醇	fenarimol	杀菌剂	
	氯虫苯甲酰胺	chlorantraniliprole	杀冲剂	
	氯氟氰菊酯和高效氯氟氰菊酯	cyhalothrinandlambda - cyhalothrin	杀虫剂	
	咪鲜胺和咪鲜胺锰盐	prochlorazandprochloraz - manganesechloridecomplex	杀菌剂	
	嘧菌酯	azoxystrobin	杀菌剂	
	嘧霉胺	pyrimethanil	杀菌剂	
	宁南霉素	ningnanmycin	杀菌剂	
	噻虫胺	clothianidin	杀虫剂	
	噻虫嗪	thiamethoxam	杀虫剂	
	噻菌灵	thiabendazole	杀菌剂	
	噻嗪酮	buprofezin	杀虫剂	
	噻唑磷	fosthiazate	杀虫剂	
	三唑醇	triadimenol	杀菌剂	
	三唑酮	triadimefon	杀菌剂	
	肟菌酯	triflfloxystrobin	杀菌剂	
	戊唑醇	tebuconazole	杀菌剂	0.05
	烯唑醇	diniconazole	杀菌剂	
	溴氰菊酯	deltamethrin	杀虫剂	
	乙烯利	ethephon	植物生长调节剂	
	异菌脲	iprodione	杀菌剂	
	抑霉唑	imazalil	杀菌剂	
杨桃	氯氰菊酯和高效氯氰菊酯	cypermethrinandbeta - cypermethrin	杀虫剂	
	嘧菌酯	azoxystrobin	杀菌剂	
腰果	敌草快	diquat	除草剂	

注：老挝最大残留限量标准由老挝农林部农业司提供。

（三）水稻安全标准

农业是老挝的经济支柱。老挝主要农作物是水稻，水稻种植面积占全国农作物种植面积的 85%，主要分布在万象、沙湾拿吉、沙拉湾和占巴塞等省，其中南部 3 省水稻产量占总产量的 40%。由于栽培技术和灌溉设施较落后，很多地方一年只能在雨季时种一季水稻。目前，老挝关于水稻的质量安全标准几乎没有，仅制定了 5 项水稻中农药最大残留限量，在其生产和贸易中通常只能采用贸易国的相关标准进行管理。

参 考 文 献

参考信息网，2021. 老挝将对华出口 50 万头牛：农业条件得天独厚双边合作大有可为 ［EB/OL］.（2021 - 08 - 05）［2022 - 09 - 03］. http：//m. cankaoxiaoxi. com/sports/20210805/2450339. shtml.

陈泽军，2022. 中国-老挝-泰国国际联运通道发展对策研究 ［J］. 铁道货运，40（7）：33 - 37.

国际果蔬网，2022. 老挝柑橘要来了！预计明年出口量将达 5 万吨 ［EB/OL］.（2022 - 01 - 06）［2022 - 09 - 03］. http：//www. agri. cn/V20/ZX/sjny/202112/t20211230_7799341. htm.

华经情报网，2022. 2021 年老挝 GDP、人均 GDP、人均国民总收入及产业增加值统计 ［EB/OL］.（2022 - 07 - 28）［2022 - 09 - 02］. https：//m. huaon. com/detail/822996. html.

华经情报网，2022. 2022 年 4 月中国与老挝双边贸易额与贸易差额统计 ［EB/OL］.（2022 - 06 - 01）［2022 - 09 - 02］. https：//m. huaon. com/detail/809026. html.

黄家雄，胡发广，李亚男，等，2016. 老挝热带资源与咖啡发展前景 ［J］. 热带农业科技，39（3）：28 - 31，36.

孔志坚，寸佳莅，2017. 老挝畜牧业、渔业发展现状及前景分析 ［J］. 东南亚研究，36（4）：64 - 69，107 - 108.

老挝畜牧渔业司网站，2022. 2015—2020 年老挝渔业发展管理战略计划 ［EB/OL］.［2022 - 09 - 03］. http：//dlf. maf. gov. la/.

老挝农林部网站，2020. 老挝畜牧、兽医法 ［EB/OL］.［2020 - 09 - 02］. http：//dlf. maf. gov. la/.

老挝农林部网站，2021. 老挝投资环境分析 ［EB/OL］.（2021 - 11 - 29）［2022 - 09 - 02］. http：//dlf. maf. gov. la/.

老挝农林部网站，2022. 老挝渔业法 ［EB/OL］.［2022 - 09 - 02］. http：//dlf. maf. gov. la/.

刘妍，赵帮宏，张亮，2017. 中国投资老挝农业的环境、方向与战略预判 ［J］. 世界农业，453（1）：198 - 203.

MICHAEL CAREY，2021. Livestock exports decline over halfyear ［EB/OL］.（2021 - 01 - 16）［2022 - 08 - 28］. https：//www. agriland. ie/farming - news/live - cattle - exports - suffers‐decline‐during‐2020/.

史蒙，2014. 老挝农业发展战略研究 ［D］. 杨凌：西北农林科技大学：4-8.

覃舒曼，2022. "一带一路"倡议背景下老挝农业发展现状及人才需求探究 ［J］. 产业与科技论坛，21（8）：63-64.

王栋，2018. 老挝农业发展的困境与对策：兼论当前中老农业合作的现状与展望 ［J］. 安徽农业科学，46（7）：190-192.

王立丰，袁坤，刘勇，等，2022. 澜湄合作机制下的中国‐老挝天然橡胶科技国际合作现状与展望 ［J］. 热带农业科学，42（6）：110-115.

王以燕，宋俊华，刘丰茂，等，2019. FAO 农药产品标准简介 ［J］. 世界农药，41（4）：48-55，64.

韦幂，吴全清，张小川，等，2021. 基于 SWOT 框架的中国‐老挝农业合作及其对策分析 ［J］. 湖北农业科学，60（18）：193-197.

张藜凡，方文，2022. 老挝农业科技发展的问题与对策 ［J］. 农村实用技术，243（2）：39-42.

郑茗戈，陈嵩，2014. 老挝经济社会地理 ［M］. 广州：世界图书出版公司：23-26.

中国商务新闻网，2022. 中老铁路：善作善成打造黄金线路 ［EB/OL］.（2022-04-12）［2022-09-02］. https：//www.chinatradenews.com.cn/content/202204/12/c146602.html.

中国渔业报，2017. 广西 120 万尾罗非鱼"飞"到老挝 ［EB/OL］.（2017-09-18）［2022-09-02］. http：//www.chinacoop.gov.cn/HTML/2017/09/21/124240.html.

第三章　缅甸农业发展现状

缅甸联邦共和国（The Republic of the Union of Myanmar），简称缅甸。缅甸位于亚洲东南部、中南半岛西部，东北与中国毗邻，西北与印度、孟加拉国相接，东南与老挝、泰国交界，西南濒临孟加拉湾和安达曼海。缅甸面积约 67.85 万平方千米，海岸线长 3 200 千米。地势北高南低。北、西、东山脉环绕。北部为高山区，西部有那加丘陵和若开山脉，东部为掸邦高原，靠近中国边境的开卡博峰海拔 5 881 米，为全国最高峰。西部山地和东部高原间为伊洛瓦底江冲积平原，地势低平。缅甸属热带季风气候，年平均气温 27℃。缅甸国土大部分在北回归线以南，为热带；小部分在北回归线以北，处于亚热带。缅甸生态环境良好，自然灾害较少。缅甸全年气温变化不大，最冷月（1 月）的平均气温为 20～25℃，最热月（4 月、5 月）的平均气温为 25～30℃。各地气温年较差也不大。缅甸雨量丰沛，降水多集中在西南季风盛行的 6—8 月，其次为 5 月、9 月、10 月，大部分地区年降水量达 4 000 毫米以上；中部为雨影区，年降水量不足 1 000 毫米，是缅甸的干燥地带。每年 5—10 月，缅甸各地的降水量占全年降水量的 90%～95%。受季风的影响，缅甸全年可分为热季（3 月至 5 月中旬）、雨季（5 月中旬至 10 月）、凉季（11 月至次年 2 月）。

一、缅甸农业基本情况

缅甸是世界最不发达的国家之一，农业为缅甸国民经济基础。缅甸从事农业的人口超过 60%，可耕地面积约 1 800 万公顷，尚有 400 多万公顷的空闲地待开发，农业产值占国民生产总值的四成左右，主要农作物有水稻、小麦、玉米、花生、芝麻、棉花、豆类、甘蔗、油棕、烟草和黄麻等。

缅甸农业基础设施薄弱，农产品加工水平整体落后，农产品加工仓储设施严重缺乏，加工标准有待完善。缅甸农产品以原料出口为主。由于品质不稳定、附加值低，缅甸农产品在国际市场缺少竞争力。为扭转局面、提升农产品附加值，近年来，缅甸政府制订系列优惠政策，积极吸引外商投资包括谷物加工产品制造及国内销售、食品（牛奶及奶制品除外）加工及销售、酒精及非酒精饮料生产加工及国内销售等在内的农产品加工产业。缅甸主要出口产品为天然气、玉石、水稻等，主要进口产品为石油与汽油、商业用机械、汽车零配件等。

（一）各产业基本情况

缅甸南部地区的伊洛瓦底三角洲是肥沃的冲积平原，尤其适合水稻种植。作为与民生息息相关的粮食作物，水稻一直是缅甸政府投入政策支持和生产资料最多的农产品。2017年缅甸水稻种植面积约为672.3万公顷。由于单产水平有限，缅甸水稻总产量远不及印度、印度尼西亚、孟加拉国等其他东南亚国家。2019年缅甸全国平均水稻单产水平为3 818千克/公顷，农业发展较好的地区单产接近4 000千克/公顷。2020年，缅甸水稻种植面积665.5万公顷，产量达到2 509.6万吨。2022年缅甸水稻总产量预计为2 380万吨。关键农业投入资源价格上涨，农户减少用量，进而影响水稻单产潜力。

豆类是缅甸第二大农作物，生产总值占缅甸农业总产值约15.1%；同时豆类也是缅甸主要的出口创汇农产品，是缅甸第二大出口商品（仅次于天然气），约占缅甸农产品出口总额的1/3。缅甸出产的豆类主要有干豆、木豆、鹰嘴豆、黄豆等，主要种植区域是缅甸中部地区。2017年缅甸豆类作物收获面积为443万公顷，总产量700万吨，大部分出产于勃固、仰光、马圭、曼德勒、伊洛瓦底和实皆六省。缅甸豆类出口的国家和地区已达40多个，主要出口印度、印度尼西亚、马来西亚、新加坡、巴基斯坦、日本、韩国、菲律宾和中国香港等国家和地区。缅甸豆类的出口市场主要集中在亚洲和欧洲，其中印度是缅甸豆类第一大出口市场。在主要豆类产品中，绿豆深受中国市场青睐。2018年上半年，出口中国的绿豆占缅甸绿豆总产量的60%。2022年数据显示，缅甸中部地区豆类种植面积约600万英亩*，伊洛瓦底江三角洲地区豆类种植面积约400万英亩，沿海地区及南部山地地区豆类种植面积约100万英亩。

缅甸芝麻产量居世界第一。芝麻是缅甸种植面积最大的油料作物。2013—2017年缅甸芝麻种植面积在150万公顷左右，总产量维持在80万吨左右。2017年总产量76万吨，较2016年产量减少了5%，可能的原因是种植初期遇到干旱导致出苗率降低。2017/2018财年，中国对芝麻的需求减少，芝麻价格下降。缅甸芝麻的主要产区是曼德勒、马圭、实皆等少雨地区，其他地区也有少量种植。缅甸芝麻出口的70%流向中国市场，主要通过木姐105码贸易区和清水河口岸出口。缅甸芝麻产量虽居世界先列，但单产仅约为中国芝麻单产的50%。截至2022年3月，缅甸芝麻种植面积达370多万英亩。

---

* 1英亩≈0.405公顷。

玉米作为食用作物和动物饲料被广泛种植。2017 年缅甸玉米种植面积约为 44 万公顷，总产量 160 万吨。缅甸玉米主要在雨季种植，占比 88%，冬季种植只占 12%。玉米也是缅甸主要出口创汇农作物，扣除缅甸国内的消费，每年都有大量玉米出口。2015/2016 财年，缅甸玉米出口量达 120 万吨，2016/2017 财年达 130 万吨，其中 98% 是销往中国。国际市场上玉米价格从 2017 年 11 月的 148 美元/吨上涨到 2018 年 1 月的 157.7 美元/吨，缅甸通过边贸出口中国的玉米离岸价格甚至达到 320 美元/吨，远远高于国际市场价格。缅甸目前玉米的种植面积越来越大，产量逐年递增。2020 年缅甸玉米播种面积为 52.7 万公顷，产量 203.8 万吨。虽受到疫情影响，缅甸农产品出口逆势增长。美国农业部海外农业局报告显示，2022/2023 年度缅甸玉米收获面积为 67 万公顷，产量将达到 290 万吨，出口将达到 245 万吨，国内用量将达到 45 万吨。

缅甸油料作物种植面积达 760 多万英亩，其中花生种植面积达 280 万英亩、葵花种植面积达 60 万英亩。根据相关部门数据，缅甸 1 英亩花生的产油量为 186 千克、1 英亩芝麻的产油量为 91 千克、1 英亩葵花籽的产油量为 288 千克。从数据来看，短期内要满足缅甸国内食用油供应，需要扩大葵花种植面积。目前缅甸生产的葵花籽油仅作为混合油在缅甸国内市场上销售，进口葵花籽油在缅甸市场畅销。缅甸农业、畜牧与灌溉部计划扩大 150 万英亩的葵花播种面积。

据缅甸媒体消息，缅甸牛油果生产和出口协会（Myanmar Avocado Producer and Exporter Association）副主席称，缅甸牛油果在欧洲市场表现不错，新加坡和泰国也提出要进口缅甸牛油果。2020 年 11 月，缅甸通过空运向英国试出口了 0.5 吨牛油果，包括 Amara、Hass 和 Buccaneer 三个品种。缅甸牛油果的销售不仅在英国市场不错，德国和意大利也对缅甸牛油果产生了兴趣。据了解，缅甸种植牛油果主要就是为了打入国际市场，供出口的品种主要是 Hass 牛油果。疫情暴发之前，85% 缅甸牛油果出口到泰国，还有少量通过边贸进入中国。2019 年底以来，受到疫情和缅甸局势不稳的影响，缅甸牛油果出口受阻。缅甸约有 23 种牛油果，产季从每年 10 月持续到次年 2 月、3 月，主要生长在掸邦、钦邦、曼德勒、实皆。2022 年缅甸国内牛油果种植面积约 2 万英亩。缅甸牛油果生产和出口协会称，因缅甸的 Hass 牛油果在国际市场上占有一席之地，在牛油果种植季节到来的时候，将在彬乌伦地区扩大种植 500 英亩。

缅甸的畜牧业主要以家庭饲养为主要生产单位。现代化畜牧养殖具有资本密集型和技术型的特征。缅甸尚不具备现代化畜牧养殖的能力。在缅甸，传统的小规模畜禽养殖和生产较为常见。在缅甸，超过 98% 的畜牧业生产来自农民家中的后院养殖。通常农民会整理出一些地块来养殖几头（只）牛、猪、鸡、鸭，以补充他们的日常收入，畜牧业仅占农民收入的一小部分。21世纪以来，缅甸畜牧业加速发展，养殖禽（鸡）的注册人数增长速度最快，每年约增长 23%，养猪业每年约增长 12%，养鸭业每年约增长 11%，养羊业每年约增长 9%，养牛业每年约增长 2%。鸡肉、鸭肉和猪肉产量的增长率也达到 3 倍以上。缅甸政府还看好养羊业的出口前景，正在大力发展。养羊业主要部署在缅甸的曼德勒、实皆和马圭等省。缅甸羊只的年出口量达100 万只，每年可创汇 5 000 万美元。缅甸生产的冷冻牛羊肉已向马来西亚和中东一些国家出口。

缅甸是世界第四大内陆渔业生产国，也是东盟国家中最大的内陆渔业生产国。缅甸拥有 3 200 多千米的海岸线，同时还拥有沼泽面积 50 万公顷。缅甸水产品生产的来源主要是海洋渔业和淡水渔业，前者占总产量的 75% 左右，后者占 25%。在缅甸，海洋渔业主要由合资公司经营，而淡水渔业或者内陆渔业主要是由私营业主控制。养鱼池塘面积的急剧增加，以及渔业部门提供技术援助和优良鱼种，推动了缅甸渔业迅速发展。2008 年缅甸已经拥有 77.5万吨鱼的产能了。海洋渔业的增长主要归功于近海渔业，增长辐度不大。鱼和虾是缅甸渔业的主要出口产品。2018 年，缅甸渔业出口额达 7.2 亿美元；2019 年，增加到 8.35 亿美元；2020 年和 2021 年，受疫情影响，出口骤降。据了解，德林达依省 70% 的财政收入依赖渔业。2020/2021 财年，该省海鲜出口额仅有 3.12 亿美元。其中，高东口岸出口额为 2.33 亿美元、丹老为7 400 万美元、土瓦为 500 万美元。据缅甸渔业部门消息，2021/2022 过渡财年截至 2022 年 2 月 28 日的前 5 个月，缅甸出口虾类 6 129 吨，创汇2 756 万美元。

（二）缅甸农业发展优势

1. 自然条件优势

缅甸位于低纬度地区，属热带季风气候，高温多雨的自然条件非常适合水稻、玉米、橡胶等多种农作物的生长。以水稻为例，伊洛瓦底省是缅甸最大的水稻种植省，第二大和第三大水稻种植省分别是勃固省和实皆省。这几个省都属于热带季风气候地区，十分适合种植水稻，缅甸也因此收获了"亚洲的米仓"的美称。缅甸一直以来主要发展农业生产，工业化水平较低，农业受污染的程度低，所产农产品不含或很少含铅、铜等金属元素，所产的自然生态农产品尤其适合当今的市场需要。除此之外，缅甸南邻孟加拉湾，拥有漫长的海岸线，既利于季风气候进入国内形成降水，又利于发展各项水产养殖业，同时方便商品出口。

2. 区位优势明显

缅甸位于中南半岛上，自西向东分别与孟加拉国、印度、中国、老挝、泰国相接，十分有利于商品货物的对外输出。尤其是印度和中国这两个人口大国，往往会从缅甸进口较大数量的农产品。此外，缅甸南频孟加拉湾，海岸线狭长，可以兴建大量的港口，能十分便利地将货物运往印度、美国、马来西亚、新加坡、中国及欧洲等。通过船舶运输农产品能够大大缩减运输的成本，提高农产品贸易的竞争力。

3. 充沛廉价的劳动力

缅甸的劳动力资源非常丰富，是新加坡、马来西亚、泰国等东盟国家主要低端劳动力来源。当前，缅甸在外工作人员回国工作意愿日趋强烈，缅甸政府也相应地大力发展劳动密集型制造业，以创造更多的就业岗位。据官方统计，缅甸 15～59 岁的劳动力人口为 3 340.7 万人，占全国人口总数的 59.1%。根据日本贸易振兴机构进行的调查，缅甸制造业工人综合平均每月工资约为 162 美元，柬埔寨为 201 美元，越南为 227 美元。

（三）缅甸农业发展劣势

1. 交通基础设施薄弱

交通是一国经济发展的血脉和骨架，是一国对外出口贸易的重要保障。好的交通基础设施往往能够提高运输的效率，节省资金成本和时间成本，进而提高出口竞争力。缅甸因经济动力不足，长期投资乏力，交通基础设施力量薄弱，已有的交通设施大部分已经陈旧，运行效率低，运作的成本较高。虽然新的交通基础设施也有兴建，但周期较长，新旧使用的衔接性较差，无法给运输提供充足的马力。

当前，公路运输是缅甸主要的交通方式。缅甸现有建成的公路 34 200 千米，在建公路 2 923 千米，人均路程为 6.76 千米/万人，此标准远远低于国际水平。并且缅甸的公路基本上都是柏油路、土路、塘石路。高速公路只有一条，即仰光—内比都—曼德勒，为双向 4 车道，全长 400 英里，限速 100 千米/小时，基本上是由沥青、砂石和水泥构成，容易发生损坏，同时公路两侧没有护栏，交通行驶的危险较大。

在铁路方面，缅甸的铁路由缅甸铁道部下属国企——缅甸国家铁路公司独家经营管理。缅甸拥有建成铁路总里程 5 763 千米，在建里程 2 862.7 千米，全国设 926 个站点，运行 436 列火车。从铁路线路总长度这个指标看，根据世界银行提供的资料，缅甸要远低于印度（65 808 千米），略低于巴基斯坦和泰国（巴基斯坦 7 791 千米、泰国 5 844 千米）。此外，缅甸铁路的运行速度较慢，运输质量不高，加之大部分列车使用的年限较长，操作困难，维护成本较高，铁路运输的竞争力较低。

在水运方面，缅甸南部濒临孟加拉湾，海岸线较长，拥有出海的优势。缅甸拥有船只 560 多艘，内河航道 14 883 千米，船舶港口 9 个，分别是仰光、胶漂、实兑、勃生、丹兑、土瓦、毛淡棉、高东、丹老。水陆运输是缅甸农产品出口选择较多的运输方式。然而，这些港口都较小，吃水线受到限制，无法停靠大型船舶，且容易形成拥堵，船舶泊岸作业的效率较低。

2. 外资投资农业的比重低

2012 年，缅甸政府修改和颁布新的投资法——《外国投资法》，并于 2013 年 1 月 31 日通过《外国投资细则》，明文规定提高外国投资者在缅甸的优惠待遇，且放宽外商投资的准入领域和要求，使缅甸的外商投资迎来了崭新的局面。在这样的背景下，外资进入缅甸的规模不断扩大，投资国不断增多，美国、欧盟、中国、日本、马来西亚、印度尼西亚、孟加拉国等国家和地区都是缅甸重要的投资国家和地区。

虽然进入缅甸的外国资本在不断扩大，但这些外资主要流向资源导向型行业，诸如矿产、电力、石油和天然气等行业，进入农业的投资资金相对较少。数据显示，1988 年至 2019 年 9 月底，共有 50 个国家和地区的企业，对缅甸的 12 个经济领域进行了投资，共计投资 1 837 个项目。对缅甸投资最多的是新加坡、中国和泰国；投资最多的行业是石油与天然气领域，投资占比 27.38%，电力领域投资占比 25.87%，工业生产领域投资占比 14.08%。外资投资农业的比重很低，导致缅甸农业行业无法获取外来充足的资金、技术和人才等投资资源，这是缅甸农业面临的严峻问题。

3. 农产品国际品牌数量少

在国际市场上，农产品的品牌是一个国家和企业十分重要的无形资产，不但可以使这个国家的农产品在国际市场上具备能够与其他国家竞争的资格，而且能够提高本国农产品在国际市场的份额。除了质量和价格的因素外，响亮的品牌还能使一国农产品在激烈的国际市场中脱颖而出，独占鳌头。正因为如此，很多国家都热衷于建立本国的农产品品牌。以水稻为例，泰国的香米、越南的水稻、柬埔寨的茉莉花香米等都是国际上公认的好水稻，这几个水稻品牌在国际市场上的名气较大。相比于那些不出名的水稻，大部分消费者在购买水稻时都会选择品牌力较强的水稻。

与其他国家相比，缅甸生产的农产品很少使用农药、化肥等化学物品，是健康的有机农产品，在国际上享有很高的声誉。但是，缅甸尚未建立起本国农产品的国际品牌，不利于农业的发展。

4. 出口市场过于集中

缅甸的农产品主要出口亚洲国家，如中国、越南、泰国、孟拉加国、印度等，这跟缅甸的地理位置及一些国际关系的影响有关。如缅甸的水稻主要出口到中国和新加坡，中国也是缅甸玉米的主要出口对象，缅甸豆类最大的出口国为印度，缅甸橡胶则主要出口到中国、新加坡、印度、日本和韩国等国家。缅甸农产品出口市场过于集中，这会给国家和企业带来很大的潜在风险。因为这些农产品一旦在某个主要出口市场遭遇药物残留、卫生检疫等SPS措施，或主要出口国因经济或某个行业不景气而放弃从缅甸进口某类农产品等，就会严重影响缅甸农产品出口，进而给出口企业带来较大的损失和市场风险。

5. 农产品加工业落后

缅甸经济落后，属于不发达国家。缅甸政府在农业领域投入资金十分有限，农业研究资金投入强度极低，每 100 美元农业 GDP 中，用于农业研究的费用仅为 0.06 美元，远低于亚洲平均水平 0.41 美元。缅甸政府所提供的农业优惠政策也尚未健全。同时，缅甸由于长期经济失衡，外债规模较大，多数外资企业投资时优先考虑投资金额少、风险低、成本可短期回收的项目，农业科技发展缓慢。同时，农业基础设施差，技术水平低，对外出口的水稻、玉米、豆类、橡胶、果蔬等农产品多为初级农产品，缺乏深加工。缅甸农产品加工技术落后，农产品附加值较低。

6. 边境贸易走私严重

以橡胶为例，缅甸政府的政策一直鼓励在缅甸境内加工生橡胶，然后将半成品出口到其他国家，但缅甸橡胶半成品的质量较差，外国采购商更喜欢购买未经任何加工的生橡胶。为了逃避关税，同时也为了降低劳工和运输成本，缅甸出口商通过非法渠道出口生橡胶。近年来，缅甸的橡胶产量大幅增长，但是官方数字并没有统计到出口量的增加。

7. 内战阻碍农产品出口贸易

缅甸农产品出口总量的一半，甚至一半以上都是通过边境贸易完成的。但由于特殊的历史原因，缅甸的边境地区不断会有战事发生。长期开战，严重阻碍缅甸农产品出口。

二、缅甸农业相关政策

缅甸是一个发展比较落后的国家，国内的经济法律法规还不够完善。2011 年以来，缅甸政府积极推行民主化改革，国际政治关系逐渐回暖，国内法律政策环境趋于完善，多边和双边经贸都逐渐发展起来，多国企业纷纷看准商机在缅甸投资。

缅甸政府十分重视提高吸引外资的能力及提升营商便利度。2012 年 11

月，缅甸颁布实施新的《外国投资法》。新法给予外国投资者更多的保护政策和投资优惠，努力改善投资环境。第一，新法取消了缅外合资企业外资比例必须占到 35％的规定；第二，缅外合资企业从正式运营起可享受 5 年免税待遇，比原有政策延长两年。2016 年以来，缅甸政府积极落实"十二条"经济政策，促进经济发展。但出台的改革政策和优惠措施缺乏连续性，相关经济法律法规尚不完善，农业投资仍存在较大的经济风险。

为了更好地吸引外国投资，缅甸政府于 2017 年 4 月 1 日正式实施新的《外商投资法》。新的《外商投资法》鼓励外商投资企业优先聘用缅甸公民，要求外资企业在经营的前两年雇用不少于 25％的缅甸雇员，每增加两年，当地雇员的比例提高 25％。在土地政策方面，缅甸现行法律不允许外国人直接购买土地，但是新的法律规定，他们可以申请租赁土地用于农业种植和发展。一份申请可以租用土地 50 年，然后根据需要延长租赁期限，最长租用 70 年。

2018 年 8 月缅甸《金凤凰报》称，新的《缅甸公司法》将获准外资在农业领域的全额投资，以期加速本国农业的发展。2017/2018 财年，进入缅甸的外资达 57.18 亿美元，其中进入农业领域的投资额仅为 1.34 亿美元，约占 2.3％。新的《缅甸公司法》给予外国投资者在农业领域更多的自主权，更多的外资也会因此转移到缅甸农业领域上来。

缅甸全国 5 200 万人口中有 65％的人从事农业生产，农业产值占缅甸国内生产总值的 42％。缅甸政府为促进农业发展、提高农业生产率及农民收入，制定了农业的三大基本方针：一是农产品的生产要以市场规律为导向，提高农产品产量，实现水稻和食用油供给盈余的目标，同时扩大主要农产品和食品加工产品的生产和出口；二是扩大耕地面积，保护农民权利；三是鼓励私营经济进入农业部门，参与本国农业发展。

除三大基本方针外，缅甸还制定了农业发展的五大措施：一是保证并继续扩大农业用地面积，尤其是种植类农业和林木业的用地；二是多举措筹资，促进农业水利设施的建设；三是工业辅导农业，提高农业实用机械生产的力度；四是指导并鼓励农民掌握先进的农业生产和管理技术，加强农民种粮的培训；五是培育和引进优良水稻种子，加大实验力度，扩大优良种子的种植面积。

从缅甸颁布实施的农业政策看，水稻政策的影响最为显著。水稻是缅甸最重要的农产品之一，缅甸高温多雨的气候条件十分适合水稻种植，同时缅甸丰富、廉价的劳动力也能满足水稻对充足劳动力生产条件的需要。除了农业政策和措施外，缅甸政府还为水稻生产量身定制了一些措施，包括水稻一年种植三季、规范农民对高效实用农药和化肥等的使用以及向农户推广先进的生产工具。除此之外，缅甸政府修改了水稻的收购计划，即政府不再是水稻收购的唯一机构，缅甸企业和个人都可以进行水稻交易，最大限度提高农民种粮的积极性。水稻收购新政策与缅甸的传统做法在收购方式、价格和还贷方面有很大差异。首先，过去是政府直接从农户手中征购水稻，现在则由商人从农户手中购买。其次，过去政府用低于市场价的价格从农户手中征购水稻，现在是商人按市场价从农户手中购买。最后，缅甸农户过去须用其所收获的水稻偿还贷款，现在则须用现金偿还。另外，缅甸政府规定水稻需要在满足国内市场消费需求的基础上才能用于出口，且必须遵守缅甸水稻交易管理会的指示，这是政府出于本国粮食安全的考虑而做出的决定。在满足国内市场消费的情况下，鼓励水稻出口，也缅甸政府保证社会稳定和谐的重要举措。关于水稻出口税，缅甸政府规定水稻出口商需缴纳 10% 的出口收入作为出口税，剩下的 90% 水稻出口收入由政府和出口商按比例划分。缅甸政府对水稻收购政策进行重大调整有望对农业发展产生积极的影响。

为促进农业发展，近年来缅甸政府采取兴修农田灌溉设施、引进良种、扩大种植面积、将荒地租赁给私人经营和免除农机、农药、良种和化肥进口关税等各种措施。尽管缅甸在发展农业方面仍然面临着资金不足、农业科技含量不高和化肥短缺等困难，但随着一些新政策和措施的出台和实施，土地肥沃、雨水充足、具有发展农业优厚条件的缅甸，将会在农业发展方面取得新成绩。

缅甸是传统的农业国家，是 WTO 成员，也是中国-东盟自由贸易区的成员国。中国、东盟和部分发达国家均给予缅甸商品减免关税的优惠待遇，这能够降低缅甸农产品的出口成本，提高本国企业的利润。同时，缅甸属于比较贫困的农业国，获取来自其他国家的经济援助，能够帮助缅甸振兴国家的经济社会建设，为农产品的生产与出口提供良好的社会环境。根据 2018 年世界农业信息资料，国际农业发展基金（IFAD）和缅甸签订了一份融资协议，涉及金额达到 6 520 万美元，这笔钱将被用来改善缅甸农业和林业，以及增加山区农户的劳动收入。2014 年以来，IFAD 合计投资缅甸农业项目和林业项目的金额已经达到 7 770 万美元，连同成本在内合计金额为 9 300 万美元。得到 IFAD 帮助的缅甸贫困农户达到 10 万多户。

虽然仍是一个欠发达国家，缅甸依然以开放的心态融入世界建设的合作进程。1995 年 1 月 1 日，缅甸加入 WTO，享受 WTO 内的相关权利并履行相关承诺。两年后即 1997 年 5 月 31 日，缅甸加入中国-东盟自由贸易区，享受该组织内关于农产品贸易的一系列权利。缅甸又是伊洛瓦底江、湄南河及湄公河经济合作战略组织（ACMECS）中的一员。加入 ACMECS 有助于缅甸提高地区经济地位，增强话语权，同时进一步促进与泰国、老挝、柬埔寨三国的合作。

美国是缅甸重要的贸易合作国家。2014—2015 年，缅甸共向美国出口约 300 吨的木材。2014 年，美国重新回到缅甸市场，对其实施"进口商品普惠制"政策，减免约 5 000 余种商品的进口关税，其中包括缅甸的蔬果等农产品和部分水产品。然而 2015 年，美国废除了这项政策。2016 年，美国再次恢复对缅甸的这项优惠政策。缅甸商务部的资料显示，2015/2016 财年缅甸对美国的贸易额为 8 800 多万美元，出口产品包括农产品和工业制成品。

欧盟给予缅甸"关税优惠制度"（GSP）的待遇，规定除了武器弹药，缅甸输往欧盟的产品享受免关税、免配额待遇。

作为中国-东盟自由贸易区的重要成员，根据"早起收获"计划的规定，约 8 000 种缅甸出口商品对中国贸易能够享受免除关税待遇，包括一些种植类农产品如水稻、芝麻、花生等以及部分水产品。中国对缅甸实施的农产品优惠待遇在很大程度促进了两国之间的贸易发展。

印度尼西亚是缅甸重要的贸易合作国家。印度尼西亚国内部分农产品缺乏，需要从缅甸进口。根据 2008/2 号缅甸商务部公告，按照 AISP 计划，从 2009 年 5 月底开始，缅甸出口印度尼西亚的 180 种商品能够享受零关税优惠，包括水产品、动物产品、水果、鱼虾、螃蟹、鸡蛋、鸭蛋、豆类、玉米、洋葱等，但要求这些商品必须为缅甸本国生产的商品，非本国生产的商品出口印度尼西亚需按照产品生产总额缴纳一定比例的关税。

泰国是 ACMECS 的一个成员国，规定免除缅甸对其出口的包括甜玉米、玉米、薏米、绿豆等在内的 9 种农产品的关税。执行这项关税措施的 6 个边境关口是尖竹汶府、沙缴府、黎府、那空帕农府、符文叻他尼府和达府。

三、缅甸农产品加工业现状

缅甸经济落后，农业基础设施差，技术水平低，目前对外出口的水稻、玉米、豆类、橡胶、果蔬等农产品多为初级农产品，缺乏深加工，技术含量十分有限。

农业是缅甸的国民经济基础，缅甸政府尤其重视农业经济的发展，加强农产品的培育和种植，积极吸引外商投资农业，同时促进水稻、豆类、橡胶等农产品出口到世界各国。然而由于缅甸工业化程度低、农业企业规模小、生产与加工设备落后、经营能力不足、外资进入缅甸农业的比例不大等，缅甸农产品加工技术落后，农产品附加值技术含量低。

缅甸现代工业基础薄弱，现有厂商多属低阶的小型机械制造产业，多数集中在纺织、印染、碾米、木材加工、制糖、造纸、化肥和制药等行业，其中食品及饮料行业占此类产业 85% 的比重，多集中在水稻、食油、糖、盐等农产品加工制作，产品主要供当地市场消费。

缅甸是有名的"水稻之国"，盛产水稻。农业占国民经济的大部分，水稻又占农业总产值的大部分。缅甸水稻大部分产于伊洛瓦底江三角洲和锡唐河河谷一带。虽然缅甸拥有丰富的水资源，但由于历史和政治的原因，缺少水利设施的支持，水利资源并没有得到充分的利用。缅甸的水稻干燥机械运用得晚，而且使用的地区很少，还没有得到普及。同时，缅甸的水稻干燥技术滞后，干燥时损耗大，再加上夏季稻收割时期是雨季，水稻的损耗更大。缅甸水稻的加工技术也是影响缅甸水稻出口的重要因素之一。缅甸的粮食加工水平低，达不到国际市场规定的标准，水稻加工后仍存在品质较低的问题。虽然缅甸的水稻年产量接近 3 500 万吨，与泰国相当，但由于缅甸的粮食加工水平低，每年水稻出口量只有泰国的1/10～1/8。缅甸农作物采后加工技术匮乏，远不能满足发展需求，仅能生产基础加工产品。以水稻采后加工为例，缅甸水稻干燥设备应用时间晚，在国内几乎未普及。干燥技术落后，在脱粒、干燥时水稻损失量达全国水稻总产量的10%。雨季时更甚，水稻深加工技术水平低，米质较差。目前缅甸的水稻产业面临一个重要问题，即缅甸现有的碾米厂大多为小规模生产，而且碾米机也都陈旧不堪，无法把水稻粒磨成国际买家要求的细小颗粒。在技术方面，缅甸的水稻缺乏深加工，质量偏差，因此一直以来缅甸水稻在国际水稻市场上都不占优势，而且面临恶化的趋势。

渔业方面，缅甸主要使用传统方式进行水产品加工，如烟熏、腌制、脱水及制作鱼酱和鱼露等，主要向国内供应。用于出口的水产品需进一步加工，但目前缅甸基础速冻设备数量有限，符合市场标准的冷冻设备极其缺乏，直接影响了出口价值。

缅甸在育种技术和养护技术方面发展较为落后。缅甸的农业生产大量依赖其自身优质的自然环境。受困于农产品生产技术低下，缅甸农产品贸易市场应对国际市场需求变化的能力也相对较弱。受制于水利设施和技术的缺乏，缅甸尽管拥有众多河流，但灌溉效果却不尽人意。由于较低的育种技术和养护技术，缅甸主要农产品如水稻、小麦和玉米等的平均亩产远低于世界农业大国，这使得缅甸农产品生产从业者多但效率低下。较低的农业生产效率使得生产跟不上市场需求的变化。这直接导致需求大的产品不能及时供应，而已经生产出来的产品错过了最佳的销售时期，不能及时回收资金又会再一次导致农业生产投入不足，农业生产将陷入恶性循环。中国政府和企业不定期向缅甸农民赠送农业机具并举办农业生产培训来帮助缅甸农民提高农业生产效率，这样的政策和措施在缅甸当地取得了比较好的效果。但这样的政策和措施毕竟不是长远之计，缅甸农业生产技术的落后依然广泛地影响着中缅农产品贸易市场。

四、缅甸农产品质量安全标准

（一）缅甸标准化现状

标准化是国民经济和社会发展的重要技术基础，是推动现代农业发展的重要抓手。缅甸是一个以农业为主的国家，由于历史和政治原因，缅甸国家经济处于发展起步阶段，标准化整体水平较低，标准化基础设施落后，还不足以支撑缅甸农业规模化生产。

1. 标准化处于起步阶段

缅甸国家标准化管理机构为缅甸教育部研究与创新司下属的国家标准与计量局（National Standard and Quality Department，简称 NSQD）。NSQD 负责实施缅甸的标准化认证和计量等国家质量基础设施。缅甸 2014 年发布了《标准化法》，根据《标准化法》成立了国家标准委员会，逐步组建了食品、农产品等 23 个技术委员会。2017 年缅甸发布了首批 50 项国家标准；截至 2019 年 9 月，共发布 93 项缅甸国家标准，主要采用国际标准、欧洲标准等；即将批准 78 项标准草案，15 项标准草案处于公开征求意见阶段，185 项标准草案处于委员会审批阶段。在首批发布的 50 项缅甸国家标准中，只有水稻和豆类 2 项农产品标准、1 项农药标准。构建完整的农业标准体系，缅甸还有很长的路要走。如何发挥农业标准化在提高缅甸农业生产水平中的示范和引领作用是缅甸标准化和农业管理部门面临的重要挑战。

2. 逐步参与国际标准化活动

缅甸于 1957 年加入国际标准化组织（ISO），并于 1965 年终止；于 2005 年 7 月 1 日再次加入 ISO，成为通信成员，截至 2019 年 12 月，参与 8 个技术委员会和 3 个政策制定委员会的工作；2007 年 11 月 13 日加入 IEC 扩展国家计划（Affiliate Country Program，简称 ACP）。1997 年缅甸开始参与 ACCSQ 区域性工作，2007—2008 年担任 ACCSQ 主席，主持了第 29 届和第 31 届 ACCSQ 会议。除此之外，缅甸还是国际食品法典委员会（CAC）成员。缅甸通过参与国际标准化活动，不断为国内标准化活动的开展积累经验。

3. 正在通过国际援助建设质量基础设施

缅甸教育部研究与创新司正在与德国联邦物理技术研究院（PTB）、联合国工业发展组织（UNIDO）、美国材料与试验协会（ASTM）等机构及国际组织开展标准化合作，积极发展国家质量基础设施建设，包括制定政策战略、颁布法律法规、提供技术援助、创建意识提升项目和建立实验室等（表 3 - 1）。我国也从 2020 年开始援助缅甸建设农产品质量控制中心。

表 3-1   国际机构与组织标准化援助项目

援助机构和组织	项目	时间
联合国工业发展组织（UNIDO）	加强缅甸的国家贸易质量基础设施	2013—2018 年
德国联邦物理技术研究院（PTB）	加强缅甸质量基础设施	2015—2020 年
美国国际开发署（USAID）	资助私营领域发展活动	2015—2019 年
德国技术合作公司（GIZ）	贸易发展项目（NQI 领域）	2015—2018 年
日本国际协力机构（JICA）	建立谷物水分校准实验室	2017—2019 年

4. 农业标准化人才匮乏

缅甸标准化刚刚处于起步阶段，2017 年才发布第一批缅甸标准，农业管理部门缅甸农业、畜牧与灌溉部还未设立农业标准化相关管理部门，农业领域缺少具有参与标准化活动经验的人员，农业相关人员缺乏标准化知识和理念。

（二）资质与认证

若任何缅甸国内或者国外部门、组织希望签发质量推荐，组织业务的人员应在符合规定的情况下向相关部门申请取得认可证书。相关部门应在收到取得认可证书的申请后，按照规定审查所申请的部门、组织或个人是否能够进行技术检查、实验室检查和其他必要的服务，并通过委员会向管理委员会提交意见。管理委员会审查相关部门意见，通过委员会通知相关部门签发或拒绝签发认可证书。取得认可证书的部门、组织或个人有权使用认可标志。

已取得认可证书的部门、组织或个人，如希望延长认可证书的有效期，应按规定向相关部门申请；相关部门应通过委员会向管理委员会提交意见。管理委员会审查意见后，可以延长认可证书的有效期或拒绝延长其有效期。管理委员会应规定认可证书的有效期、认可证书的费用和延长认可证书有效期的费用。取得认可证书的部门和组织应在取得管理委员会签发的每个类别质量推荐标准化标志批准后，在相关部门进行登记，按照规定向相关部门提交已经签发质量推荐的业务清单。

（三）缅甸国家标准委员会

缅甸根据《标准化法》成立了国家标准委员会，具有以下职责。
①制定执行《标准化法》的政策和指南；
②规定接受或修订采用合适的国际、区域和国外标准的缅甸标准；
③规定原材料、设备、产品、程序、试验方法、生产和服务相关的缅甸

标准;

④规定进出口产品的缅甸标准;

⑤规定强制性缅甸标准;

⑥促使缅甸标准在相关产品和服务上的应用实施;

⑦适时指导标准工作委员会检查获得授权使用标准标识的部门或组织是否遵守标准的要求;

⑧规定认证认可证书颁发的条件;

⑨对标准工作委员会提交的认证认可证书相关事项做出决定;

⑩确定发行给获得认可的部门、组织的各种类别认证证书的标准标识;

⑪指导标准工作委员会执行所需的法定计量单位;

⑫审核发现认可要求被违反时,给予获得认可的相关部门、组织或个人警告、暂停或撤销认可;

⑬定时向内阁报告国家标准化和资金情况。

缅甸负责制定标准的技术委员会有 20 个,包括电子电器设备技术委员会、预包装食品技术委员会、汽车产品技术委员会、管理体系技术委员会、化妆品技术委员会、药物技术委员会、农产品技术委员会、医疗器械技术委员会、建筑与建设技术委员会、传统医学技术委员会、橡胶产品技术委员会、通信和信息技术委员会、化学制品技术委员会、机械技术委员会、能源技术委员会、木质产品技术委员会、畜牧业和渔业技术委员会、环境保护技术委员会、锅炉技术委员会、职业安全与健康技术委员会。

(四) 缅甸标准化特点

1. 标准化基础薄弱

缅甸经济发展落后,自独立以来,内战不断,长期困扰其经济发展,因此标准化发展动力不足,标准化活动处于初始阶段。近年来政府采取了许多措施发展经济,国内外贸易活动不断活跃,对标准化活动提出了新要求。2017 年缅甸首次发布了 50 项国家标准,并且全部采用国际标准。缅甸国内的标准化活动才刚刚开始,还没有制定长期性、全局性的标准化发展战略,缺乏循序渐进、不断发展完善的过程;政策及经济投入不足,针对民众开展的标准化普及活动还没有真正展开;国家标准的实施和发展还在探索阶段,国内标准化活动的开展仅限于国家标准化机构和国家标准委员会。标准体系建设任重而道远。

2. 标准制定有快速程序

缅甸标准制定分为一般程序和快速程序。对于市场需求迫切,且可以采用国际标准的标准制定采用快速程序,不需要经过筹备阶段和委员会阶段。

快速程序对于标准化技术和人才奇缺的缅甸来说，是一种快速应对市场需求的简单而又便捷的方式。

3. 发布的标准反映市场基本需求

缅甸 2017 年第一批发布的 50 项标准，包括化妆品、医药品、木材家具、家用电器、光缆光纤等关系到百姓生命安全的日常生活用品，以及主要的农作物及水产品，如水稻、豆类、冰冻水产品等，初步满足了市场的基本需求。

4. 逐步参与国际标准化活动

由于缅甸国内经济发展不稳定，其对国际标准化活动的参与度不高、程度不够。虽然加入了 ISO，但目前还是通信成员。在 ACCSQ，缅甸尽力承担职责，积极参与标准化活动，推动东盟一体化发展。

（五）缅甸禁止进口销售农药清单（表 3 - 2）

表 3 - 2　2020 年 1 月 7 日更新的缅甸禁止进口销售农药品种清单

序号	英文名称	中文名称	类别
1	Aldrin	奥尔德林	杀虫剂
2	Aldicarb	涕灭威	杀虫剂
3	Alachlor	甲草胺	除草剂
4	AlphHexa - chlorocyclohexane	α-六氯环己烷	杀虫剂
5	Arsenic compound	砷化合物	杀鼠剂
6	Beta - Hexachlorocyclohexane	β-六氯氯环己烷	杀虫剂
7	Binapacryl	联丙烯腈	杀螨剂
8	Terbufos	特丁磷	杀虫剂
9	Borax Decahydrate	十水四硼酸钠	杀虫剂
10	Hydramethylnon	氟蚁腙	杀虫剂
11	Metaflumizone	氰氟虫腙	杀虫剂
12	Mineral Oil	矿物油	杀虫剂
13	Boric Acid	硼酸	杀虫剂
14	Carbofuran	克百威	杀虫剂
15	Carbendazim	多菌灵	杀菌剂
16	Benomyl	苯菌灵	杀菌剂
17	Glufosinate Ammonium	草铵膦	除草剂
18	Captafol	敌菌丹	杀菌剂

（续）

序号	英文名称	中文名称	类别
19	Chlordimeform	杀虫脒	杀虫剂
20	Chlordane	氯丹	杀虫剂
21	Chlorodecone	十氯酮	杀虫剂
22	Chlorobenzilate	乙酯杀螨醇	杀虫剂
23	Cyhexatin	三环锡	杀虫剂
24	Dieldrin	狄氏剂	杀虫剂
25	Dinoseb	地乐酚	除草剂
26	DNOC	二硝基甲酚	杀虫剂
27	Ethylene Dibromide	二溴乙烷	杀虫剂
28	Ethylene Dichloride	二氯乙烷	杀虫剂
29	Endosulfan	硫丹	杀虫剂
30	Endrin	异狄氏剂	杀虫剂
31	EPN	昆虫病原线虫	杀虫剂
32	Ethylene Oxide	环氧乙烷	助剂
33	Fluoroacetamide	氟乙酰胺	杀鼠剂
34	Hexachlorobenzene	六氯苯	杀菌剂
35	Heptachlor	七氯	杀虫剂
36	Lindane	林丹	杀虫剂
37	Methomyl	灭多威	杀虫剂
38	Mercury Compound	汞化合物	杀菌剂
39	Methamidophos	甲胺磷	杀虫剂
40	Methyl Parathion	甲基对硫磷	杀虫剂
41	Monocrotophos	久效磷	杀虫剂
42	Mirex	灭蚁灵	杀虫剂
43	Parathion Ethyl	乙基对硫磷	杀虫剂
44	Pentachlorophenol	五氯苯酚	杀虫剂
45	Phosphamidon	磷酰胺	杀虫剂
46	Strobane	氯化松节油	杀虫剂
47	2，4，5-T and 2，4，5-TP	2，4，5-三氯苯氧基乙酸和2，4，5-三氯苯氧基丙酸酯	除草剂
48	Toxaphene	毒杀芬	杀虫剂
49	Tributyltin	三丁基锡	杀菌剂

（续）

序号	英文名称	中文名称	类别
50	Trichlorfon	敌百虫	杀虫剂
51	DDT	滴滴涕	杀虫剂
52	Tridemorph	十三吗啉	杀菌剂
53	Triflumizole	三氟甲唑	杀菌剂
54	Diafenthiuron	丁醚脲	杀虫剂

（六）缅甸玉米质量标准

1. 分类

缅甸玉米标准并未做等级划分。在分类方面，缅甸按颜色对玉米进行了分类。缅甸标准分为黄玉米、白玉米、红玉米和混合玉米4种类型。

2. 质量指标

缅甸标准要求玉米必须气味正常，无任何异味，此外还要求不能有活体昆虫和危害人体健康的污染物。对于非同类籽粒含量，各国标准差别较大，非同类籽粒主要包括异色粒和异形粒。对于异色粒，缅甸标准对黄玉米和红玉米的要求为异色粒≤5.0%，而对白玉米的要求是异色粒≤2.0%。缅甸也对异形粒含量做了规定。

3. 不完善粒及杂质比对

缅甸标准对玉米不完善粒和杂质做了要求。缅甸标准主要分为缺陷粒和外来物质。在破损粒中，缅甸的要求为≤6.0%。

4. 农药残留限量比对

缅甸的农药残留限量指标涉及58项。缅甸农药残留限量指标与我国农药残留限量指标相同的有37项，指标值有差异的13项，其中11项指标值高于我国，2项指标值低于我国。

5. 真菌毒素限量比对

各国对真菌毒素的要求有一定的差别，缅甸的标准要求指标符合国际食品法典的规定。

6. 重金属限量指标比对

缅甸对铅、镉做了限量要求。

7. 指标值要求差异

缅甸标准中对玉米的一些质量指标要求较低。如在杂质指标限值中，缅甸的要求为≤2.0%；在水分含量中，缅甸标准中规定玉米的水分含量为≤

15.5%，同时注明"根据目的地的气候、运输和储存期因素，应调低水分含量要求"。缅甸属于热带季风气候，温度和湿度都较高，而过高的湿度和水分含量，容易导致玉米变质。

（七）缅甸 GAP 农业系统下农作物土壤养分管理的注意事项

缅甸是一个以农业为主的国家。为了推动国家发展，提高农民生产水平，产出质量、数量达标的产物，缅甸使用良好农业规范（Good Agricultural Practices，简称 GAP）来规范种植，其中包括分作物补充营养。国家的种植愿景为以媲美国际的、稳定的种植体系满足粮食需求，提高社会经济生活水平，推动国家经济发展。

缅甸 GAP 农业系统旨在确保食品安全，除了提高产品质量，减少对环境的影响之外，还考虑到人类健康和社会经济福祉。

如果作物栽培方法正确，产量就会极高。提供优质产品，持续生产高质量的附加产品也可以带来经济效益。在一些地区和省份，用于出口的蔬菜和粮食作物，尤其是水稻、豆类和玉米，正在实施良好农业规范。受益于 GAP 系统的发展中国家正在通过采用 FAO 的 GAP 系统获得新的国外出口市场。缅甸农业、畜牧与灌溉部宣布，将 GAP 系统推广至缅甸消费和出口的 15 种主要农作物。使用 GAP 系统种植的产品可以向消费者保障食品安全，也可以保障用以出口的农作物的品质。农业用地通过 GAP 得到了系统性维护。GAP 将使农业用地保持持续生产优质作物的能力。以下列举几种农作物土壤养分管理的注意事项。

1. 水稻

（1）种植土地的选择

农业用地及其周边土地需避免受化学有害物影响。须保留田地地图及相关记录。黑色棉质土壤、沙质土壤均可种植水稻。有足够的灌溉水源便可以种植。水稻适合在 pH 为 5.5～7 的土壤中成长。需监测种植用地是否受到污染，并据此做出相应应对措施。

（2）种植

不可使用养殖区、医院和工厂排出的废水，城市废水或可能对环境有害的水。灌溉、施肥时必须检查用于混合杀虫剂的水是否存在化学和生物有害物。如果发现任何异常，应记录在案。若发现种植用水中存在化学、生物有害物质和危害健康的微生物，应当使用（储存）其他安全水源，并对水进行检查、处理，记录处理方法和处理结果。在水稻种植和成品加工的 GAP 系统中，不得使用工业废水。如果要使用再利用废水，必须通过处理废水达到监管要求。

（3）种子/幼苗

必须种植与水土相适应、无病虫害的优质品种。优质稻种纯度为 98%，发芽率 80%，与其他品种的混种率为 0.5%。应从官方认可的种子场、其他经农民协会负责组织批准的场所购买稻种。必须记录种子的来源。

（4）肥料和土壤改良剂

水稻种植所使用的肥料含有有害化学和生物物质。肥料在使用前必须适当稀释。不要在不干净的地方堆积有机材料。化肥的购买和使用必须记录。不可预先施用土壤杀虫剂，不可强制春耕，以免改变土质。

（5）水用（水溶）化学药物和其他化学药物

使用杀虫剂时要根据种植业部门和谷物保护部门记录的药物说明来使用，不能使用种植业中禁用的有害杀虫剂，不使用出口水稻所进口的国家禁用的有害杀虫剂。要根据害虫综合治理程序来使用，最后才使用霉菌、细菌、草虫杀虫剂，通过物理、生物方法来防止细菌病虫。要使用对自然环境影响最少的方法。

（6）植株照料

在规定的田块上插秧，田块亩基本苗要有 10 万～11 万株。水稻插秧株行距为 8×6 厘米或者 9×6 厘米，种子播种规格为 6 行 1 播种，谷粒的播种规格为 10 行 1 播种，培育 20～25 天、株苗长度有 2～3 厘米时要马上拔出来插种。湿种子和干种子的播种率如下：

移栽播种率每英亩 1 箩筐；

湿种子播种率每英亩 5 箩筐；

干种子播种率每英亩 2 箩筐。

（7）去异种和防杂草

异种含量与水稻含量比列不超过 0.05%：0.02%。要在水稻生长到一定长度时去除异种和防止杂草。观察种子发芽和植株成长，长到第三阶段时，应除掉水稻中的异种混合物。在观察期植株增多期间，如果稻株的形状、叶子朝向、植株和叶子的颜色、叶子种类和植株高度有差别的话，就应该快点将其拔除；在稻穗开花期间，要注意观察它最早或者最晚开花的稻株、花的形状、花瓣和颖壳的颜色。结籽时要观察谷粒形状和弯曲情况，若有异样就要马上拔除，稻穗成熟期间要观察并记录种子的种类、颜色和成熟特征，后应将其隔断。

（8）肥料添加

要根据稻株生长情况，决定肥料的添加。根据水稻 GAP 种植机制，为保证正确添加肥料应该知道种植地的类型，要会估计植株所需的肥料数量或肥料的准确使用量。添加肥料后要清除干净水稻地中的杂草，尤其是在稻株早期成长阶段，添加肥料前稻田周围的田埂里要维持 2 英寸^①左右的足量水，在添加肥料 3～5 天后就可以正常浇灌水，再适时根据稻穗与肥料种类进行比例调整后均匀加入即可。

2. 玉米

（1）以 GAP（良好农业规范）为参照

肥料及土壤改良物。 应检查待种植土壤的养分含量。根据土壤实验室试验，使用种子作物所需的肥料和土壤改良物。为预防种子及土壤病害应当使用适宜的杀虫剂。仅可使用经过认证的肥料，且这些肥料不能含对人和环境有害且难以分解的矿物质和其他有毒物质。水牛、黄牛等动物粪便经 3～4 个月的堆肥后方可作为自然肥料在修整土地时在每亩地中施入 3～5 吨。为增加土壤的理化性质，每年需向土壤中添加腐熟的天然肥料和绿肥。如果要进行堆肥，应采用无病植物残体，必须保存与肥料使用有关的作物记录。将肥料或土壤改良物混合、储藏、有机肥堆放的地点不可选择会对土壤及水源造成污染的地方。须购买经官方认证且注册的化肥或土壤改良物，需记录购买的地点、数量、日期及售卖者姓名。

照料树苗。 高质量播种需参照以下方法：首先需深耕土地，在雨季（5 月初至 6 月末）、寒季（9 月、10 月）播种，每亩播种 3.2 千克，杂交种则每亩需播种 2.5～3 千克。为预防土壤病害，应在土壤中混入杀虫剂。为保持水分，应先用粗块敲打后划出种植线，每亩至少种 20 000～25 000 株玉米种子，每两个种坑的间隔为 0.25～0.32 英寸。玉米对光无反应且若具有水分，则任何月份均可播种。

发芽 14 天后，必须通过在每个孔中留 1 株植物来分苗。如果有坑，应在相邻坑内留 2 株分株。20～21 天，每亩加半袋尿素和 1/4 袋钾肥翻耕，施肥前要清除植株基部的杂草，待植株发芽后（35～40 天）应清除杂草。

发芽后 1 个月内要保持植株无杂草、无旱涝。抽穗期加半袋尿素和 1/4 袋钾肥，花粒期若缺乏水分则应浇水。在种植期和花粒期，白鼠会破坏田间环境，所以应清理种植园的环境，并在种植园周围放入鼠药。实行多管齐下的防控措施，避免种子作物和豆类等作物轮作。

（2）土壤注意事项

玉米适合生长在任何类型的土壤，但需可灌溉，以保持足够的氧气、保证良好的根系生长和功能；土壤需要具有足够的保水能力，以提供足够的水分在整个生长季节；土壤的 pH 需在 6～7.2。玉米产量与品种、主要营养元素、微量营养元素和养分吸收有关，见表 3-3 至表 3-5。

---

① 1 英寸＝2.54 厘米。

表3-3 玉米主要营养元素需求表（常量营养元素）

单位：千克/亩

产量/（吨/亩）	植株品种	氮	五氧化二磷	氧化钾	氧化镁	氧化钙	硫	氯
3.8	杂交玉米	52	28	19	7	0.8	5	1.8
	常规玉米	25	7	76	22	22	4	31
2.5	杂交玉米	40	16	12	3.7	0.6	3	—
	常规玉米	25	9.3	37	11	6	3	

表3-4 玉米微量营养元素需求表（常量营养元素）

单位：千克/亩

产量/（吨/亩）	植株品种	铁	锰	铜	锌	硼	钼
3.8	杂交玉米	44	24	8	77	20	2.4
	常规玉米	817	113	36	77	56	1.2
2.5	杂交玉米	—	28		44		
	常规玉米	—	380	12	80		

注：在种植期玉米需获取养分才能达到5吨/亩的产量。

表3-5 据玉米株龄的养分吸收表

单位：千克/英亩

株龄/天	氮	五氧化二磷	氧化钾
20～30	0.7	0.2	0.7
30～40	2.7	0.6	4.0
40～50	3.4	0.9	4.7
50～60	2.1	0.8	1.8

肥料补给率。确定适当的肥料补给率。

固有土壤肥力。需检测土壤，土壤采样和氮检测应每年进行一次，对于磷、钾、镁等缓慢迁移的养分，每3～4年进行一次土壤检测就足够了。建议在地下水位高的土壤，尤其是在很难产生死水的沙质土壤上将植物分析与土壤测试结合使用。许多微量营养素缺乏在pH>7.3的土壤中更为常见。

产量潜力。建议以平均产量＋5%作为估算肥料投入量计算峰值产量的依据。如果在发芽后施肥，可以在种植后期补充所需的肥料。

前茬作物。据研究，如果玉米与其他作物（尤其是豆类）轮作，增加产量的同时也会减少病虫害的发生，降低了连作的影响。可从大豆中提取氮肥，虽然认为玉米连作的负面影响可以通过添加氮肥来克服，但通过添加足够的氮肥并不能完全消除豆类轮作和连作玉米之间的产量差异，因此，豆类轮作更加有利。

土壤反应（土壤的酸碱性）。 用于生产基本养分的天然堆肥材料的最高微生物活性的 pH 为 6～7。在这阶段粪肥养分的充足率也得以维持。在世界大部分地区，农业石灰石被用于改良酸性土壤。然而，降低碱性土壤 pH 成本较低的方法在很大程度上是空洞的，只有采用轮作、灌溉、自然堆肥等方式，才能提高土壤肥力，足以支持连作。在同一块土地上连续种植一种作物会改变土壤的物理和化学性质，从而改变养分平衡。

玉米吸收营养的方式。 玉米植株的氮、磷、钾消耗量有一半发生在作物到达抽穗阶段之前，因此玉米植株必须每年补充氮。由于浸出（或反硝化）会减少氮，因此最好在作物需要时补充氮。在质地较细的土壤、粉质壤土（或）堆肥中，种植前添加氮肥并作为追肥。在具有流失问题的粗质地土壤中，分次施用氮肥。如果作物可以灌溉，则在种植前添加 50％～60％ 氮，并在灌溉期间添加剩余的 40％，这是减少土壤流失的最有益的方法。在秋季或春季在土壤中添加磷、钾。除沙质土壤外均在种植前向根区添加钾。

玉米施肥的方法。 在高于所需土壤养分水平的田地中，产量与（施肥）所用方法不同之间没有显著差异。相反，在养分含量低或者固磷能力较弱的土壤中，集中施肥会提高产量。换句话说，在低养分土壤中，分次施肥效果更为显著。

在高级土壤测试中产量差异显著，但在深 5 厘米、宽 5 厘米的坑中播种通常比播撒的产量更高。直接与种子一起施肥可能需要 12 天或更久的时间才能发芽，并可能损坏肥料。主要的三种营养成分氮∶五氧化二磷∶氧化钾按 1∶4∶2 的比例施用。在正常水分条件下，直接与种子一起施用的氮和氧化钾的最大安全施用量应为每英亩 5～6 千克，行距小于 100 厘米。但在严重干旱季节这种方法的用量则可能会导致发芽不良或幼苗受损，应注意氮、钾的用量。

参 考 文 献

德宏州政府研究室，2021. 进一步加强中缅秋大豆产业发展合作［EB/OL］.（2021 - 03 - 08）
　　［2022 - 08 - 25］. http：//www. dh. gov. cn/yjs/Web/ _ F0 _ 0 _ 28D00DG2L64I45XFM5H
　　V2UEEBE. htm.

葛倩冰，2021. 缅甸标准化法［J］. 南洋资料译丛，223（3）：40 - 45.

国际果蔬报道，2022. 缅甸扩大牛油果种植面积，试图打开国际市场［EB/OL］.（2022 -
　　03 - 14）［2022 - 08 - 25］. http：//www. farmchina. org. cn/ShowArticles. php？ url＝VG-

gCZwxsVWAIOVE3ADAAY1A1.

何榕，唐继微，王全永，等，2020. 推动我国与缅甸农业标准化合作的思考 ［J］. 标准科学，550（3）：105－108.

侯利晓，2015. 云南与缅甸商品贸易发展研究 ［D］. 昆明：云南大学：36－41.

姜晔，杨光，祝自冬，等，2021. 澜湄农业合作的进展与发展前景 ［J］. 中国-东盟研究（1）：114－127.

凯薇，2019. 缅甸农产品出口发展研究 ［D］. 南宁：广西大学：2－3.

李晨阳，孟姿君，罗圣荣，2019. "一带一路"框架下的中缅经济走廊建设：主要内容、面临挑战与推进路径 ［J］. 南亚研究，130（4）：112－133，157－158.

缅甸中文网，2022. 缅甸政府正式宣布，这种作物必须扩大种植面积 ［EB/OL］. （2022－03－16）［2022－08－24］. https：//www.163.com/dy/article/H2JCMK1B0514EAHV.html.

食品招商网，2003. 缅甸调整水稻收购政策 ［EB/OL］. （2003－09－11）［2022－08－25］. https：//news.spzs.com/newsview/3219.html.

吞都拉特，陈园园，2021. 展望缅甸工业4.0，迈向数字化转型升级 ［J］. 中国-东盟研究（2）：85－96.

王丽珍（AYE AYEMYINT），2015. 21世纪以来缅甸农产品出口发展研究 ［D］. 昆明：云南大学：27－29.

温国泉，韦幂，兰宗宝，等，2019. 缅甸农业科技发展现状及中缅农业国际合作分析 ［J］. 南方农业学报，50（6）：1392－1398.

吴若男，2019. 东盟国家渔业发展及其与中国的合作研究 ［D］. 厦门：厦门大学：22－27.

新华社，2022. 构建中缅新通道：大瑞铁路大保段开通运营 ［EB/OL］. （2022－07－28）［2022－08－26］. https：//new.qq.com/rain/a/20220723A02HVZ00.

杨德荣，曾志伟，周龙，2018. 缅甸农业发展现状分析 ［J］. 南方农业，12（22）：39－40.

云南网，2020. 滇缅开展农业科技深度合作 ［EB/OL］. （2020－12－04）［2022－08－27］. https：//finance.sina.com.cn/money/future/agri/2020－12－04/doc－iiznctke4746003.shtml.

中国国际电子商务中心，2015. 中缅两国2025年将实现全面零关税 ［EB/OL］. （2015－07－21）［2022－08－26］. http：//taxlawyerchina.com/guojishuichou/1717.html.

中国丝路通，2021. 缅甸经济特区、工业园区、产业新城发展现状及市场前景分析 ［EB/OL］. （2021－03－04）［2022－08－25］. http：//www.kmdcoa.com/newsinfo/1214454.html.

中缅商贸信息网，2021. 韩国援助缅甸在内比都建设农产品市场中心 ［EB/OL］. （2021－02－26）［2022－08－28］. http：//www.agri.cn/V20/ZX/sjny/202102/t20210222_7614814.htm.

驻缅甸联邦共和国大使馆经济商务处，2020. 缅甸2019—2020财年橡胶出口创汇约2.6亿美元 ［EB/OL］. （2020－10－28）［2022－08－25］. https：//finance.sina.com.cn/roll/2020－10－29/doc－iiznezxr8505803.shtml.

第四章 泰国农业发展现状

泰王国（The Kingdom of Thailand），简称泰国，首都是曼谷。泰国国土面积约 51.3 万平方千米，人口 6 617 万人（泰政府 2020 年发布统计公告）。泰国位于中南半岛中南部，与柬埔寨、老挝、缅甸、马来西亚接壤，东南临泰国湾（太平洋），西南濒安达曼海（印度洋），属热带季风气候，全年分为热、雨、凉三季，年均气温 27℃。泰国全国共有 30 多个民族。泰国海域辽阔，拥有 2 705 千米海岸线，泰国湾和安达曼海是得天独厚的天然海洋渔场。曼谷、宋卡、普吉等地是重要的渔业中心和渔产品集散地。泰国以其优越的海洋地理位置，成为"21 世纪海上丝绸之路"的重要战略支点国家。

一、泰国农业基本情况

泰国属热带季风气候。泰国种植业以水稻、咖啡、甘蔗、橡胶和热带果蔬为代表，其产量和出口量长期居于世界前列，在国际市场上占有一席之地。水稻是泰国最主要的粮食作物。

（一）各产业基本情况

泰国是世界第一大水稻出口国，其水稻出口额约占世界市场水稻交易额的 1/3。泰国的稻田面积约占全国土地总面积的 20%，占全国耕地面积的 50%，从事水稻生产的人口在农业总人口中的占比超过 75%。2015 年，受厄尔尼诺现象造成的干旱影响，泰国水稻产量下降，出口水稻下滑 980 至万吨。经过 2 年的恢复调整，泰国商业部公布的统计数据显示，2017 年泰国水稻出口量达到 1 148 万吨，比上年增长 15.88%，出口总值逾 51 亿美元，创历史最高纪录，出口量仅低于印度，位居全球第二。2022 年，美国农业部 7 月供需报告显示，2022/2023 年度泰国水稻产量预计为 1 980 万吨，和上月预测值保持一致；水稻期初库存不变，仍为 413 万吨；水稻出口量预计为 750 万吨，和上月预测值保持一致；水稻期末库存预计为 353 万吨，和上月预测值保持一致。

泰国传统大宗农产品还包括橡胶、木薯、玉米和油棕果等，近年来其生产面积和产量平稳，仍保持国际领先水平。

泰国的糖料作物是甘蔗，其种植面积因政府的大力支持而快速增长，甘蔗产量也随之大幅提升。如表 4-1 所示，2014/2015—2018/2019 年度，泰国甘蔗种植面积在不同年份有所波动，整体增加了 150 千公顷。甘蔗产量由2014/2015 年度的 10 596 万吨提升到 2018/2019 年度的 13 000 万吨，5 年内甘蔗产量约增长 23％，产量增长速度十分可观，说明泰国糖业正处于上升发展势头。充足的原料供应是泰国糖业迅速发展的根本保障。泰国甘蔗种植以东北部为主，东北部甘蔗产量约占全国产量一半，其余产量分布在中部、东部和北部。泰国工业院表示，得益于降水充沛，2021—2022 收获季泰国甘蔗产量有望达到 9 200 万吨，大大超出上一季 6 600 万吨的水平。按照每吨甘蔗榨糖 110 千克计算，白糖产量有望达到 1 000 万～1 050 万吨。

表 4-1 2014/2015—2018/2019 年度泰国甘蔗种植面积

指标名称	2014/2015 年度	2015/2016 年度	2016/2017 年度	2017/2018 年度	2018/2019 年度
甘蔗种植面积（千公顷）	1 600	1 500	1 520	1 800	1 750
甘蔗产量（万吨）	10 596	9 500	9 800	13 600	13 000
平均单产（吨/公顷）	69.25	63.36	68.95	72.75	70.13
甘蔗收购价（泰铢/吨）	900	808	1 050	880	700

数据来源：根据美国农业部、泰国蔗糖委员会办公室相关资料整理得出。
注：时间为泰国食糖市场年度，时间跨度为 12 月—次年 11 月。

泰国地处热带，土壤肥沃，气候和地形适宜各种热带水果的种植和各类蔬菜的栽培，多数地区全年可耕作。泰国水果的种植面积从 2009 年的34.3 百万公顷增加到 2018 年的 34.7 百万公顷。2019 年，泰国水果种植面积34.77 百万公顷，总产量 474.3 万吨。由此可见，泰国用于水果生产的耕地资源是相当丰富的。此外，泰国水果多种多样，质量好、产量高、价格低，深受国内外消费者的喜爱，每年能给泰国带来 10 亿美元以上收入。2022 年上半年，泰国水果出口再次成功打破百万吨的纪录，收入超过 800 亿泰铢。泰国是中国进口水果最多的国家，进口数量达 217 万吨，价值 49 亿美元，增长3.72％。其中，泰国榴莲占中国进口榴莲的 95％；从进口泰国青椰达523 000 吨，位列第一。

目前，泰国种植的热带、亚热带和少量温带水果达 50 多个种类 1 000 多个品种。泰国水果一般分为两类，有长年水果和季节性水果。长年水果包括香蕉、柑、葡萄、西瓜、橘、木瓜、椰子、石榴、菠萝蜜等。季节性水果包括荔枝、龙眼、芒果、榴莲、山竹、红毛丹、菠萝等。全年各个时期都有不同种类的水果成熟、流通、进入市场。2017 年中国与泰国双边贸易进出口额为 741.4 亿美元，增长 12.6％，中国是泰国的第一大贸易伙伴。泰国在水果生产和贸易上具有巨大潜力。

　　泰国人在日常饮食中习惯使用大量的蔬菜。都市化、加工、出口、餐饮业以及国内和国际旅游业的发展，皆为泰国蔬菜产业提供了良好的市场机会。其中，曼谷市区的蔬菜总需求最高，由其近郊、中部和北部地区供应。泰国蔬菜生产包含自给型农业、水稻轮作、其他作物间作、订单方式和集约式近郊农业等模式。规模较大较知名的是芦笋、玉米笋和秋葵等出口作物的订单农业。泰国的主要蔬菜作物包括辣椒、甜玉米、玉米笋、长豇豆、芥蓝、番茄、黄瓜、空心菜及南瓜等，且近十年来大宗蔬菜产量与面积逐渐增加，其中又以番茄、甜玉米及十字花科蔬菜的生产面积增长较为明显，蔬菜消费市场的需求量也逐年增加，以外销增长为主。

　　泰国畜牧业在过去十几年里取得了很大的成就，尤其是肉鸡业发展迅速，泰国一度成为世界第三大肉鸡加工品出口国。泰国主要畜牧品种有鸡、鸭、猪、牛和羊，全国分为9个畜牧区。其中，猪、肉牛和种牛主要集中在北部，蛋鸡、肉鸡、蛋鸭、肉猪和奶牛等主要集中在中部。泰国饲料业发达，为畜牧业的发展提供保障，饲料以本地生产为主、以进口部分原料为辅。泰国肉类产量平稳。2019年，泰国的鸡肉产量达到286万吨，位列世界第八大鸡肉生产国，出口约40%的鸡肉产品。2020年受疫情影响，欧洲、日本等地对泰国鸡肉的进口有所减少，但是我国对泰国鸡肉进口量暴增82%。据《泰国中华日报》报道，2022年泰国畜牧类产品出口呈现总量和价值双增长。官方披露的数据显示，2022年前5个月泰国畜牧类产品出口总值10 146.11亿铢，涨幅20.82%，出口总量1 014 611吨，增幅2.08%。

　　泰国是仅次于日本、中国的亚洲第三大海产国，是全球十大渔业国之一。泰国海岸线绵长、海域辽阔，泰国湾和安达曼海是得天独厚的天然海洋渔场，渔场面积达34.28万平方千米；同时泰国有湖泊面积30多万公顷，湄南河等四大江河在此入海，水中富含有机物质，饵料生物丰富，为泰国渔业的发展创造了极有利条件。泰国渔业主要分为海洋渔业和内陆渔业两个部分，其中海洋捕捞占据整个泰国渔业的61%，主要有对虾、贻贝、泥蚶、紫贻贝、牡蛎、鲈鱼等。对虾是泰国渔业的第一大产品。泰国曾多年位居对虾世界第一生产国和出口国。泰国对虾主产区集中在泰国南部、东部沿海和中部，产量占比分别约为35%、25%和20%。此外，安达曼海域也散布着许多小产区。如表4-2所示，2021年和2022年上半年泰国共出口虾类产品221 312.47吨。开泰研究中心数据显示，2020年泰国渔业产品出口54.7亿美元。2021年1—3月泰国水产品出口377 812.79吨，价值4 302 369万泰铢，较2020年同期下降3.17%。

表 4-2　2021 年和 2022 年上半年泰国渔业产品出口数据

团体	列表	2021 年		2022 年上半年		合计	
		出口量/吨	出口额/百万泰铢	出口量/吨	出口额/百万泰铢	出口量/吨	出口额/百万泰铢
1.1	冷冻鲜虾	83 092.27	23 667.86	33 942.41	9 819.89	117 034.67	33 487.75
1.2	虾米	0.41	0.05	0.31	0.04	0.72	0.09
1.3	煮或蒸虾	9 697.52	3 148.96	988.91	431.91	10 686.43	3 580.87
1.4	罐头虾	298.38	81.08	114.18	30.96	412.56	112.04
1.5	虾煮熟或保藏	65 332.41	22 974.92	27 845.67	10 546.88	93 178.07	33 521.80
	合计	158 420.99	49 872.86	62 891.48	20 829.68	221 312.47	70 702.54
2.1	冷冻鲜鱿鱼	34 904.40	8 556.94	16 548.91	4 600.65	51 453.31	13 157.59
2.2	干墨	204.50	192.49	109.85	61.35	314.34	253.84
2.3	加工或调味墨水	7 447.75	2 116.12	2 971.85	912.34	10 419.61	3 028.46
2.4	熏墨	4.44	3.70	0	0	4.44	3.70
	合计	42 561.09	10 869.25	19 630.61	5 574.34	62 191.70	16 443.59
3.1	冷冻鲜鱼（包括肝脏和鸡蛋）	141 939.79	5 418.60	58 514.29	2 561.10	200 454.08	7 979.71
3.2	冷冻鲜鱼	49 158.21	7 221.38	18 994.74	3 262.50	68 152.95	10 483.87
3.3	鱼干	21 361.87	1 858.76	8 125.93	689.66	29 487.80	2 548.42
3.4	活鱼和鱼种	3 152.25	830.25	1 067.47	365.51	4 219.72	1 195.76
	合计	215 612.12	15 328.99	86 702.44	6 878.77	302 314.56	22 207.76
4.1	金枪鱼罐头	445 250.95	56 187.60	206 737.27	29 085.59	651 988.22	85 273.19
4.2	沙丁鱼罐头	62 136.06	4 573.66	24 062.36	2 061.50	86 198.41	6 635.16
4.3	其他鱼罐头	51 186.49	7 022.48	20 585.77	3 180.63	71 772.26	10 203.12
4.4	蟹罐头	1 071.33	564.46	266.62	181.63	1 337.95	746.09
4.5	其他罐头海鲜	12 168.98	1 351.66	4 735.21	537.81	16 904.19	1 889.47
	合计	571 813.81	69 699.86	256 387.22	35 047.17	828 201.03	104 747.03
5	罐头狗和猫粮	122 213.23	14 347.19	61 089.81	7 841.63	183 303.04	22 188.82
6.1	加工海洋产品	80 688.89	10 381.41	32 987.75	4 636.92	113 676.64	15 018.33
6.2	金枪鱼加工品	25 775.42	4 141.16	13 542.16	2 464.75	39 317.58	6 605.92
6.3	准备好的或未变质的螃蟹	625.93	189.54	301.99	100.26	927.92	289.80
	合计	229 303.46	29 059.31	107 921.71	15 043.57	337 225.17	44 102.87
7	其他钓鱼产品	339 795.86	20 389.26	158 576.93	9 575.59	498 372.79	29 964.85
	全部合计	1 557 507.32	195 219.52	692 110.39	92 949.12	2 249 617.71	288 168.64

　　虽然泰国整个渔业产量以海洋捕捞为主，但是产值最高的是沿海养殖产业，主要养殖品种为白对虾和黑虎虾，还有蚌和牡蛎；鱼类则是以海鲈、石

斑鱼和金鼓鱼为主，此外还有观赏鱼、海参、海草养殖等；梭子蟹养殖也有涉及，但是尚未达到大规模生产。在工厂化养殖方面，南部宋卡府进行了高密度养殖海鲈，南部港湾另有工厂化养殖鲍鱼。

（二）泰国农业发展优势

1. 地域优势

泰国自然资源丰富，有独特的地理和气候条件。泰国位于东南亚地区中南半岛中部，地势北高南低。泰国的地形具有多样性，既有山岭、峡谷、高原地区，也有平原和海洋地区，适合种植多种多样的农产品。

2. 物流系统发达，运输方式多样

泰国水果出口至中国的运输方式多样，包括水上运输、陆路运输和航空运输。陆路路线主要有 4 条，分别是 R3A 公路、R3B 公路、R9 公路和 R12公路。公路运输所需时间短、成本较低，更能保证水果的新鲜度，上述有利条件对泰国水果出口至中国具有较大的促进作用。

3. 政府支持以及良好的营销策略

泰国政府推出更多政策措施以支持水果出口。为了提高泰国水果在中国的市场份额，泰国政府建立了水果出口中国促进网，随时更新泰国水果的资讯和供求信息。泰国通过中国-东盟水果博览会打开了销路。每年举办的中国-东盟水果博览会都有泰国的热带水果，泰国水果有更多的机会进入中国寻常百姓家。

4. 农业技术改良的反季节水果

现在有些水果全年都能见到，是因为泰国农业技术已经成功改良出反季节水果。如果那种水果不是在正常季节生产出来的，水果的价格会更高。目前榴莲和芒果已经在采用反季节技术了，山竹的反季节研究也在进行中。

（三）泰国农业发展劣势

1. 种植成本升高

通过对泰国水果的相关情况进行详细分析发现，泰国水果的生产成本在不断增加，这跟水果种植过程中涉及的因素存在很大的关系。主要原因是种子的价格在不断上涨，肥料和农药的价格也在不断上涨。这就导致水果种植的成本增高，水果的价格就会随之上涨，最后导致泰国水果在出口贸易中的竞争力大大降低。

化肥和农药成本高。泰国是一个农业大国，近年来为了提高水果产量，农民不得不大量使用化肥等化学产品。世界油价上涨是促使农药涨价的主要因素，农药产品价格随着油价的涨跌而波动。

农业机械使用成本高。现在科学技术得到了很大的发展，农民也不再采用传统的方法进行耕作，而是使用大型设备进行农作物的耕种和收取。水果的生产也不例外，也是使用先进的现代化农业设备进行种植、管理和收获。虽然这样大大减少了农民的体力劳动，但是使用大型农耕设备需要较高的机械费或者租赁费用，这样就使得水果的生产成本也相应地提高了。泰国水果成本增高，从而降低了水果出口的竞争力。

2. 泰铢升值的影响因素

自泰铢汇率升值以来，泰国国内生产成本提高，诸多行业受到影响。特别是泰国的农产品出口贸易、服装出口贸易，都遭受了不同程度的损失。早在 2010 年 6 月，泰铢汇率持续攀升，直接导致水果收购成本上升，众多出口商不得不放弃国外大量的出口订单，取消出口交易，泰国水果出口量持续性下滑。泰铢升值是影响泰国水果出口贸易、降低泰国水果出口竞争力的重要因素之一。

3. 竞争对手的影响因素

泰国水果进入中国市场后，对于出口中国市场的越南和菲律宾等国家的水果形成挑战。越南水果的先天优势主要有：生产成本具有优势，拥有非常富饶和肥沃的农田林地，具有水力资源和劳动力资源优势，水果种植在施肥和灌源方面的资金耗费较低。这无疑将对泰国水果市场造成影响。

4. 天气影响

泰国每年水果产量不稳定，主要影响因素是天气。泰国天气变化多样，水果生长会受到很大的影响。2010 年泰国水灾直接影响了榴莲、龙眼、山竹、红毛丹的产量。天气多变还会影响水果的质量，从而影响水果的出口价格和出口量。泰国水果大部分是软性水果，在运输过程容易受损，损耗率平均高达 25％。

5. 农民还不善于利用科学技术生产水果、言语不通

目前泰国农民对水果生产的科学技术利用度不高。大部分农民还在使用老方法，不但水果产量没有增加，其水果质量也不容乐观。同时，泰国水果出口商与中国进口商联系时还存在语言障碍。

二、泰国农业相关政策

2018 年 1 月，泰国竞争力提升策略委员确定泰国今后 20 年的国家竞争力将立足于以技术创新带来价值增长，并制定了 20 年农业发展规划（2017—2036 年），坚持"农民稳定、农业富余、农业资源可持续发展"理念，将泰国发展为热带作物农业大国，让农业成为国家经济增长的重要引擎之一。通过技术创新，让农业出现量变和质变，生产优质产品，打造高价值产业，让农民成为高收入人群，并让农业呈现可持续发展。未来泰国将按照农业4.0发展战略，培养智慧农民，把新发明和现代科技运用于农业，包括信息研究、确定种植计划，以及在整个供应链有效管理农产品等方面。而且泰国政府十分重视科技推广，出台国家生物技术政策框架，强调应用基因组学、生物信息学的核心技术，选择理想的农作物特性，提高农业生产力。

（一）农业合作社

农业合作社在泰国农业经济的发展过程中起着非常重要的作用，在选种、农业技术、廉价化肥的提供、产品深加工以及产品销售等方面都给予社员很大帮助。为促进农业发展，泰国政府倡导组建了近4 000家农业类合作社，包括农业合作社、渔业合作社、信用合作社、服务合作社、储蓄合作社和土地改革合作社六大类。泰国于1916年成立了全国第一家合作社。该合作社成立初期只有16名成员。经过100多年的发展，如今泰国共有8 263家合作社，超过1 144万名成员，约占泰国总人口的17.41%。合作社总体运营资金占泰国GDP总量的18.61%。

大学和政府部门的研究机构是泰国国内农业科研的主要力量。研究机构的成果主要由农业发展厅负责向农户推广，并通过举办培训班，有计划地培训农民。泰国有国家科技研究院、国家研究理事会、国家科技发展局3个主要的公共科研部门；农业科技厅隶属泰国农业部，主管泰国农业科技工作，包括蚕业研究所、园艺研究所、橡胶研究所和农业工程研究所等，主要负责调查、研究与农作物有关的科学，从事相关开发工作，重点对土壤等农业生产投入要素开展咨询、分析和检疫工作。泰国的科研投入中，政府投入约占60%，大学、企业和非政府部门投入约占40%。泰国政府对生物技术研究和开发较为重视，在农业生物技术和医学生物技术领域有较高的研究水平。对外科技合作均由外交部统一管理，具体工作由总理府技术经济合作厅负责协调执行。

目前，泰国的农业科技管理推广工作已遍布全国，农业技术推广分支机构设立在各个府和县。另外，大学设有农业研究中心，全国各地都设有科研机构，这些机构主要致力于培养青年专业人才研究水稻，并经常组织国内外学术交流活动。

（二）"农村网"

泰国政府还积极推动"农村网"的发展，运用网络对农民进行技术培训。来自政府部门和科研机构的20多名专家定期为"农村网"提供农业相关信息并定期回答村民在"农村网"提出的相关问题。泰国农业部利用"农村网"

这一平台，及时有效地为农民普及农业实用技术和农业科学知识，传播农业相关信息，让农民能够及时准确地获得有关农产品和相关生产资料的供求信息，合理安排生产，增加农民收入。截至目前，泰国大部分地区均设有"农村网"，可供农民收发电子邮件、查询农业相关信息、通过"农村网"向专家提出问题。

（三）"一村一品"

泰国于 2001 年推出"一村一品"计划，以推广世代相传的传统手工业和特色农业产品。政府扶助每个村镇利用当地自然资源和特有材料，发展富有文化内涵的传统产业，生产特色产品。目前，"一村一品"覆盖全部 77 个府5 000 多个乡，至少有 120 万农户从事"一村一品"的各种手工业和工业活动。"一村一品"产品涵盖几乎所有的农村本地产品，每一"品"都有着独特风味和地方风格。泰国政府许多部门在各个层面为"一村一品"提供支持：工业部帮助规划产品发展、技术培训和质量监控；内政部与每个村镇合作，帮助对产品进行适合市场的微调；商业部聘用设计团队参与产品包装和设计，国际贸易促进厅负责挑选商品参加贸易展，提供出口协助。"一村一品"不仅帮助传承泰国历史、文化、艺术、习俗，而且已经成为提高民众生活水平、促进繁荣发展的重要政策方针。

（四）泰国"水果黄金月"

为促进泰国水果出口，泰国国际贸易促进厅采取线上线下结合的方式，在中国举办"泰国水果黄金月"活动。2020 年 6 月，第一届"泰国水果黄金月"在南宁、青岛、香港、成都、重庆、西安、上海、厦门、广州、深圳及昆明举办。交易额达到 8.162 7 亿泰铢，其中立即下单 2.020 2 亿泰铢，在一年内完成订单 6.142 5 亿泰铢。达成交易的主要有椰子、榴莲、山竹、柚子、莲雾、菠萝蜜、凤梨、芒果、龙眼、释迦果、红毛丹、贡蕉等新鲜水果，还有水果干、香脆水果块、榴莲甜品及酥脆零食等产品。

第二届"泰国水果黄金月"的举办城市从 2020 年的 11 个扩大到 14 个，包括上海、广州、佛山、湛江、武汉、青岛、大连、厦门、南昌、南宁、长沙、昆明、成都和重庆。由于疫情限制了跨国商务出行，泰国国际贸易促进厅分别于 1 月、2 月、3 月和 7 月在中国其他城市举办线上商务对接会，推广泰国水果。

（五）发展有机农业战略

在第八届国家经济与社会发展计划会议上，泰国政府宣布有机农业为国家农业政策的一大主题。随着发达国家对有机食品需求的增长，供应有机热带食品的商机应运而生。泰国政府抓住这一有利市场机遇，借此支持有机农业的发展，并且着力推动有机农产品出口贸易。到 2003 年，泰国所有通过有机认证的农产品都实现出口。其中，最主要的农产品是水稻，玉米笋次之。自 2005 年 10 月起，有机农业已成为泰国农业发展的主攻方向，泰国政府把重点推进有机耕作作为重要举措之一，以保证国家食品安全和农产品对外贸易出口规模。具体措施主要包括各级政府相关部门制定政策帮助和扩大有机农业的发展，大力开展和宣传有机农产品相关活动等。泰国政府专项拨款约121.59 亿泰铢，许多省份纷纷开发新型有机项目。虽然在泰国部分地区，政治不稳定因素和民间不时发生的抗议活动阻碍了有机农业项目的顺利实施，但在多数地区项目开展还是十分顺利的。其中，以素攀府和武里南府为代表。这两个区域将近千个传统农场转变为有机水稻农场，再次证明了这些举措取得的巨大成功。泰国政府作为有机农业发展的坚实后盾。2012 年 3 月 13 日，泰国内阁专门组建了国家有机农业委员会，负责制定泰国有机农业未来发展的政策和战略，包括 2014—2016 年的新国家规划方案。2013 年，泰国政府推出新的开发战略，旨在将泰国打造成集有机农产品生产、交易、消费为一体的重要有机农产品生产贸易中心。

泰国有机农业发展战略总体分为四个方面：第一，开阔视野，关注有机农业前沿知识与技术创新，为本国有机农业领域组建详尽数据资料库。第二，关注生产、供应链的发展，使泰国有机农产品生产与销售紧密联合起来，构建流线型"一条龙"产销网络。第三，加大营销力度和提高认证标准。这一举措不仅提高了泰国有机产品的地位和价格，更为重要的是，增强了泰国政府及国民对其有机产品的信心。第四，政府相关部门协调统一开展工作，组建中心协调单位，组织监管其他部门以及有机农业相关活动和项目。

(六) 农业 4.0 发展战略（有机香米）

1. 政府严把有机香米种子质量

泰国政府在水稻技术推广上严抓种子生产这一关键环节，农业部与农业合作社建立了 23 个专攻水稻种子培养生产的水稻研究所，这是泰国水稻发展的核心生产力。强化水稻 DNA 分子结构研究，改良泰国水稻的香味基因和抗瘟病抗性基因生物信息的核心技术，挑选出水稻特性优势，随后再进一步提高水稻的产量；将传统水稻技术与现代农业技术相结合，在绿色环境中对传统茉莉香米种子进行提纯复壮，保持茉莉香米的优良品种性状。根据不同区域以及种植条件和环境，泰国正在研发更多香米新品种，扩大香米种植范围，希望在未来相当长时间内仍能保持泰国香米品种世界第一的地位。

2. 通过数字手段促进有机香米产业发展

创建有机农业数据库，建立有机香米生产、营销和有机农业知识数据库系统，进行数据收集、处理和数据库管理。制定有机农户检查和登记的标准、制定促进和发展有机农业标准的措施、创建协作网络，促进技术创新研究与发展现代有机农业。泰国农业部水稻司司长透露，2017 年已实施促进有机水稻生产的计划目标，按照农业部有机水稻的标准推广有机稻田，并将有机水稻生产领域扩大到有机水稻认证。政府持续补偿有机水稻产量的补贴，按照标准化要求每年验证，连续 3 年对农民进行补贴。

泰国政府为了保持自己生产的有机水稻在世界上的地位，采取农业 4.0 发展战略迎合世界市场的需求，设立世界有机健康食品旅游中心。同时，为了吸引国外企业来泰国投资，发展 5G 现代化农业、旅游观光农业以及文旅融合一体的生态文旅产业。泰国政府计划举办"世界有机食品旅游展"等活动，建立推动泰国旅游健康王国的世界品牌，为促使全球旅客到"微笑泰国"营养餐饮、健康旅游和快乐休闲创造条件。

（七）水稻支持政策

泰国水稻支持政策与中国的农业支持政策类似。泰国为了保证稻农的收入，先后实施了水稻仓储政策（后废除）、价格支持计划、价格保险政策以及典押政策。与中国不同的是，在价格低于目标价格时，泰国实施的是将水稻典押给政府，高于目标价格时可以以较低的利息赎回水稻进行市场流转；低于目标价格时可以选择不赎回，水稻的所有权转移给政府。这个政策保障了泰国稻农的收入，提高了种粮积极性；缺点是库存量增加，价格提高，水稻出口量呈现波动下降的趋势。

（八）水稻发展战略

1. 主要目标

泰国水稻发展战略的主要目标是生产全球最好的水稻。其他目标还包括提高泰国农民的生活水平，提高管理系统的效率，提高生产效率，改进快速收割技术，进一步发展灌溉系统；此外还有改进土壤质量和扩大水稻耕地面积，从而提高水稻价值、增加水稻产量。种植方面的目标是每年保持 1 064 万公顷的总耕地面积，其中 920 万公顷用于种植主季水稻，144 万公顷用于种植次季水稻。

2. 战略

（1）提高生产率

根据水稻品种划分水稻耕作区，使耕作方法更为一致，改进每个品种的质量，做到与国内外水稻市场需求相符；提高土壤肥力；开展水稻品种改良研究；进行稻农技术培训。

（2）提高水稻附加值

支持对食用和非食用水稻制品和副产品的研究；提高水稻品牌的知名度，以保持好的水稻品种和增加水稻价值；发展包装技术以使米制品更加多样化、更有吸引力、保质期更长；水稻买卖标准化；建立一个耕种质量合格水稻的激励措施系统，并鼓励稻农参与。

（3）促使农业制品和食品进入国际市场

把农民合作组织和农民营销组织作为向国内外消费者推荐产品的营销网络；支持医院、火车、旅游巴士和飞机上的水稻及其制品供应，促使水稻及其制品国际化，每年在泰国举办"世界水稻博览会"；满足市场对各种水稻的需求，研究消费者偏好；与其他国家谈判，降低水稻及其制品的贸易壁垒。

（4）提高农民的生活水平

组建共同体，制造、推销水稻制品，推进水稻生产的自给自足；支持使用自制有机物；加速推广农作物收成保险的运用以降低稻农抵御自然灾害的能力，防止自然灾害导致的贫穷。

（5）其他措施

①政府出口信贷优惠政策，优惠重点放在中国、美国、中东、非洲4个区域。

②通过在世界各地开泰国餐馆等其他销售渠道，可以扩大泰国食品尤其是水稻的市场，政府正积极促进国外越来越多的泰国餐馆开业。

③支持无公害水稻的耕种。由于发达国家居民环境意识增强和对环境保护消费品的日益偏爱，无公害产品在国外市场的需求越来越多。

④目前泰国包括水稻在内的农产品正面临来自中国、越南和印度等国的更加激烈的竞争，因此注重投资诸如半加工食品、米制快餐、草药肥皂等农产品制造业，是一个既能扩大泰国农业口市场又能降低竞争压力的好方法。

（九）智慧农业政策

2016年，泰国总理签署命令，将 Young Smart Farmers 智慧农户纳入泰国农业4.0发展战略中，规定每个地区是种植粮食作物还是种植经济作物，并给予研发、培训、设备等方面的支持，以促进发展种植地区。Young Smart Farmers 项目的终极目标是在2036年前，让每个泰国农民的年收入达到39万泰铢。此外，该计划预计在2036年之前，培训10.16万农户掌握 Smart Farms 技术。

泰国农业部计划推广智慧农业，培训 18 万农民使用智慧工具管理农田。他们将农民分成 3 类：正在发展的智慧农民、智慧农民和模范智慧农民。这个计划的预算是 1.1 亿美元，主要用来帮助农民学会这种新型的耕种管理方式，以摆脱中等收入陷阱。截至目前，泰国政府已经在 828 多个城市开展智慧农业培训，并在 27 个府建立 1～3 个智慧农业培训中心，剩余 50 多个府的培训中心也正在建设中。智慧农业培训中心主要负责向农户培训新科技，农业部负责提供所需材料和设备，并且教会农民如何使用手机移动网络去开展农产品营销。

泰国 Young Smart Farmers 智慧农户相关产品的认定标准有 3 个：第一农产品质量要好，第二要安全，第三在生产培育过程中还要环保。目前，泰国有 51 所大学开设农业课程，其中拉贾曼加拉理工大学已经研发了使用 App 来控制农田灌溉系统，并为此发展了 100 个农民进行实验。泰国科技部和农业部已经认可该大学研发的技术，将该技术纳入 Young Smart Farmers 计划，并向泰国种植经济作物的 8 个地方府（巴真府、罗勇府、春武里府、尖竹汶府、呵叻府、北柳府、那空那育府、沙缴府）进行推广。

（十）东部经济走廊政策

泰国政府设定东部经济走廊重点发展的目标产业与优先发展行业。自 2017 年起，泰国投资促进委员会（BOI）发布一系列公告，确定了东部经济走廊区域范围界定、投资企业税收优惠、提交享受优惠权益投资申请的截止日期以及支持促进东部经济走廊地区发展的行业等内容。截至目前，优先发展的行业大类共八个，包括农业及农产品加工业，矿业、陶瓷及基础金属工业，轻工业，金属制品、机械设备和运输工具制造，电子与电器设备，化工产品、塑料及造纸，服务业和公用事业，科技发展和创新。

泰国政府还将进一步开放签证政策，以吸引高端人才前来工作和投资。泰国投资促进委员会推出了智慧签证（Smart VISA）项目。智慧签证项目适用于在泰国投资或服务东部经济走廊目标产业的科研人员、公司高管、投资或创业企业家等外籍人员。该签证项目具体分为 5 种类别，分别为 T 类专家、高级科技专业人才签证，I 类投资者签证，E 类高级管理人签证，S 类创业企业家签证，O 类人才配偶及子女签证。根据规定，获得智慧签证的外籍人员将享受一些签证优惠待遇，例如可获得长达 4 年的签证有效期、向移民局报道由每 90 天报告一次改为每年一次、无须申办工作许可证、签证有效期内能自由进出泰国且不需要再次入境许可证等。此外，泰国政府还对土地政策进行一定程度地调整和开放，以促进外商在东部经济走廊地区进行工业项目投资。

2022 年 5 月，泰国东部经济走廊政策办公室与罗勇府、泰国国家石油股份有限公司（PTT）签订了一份价格稳定项目的谅解备忘录。该项目将保证罗勇府榴莲价格稳定，不会在水果大量上市时出现大幅降价。罗勇府将花费 1 亿泰铢购买优质的新鲜榴莲，分销给泰国各地的消费者。

PTT 将通过提供冷藏设施来协助该项目，如果市场出现供应过剩，可以冷冻 7 000～8 000 吨榴莲。冷冻榴莲可以在淡季时供应市场，以确保价格不会出现大跌。根据早前泰国商业部的统计，2022 年泰国榴莲产量达到 148 万吨，同比增长 22%。但是由于对华运输存在问题，泰国榴莲出口形势严峻。出口榴莲价格可能会从 120 泰铢/千克跌至 100 泰铢/千克，约人民币 19 元/千克。

榴莲是泰国东部经济走廊政策在泰国东部省份发展的五个主要水果之一。泰国东部经济走廊政策委员会还将为合作伙伴寻找市场渠道，比如对接水果加工厂和泰国东部的旅游企业。

（十一）泰中果蔬零关税

2003 年 6 月，中国政府与泰王国政府在北京正式签署了《中国-东盟全面经济合作框架协议》"早期收获"方案下加速取消关税的协议，即《中泰果蔬零关税协议》。协议规定，中泰两国从 2003 年 10 月 1 日起，在中国-东盟自由贸易区框架下提前取消中泰两国间果蔬产品进口关税。协议对 188 项农产品实现了零关税。以实用蔬菜、根、块茎为主的蔬菜产品达 108 项；以食用水果、坚果为主的水果类产品达 80 项。

协议规定的零关税主要有三层含义：

①受惠商品范围。《中泰果蔬零关税协议》涉及的 188 种蔬菜、水果产品，无论其最惠国税率高低，关税均适用协定的零税率，但是进口环节的增值税税率不变。

②原产地规定。即进口的受惠商品必须提供泰国政府指定机构签发的原产地证书，必须符合《泰国政府指定机构签发的原产地证书及签章式样》（泰方原产地证明书的指定签发机构涉及五个省的外贸管理部、68 个签字官员）。进口货物的收货人在协议项下货物进口报关时，应向海关提交泰国政府指定机构签发的原产地证书作为报关单随附单证，否则，不适用零税率，由海关按适用的税率征税。

③直接运输规则。零关税产品必须符合"完全获得"的原产地规则，且符合"直接运输规则"。《中泰果蔬零关税协议》对中泰蔬菜、水果贸易起到了促进作用，为中泰双边贸易注入强劲活力。实施中泰果蔬零关税，有助于两国农业尤其是种植业的结构调整和优化，促进两国优势互补、互利双赢。

（十二）"一带一路"中泰铁路项目建设

中泰铁路项目是拟议中的泛亚铁路网的一部分，沿线经过万象和曼谷，连接昆明和新加坡。2012年4月，中国和泰国政府签署了《关于中泰铁路合作的谅解备忘录》。当时，中国已经对曼谷—清迈和曼谷—廊开两条高铁项目进行了实地地质勘察。2013年11月，后一条线路的合作运营与农产品易货交易联系在一起，该交易涉及高达50%的建设成本。受多方面因素影响，该项目难以推进。

（十三）泰国电视台与京东合作卖水果

《曼谷邮报》报道，泰国皇家陆军广播电视台，即泰国第5电视台，通过京东平台销售泰国水果和农产品。此项合作于2021年5月开始，首先出口的产品包括榴莲、茉莉香米等农产品。通过与京东的合作，泰国预计每年可以销售约50 000吨水果。

据悉，由于广告收入下降，泰国第5电视台运营了一家名为ohlalashopping的电商平台，主要销售农产品和农产品加工品。在京东平台上推出的产品，将从ohlalashopping平台上进行选择。

三、泰国农产品加工业现状

泰国是中南半岛上一个美丽富饶的国家。第二次世界大战后，泰国经济结构发生了重大变化，由过去以农产品出口为主的传统农业国逐步向新兴工业国转化，工业制成品成为泰国的主要出口产品。为了顺应产业发展与经济转型的需要，同时也为了保持和继续发挥农业在国民经济中的基础地位及传统优势，农产品加工业便在泰国雨后春笋般地发展起来，并取得了令人瞩目的成就。泰国农业的蓬勃发展以及新时期农产品加工业的发达一定程度上得益于泰国与时俱进的农业发展战略（图4-1）。

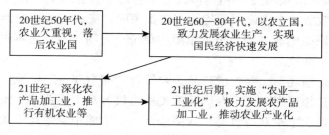

图4-1　泰国农业发展战略

　　泰国农产品加工业起步于20世纪70年代，发展至今已取得瞩目的成绩，不仅能紧随发达国家的水平，还能在实现农业现代化以及促进国民经济发展的过程中发挥中流砥柱的作用。如今，泰国的农产品加工品的出口规模与额度正在超越传统农产品的出口，成为泰国应对国际竞争、增强国际竞争力的主要产品之一。与其他农产品加工业发达的国家相比，泰国发展农产品加工业有其独特的优势与成功经验。

（一）各类农产品加工业现状

1. 水稻加工业

　　泰国是世界上著名的水稻生产国、出口国和创汇国，其出口量大约占世界水稻出口总量的36％。泰国年种植水稻面积在990万～1 100万公顷，水稻总产量在2 500万～2 700万吨，产值达2 430亿泰铢（69.5亿美元）；年出口量750万吨以上，出口额达25亿美元，占泰国农产品出口额的25％以上，约占国际水稻贸易量的30％。泰国稻米品质在世界上久负盛名，茉莉香米是世界高档优质稻米的标志性品牌，享有很高的声誉。从20世纪80年代中期开始，泰国水稻以品质优、国际贸易量大著称于世界，泰国逐渐确立了在世界水稻贸易中的优势地位，成为世界水稻出口强国。

2. 水果加工业

　　泰国的热带气候使泰国一年四季都有大量新鲜的水果供应。四季充足的新鲜水果资源为泰国水果出口创造了优越条件。泰国十分重视水果冷藏和罐装产业，以带动相关产业的发展。泰国政府鼓励果农和相关企业延伸水果产业链，对水果进行深加工，以提高水果产品附加值。泰国有100多家水果生产商从事水果罐装，年产量约100万吨，约60％是罐装菠萝。

3. 水产品加工业

　　泰国是亚洲第三大水产品出产国，海上捕捞渔业占泰国整体渔业的90％以上。在泰国加工出口的水产品中，鲔鱼（金枪鱼）罐头和虾类制品在国际市场上享有较大的占有率及较高的知名度，泰国鲔鱼罐头的产量及出口额皆居全球首位。

4. 木薯加工业

　　木薯加工业受市场驱动。IFAD和FAO联合提出的全球木薯发展战略提到种植木薯、加工木薯淀粉的重要性。过去木薯淀粉的全球市场需求一直在持续增加，但是只有泰国将木薯作为该国主要粮食作物进行生产并为加工业提供原料。泰国木薯淀粉加工业积极提高生产效率和产品质量，降低生产成本，成功打开国内外淀粉市场。目前该国的木薯业居全球第一位。

　　泰国政府鼓励发展木薯淀粉业的一大重要举措是引进高产的木薯新品种。

该品种为本地种和拉美品种的杂交品种。至 1996 年，经改良后的木薯新品种已扩种约 38 万公顷，占泰国木薯种植面积的 1/3。目前该品种的单位面积产量为每公顷 20 吨。在泰国每年有 50％的木薯（约 1 800 万吨）用于提取木薯淀粉（约 200 万吨）。其中 50％的木薯淀粉销给国内的食品企业和其他加工企业。其余的以经济价值较高的改性粉产品形式出口至日本和中国台湾地区等。2022 年 1—4 月泰国出口 460 万吨木薯及其产品，包括木薯、木薯淀粉和木薯粒，价值 548 亿泰铢，比上年同期增长 28.2％。泰国近 70％的木薯及其产品出口中国、日本、印度尼西亚和韩国。泰国目前正研发木薯淀粉的新用途——作为生物乙醇的原料。泰国主要的石油天然气公司已经公布了一项可行性研究报告。该公司利用木薯生产生物乙醇日生产能力可达 100 万升。

（二）泰国农产品加工业发展优势

泰国热带水果、海洋生物、粮食作物等各类丰富的生物资源是其发展农产品加工业的天然优势。泰国在发展农产品加工业上的一些实际举措，是其能在国际舞台驰骋的关键因素。泰国作为发展中国家，推行符合自身国情的农业发展战略，以"农产品出口→农业生产结构调整→农业增长"的宏观思路，解除了农业增长深受狭小国内市场的限制，以高效、优质、高附加值的农产品加工业摆脱了国内长期农产品剩余的困扰，成为发展中国家在这一领域的翘楚。事实上，泰国发达的农产品加工业得益于以下几方面。

1. 优越的政策扶持

泰国农产品加工业的发展在很大程度上取决于政府扶持、引导、鼓励、加速发展的政策取向，以及在产业、经济、技术、环境等方面创造的优越政策环境。

在产业政策方面，大规模农产品加工区、产业园（包括规模化、专业化的原料基地、农产品加工企业群等）的建设，引导农产品加工业的规模化、一体化和园区化。同时，在落后地区设立实行一元化集中管理和一站式全套服务的农产品出口加工区，既发展了农产品加工业也繁荣了当地经济。另外，泰国高效、协调的宏观管理体系与及时成立的协调组织解决了农产品加工业曾深受经贸、粮食、农业、工业等多头管理的难题，从而加速了农产品加工业的发展势头。

在经济政策上，泰国以强有力的税收鼓励、贸易扶持、金融支持等为农产品加工业的发展提供了便利的条件。首先，泰国政府根据实际情况，适当减免农产品加工领域内的增值税、特产税和所得税等，特别是对农产品加工产业园实行税收优惠，包括对农产品加工企业实行 200％减免税政策，降低农产品加工品出口关税等。其次，泰国政府会制度化采取有效的扶持政策，扶持并保护遭受激烈竞争的国内农产品、加工品的商标与品牌，而且还根据市场行情对农产品进行价格保护，对农产品加工实行补贴等。最后，在金融支持方面，政府对农产品加工实行低息、贴息、放宽还贷期限和抵押条件等多种优惠贷款政策，为其农产品加工业提供了源源不断的发展动力。尤为突出的是完善的农业信贷支持体系。泰国的农村信贷以法律形式引导银行资金流向农业。政府规定银行必须按固定比例发放农业贷款，对农业的贷款必须占当年存款的 20％，其中 14％用于农业及农村小型工业、6％用于农产品加工企业。这些举措为农业发展，尤其是农产品加工业的发展争取到必要的资金。

在技术政策层面，泰国充分发挥科技对农产品加工的支撑作用。一方面，在思想认识上重视农产品加工研发，其对水稻、玉米等作物的品种改良和深加工研究取得了显著成效。另一方面，在制度上形成合理规范的科研管理体制。泰国政府推行农业科研同农产品生产、加工区及农民需求相结合的机制，还实行农科队伍公务员化的激励机制等。此外，具有鲜明特点的泰国高校农产品加工教育也为日益上升的农产品加工需求提供了必要的技术支持。

在环境政策上，泰国农产品加工业一直秉承优源、高质的目标，不但对农产品加工产业链进行规范的环境评估、审核、质量跟踪，以确保农产品加工品的质量，防止遭遇国际贸易中的绿色壁垒，而且积极主动地顺应全球消费主流和方向，努力将农产品加工业的产品品种向安全、绿色、休闲方向发展。

2. 国内农产品加工业独特、专业的组织形式

泰国的农产品加工业乃至整个农业能迅速地向现代化迈进，这与其国内独特、良好的农业组织形式密不可分，其中农业推广司和农业合作社组织功不可没。除了推广相应的增产、增收技术外，农业推广司还提供信贷担保、储蓄、农产品加工、销售、出口等系列服务。更值得一提的当属农业合作社组织，泰国的农业合作社已经形成良好的组织体系和管理机制，现已发展到 4 个国家级合作社联盟、73 个府级联社、近 2 000 个地区一级基层合作社。其对农产品加工业的发展起着极为重要的作用，既有助于农产品加工、推广销售、出口，还能为社员的农业生产提供低息贷款，帮助其采用先进的生产技术和科学的管理方法等。

3. 泰国农产品加工业拥有成熟的商品化渠道

发达的农产品加工业除了在原料、加工、生产方面需具备良好的条件外，如何促进农产品交易、如何将产品及时有效地转变为商品也是关键。相比而言，泰国发展农产品加工业的另一优势就是其国内具有相当成熟的商品化渠道，主要表现在：其一，国内具有便捷、优越的农产品批发交易市场，它们遍布全国各地，有利于政府统一调控、调整和优化，这不仅能保证产品的即时流通、迅速实现产品周期的转化，而且能够拉大内需、刺激经济增长、以便更好地福泽农产品加工业的发展。其二，泰国国内已建立有效的风险防范机制，提高了其抵御外部冲击的能力。政府加强监控，通过国家财政拨款或政策支持，对受到冲击的行业、地区和农民给予财政补贴，同时还积极加强与他国在加工产品进出口标准检疫检验体系、经济安全、风险防范等方面的交流与合作，全方位应对外部市场的挑战。其三，积极的"走出去"战略是泰国农产品商品化的又一重要渠道。政府和相关中介组织通过提供信息、融资的支持，介绍投资环境和合作项目，制定促进出口和国际化发展的法律法规，举办促进农业经贸合作的研讨会、展销会、洽谈会、招商会、论坛等，拓宽了农业企业和农民的国际化视野，支撑着国内品牌的国际地位，吸引了外资并增强了国内涉外投资的动力与能力。积极的"走出去"战略，促进了泰国农产品的商品化，更促进了泰国农产品加工业的发展，同时也是泰国农业发展的长远之策。

4. 泰国发达的农产品加工业得益于完美的主体配合

泰国农产品加工业的成功发展离不开政府的积极引导、企业的广泛参与和农民的大力支持。泰国政府在农产品加工与生产的总体协调与规划、农产品加工科技及资金、农产品加工业的风险保障以及基础设施等方面对农产品加工业提供了优良的引导与服务。企业在农产品加工领域也扮演了重要的角色，它们是农产品加工业发展的晴雨表和蓄水池，很大程度上反映领域的发展状况并承担着信息、资金、技术等的传递工作。在它们的帮助下，众多小农户也能按市场需要来进行生产与加工，并直接参与市场竞争，占领部分市场，这也为小农经济占主导的泰国发展农产品加工业开辟了一条成功之道。农民群体对泰国农产品加工业发展的作用不言而喻。泰国的农业劳动力人口一直维持在全国劳动力的 50% 左右。没有广大农民的辛勤付出、积极配合和大力支持，泰国农产品加工业又怎能有如此成就。

（三）泰国农产品加工业发展劣势

目前泰国要在价格上与其他国家开展竞争有些困难，印度尼西亚、印度、越南等国家自然资源丰富、工资低，而且享有一些市场低关税或免关税的有利条件。为了提升竞争力，泰国农产品加工业必须采用新技术，降低生产成本。在 WTO 框架下，泰国农产品及加工产品受关税和泰铢汇率影响较大，同时，农产品加工业的发展需要原料的稳定供应与加工技术的提质升级，因此，泰国农产品加工业仍需在政策、技术、标准、贸易、合作等方面完善与提升。

四、泰国农产品质量安全标准

（一）泰国《农业标准法》

2008 年，泰国为促进国家标准化工作的统一协调发展，发布了《国家标准法》。同年，基于泰国生产和从国外进口的几种农产品不受某些标准的管制，质量低劣、公众缺乏信心的情况频发，同时，为了鼓励农产品满足标准要求，防止农产品公共安全问题发生，提升农产品贸易和竞争力，促进国家经济发展，泰国发布了《农业标准法》。

在农业标准制定方面，泰国农业标准分为强制性标准和自愿性标准。强制性标准指的是部级条例规定的农产品应该遵循的标准，自愿性标准是指泰国《农业标准推广通知》中确定的标准。

泰国与农产品相关的农业强制性标准，要求农产品获得资质认定才可以进行生产和销售。通过部长条例发布的农业强制性标准对农产品有着强制性规定，同样对农产品生产商和进出口商有着强制性约束，他们必须获得国家农产品和食品标准局颁发的资质证书才能进行生产和进出口活动。

不符合强制性标准的产品、服务，不得生产、销售、进口或者提供。资质证书许可申请和续展按照委员会在部长条例中规定的程序和条件执行，有效期为 3 年。进出口商或生产商必须把资质证书摆放在经营场所显眼的位置，以方便检查。如果生产商、进出口商或合格评定机构违反了相关规定，国家农产品和食品标准局有权吊销或者废除其许可证或做出其他处罚。

进出口商或生产商必须向有对农产品进行强制性标准检验和认证资质的单位申请农产品检验和验证。如果被检验的农产品符合强制性标准就可以按照部长条例中规定的规则、程序和条件颁发该农产品的证书。

从国外进口的农产品如果符合相同的标准或者签订有标准合格评定互认协定，可以不需要申请认证证书。如果农产品进口来源国的标准与本国的强制性标准不同，则必须申请认证证书。符合自愿性标准的农产品也可以申请证书。

获得强制性标准认证的农产品可以使用强制性标准认证标志。获得自愿性标准认证的农产品可以使用自愿性标准认证标志。如果获得认证的农产品经抽查不符合强制性标准，国家农产品和食品标准局将责令生产商、进出口商在规定的时间进行改进，以符合标准。如果无法进行改进，或可能由于进度缓慢从而造成人类、植物或动物健康受损，国家农产品和食品标准局有权召回或销毁农产品，相关费用由相关生产商或进出口商承担。

（二）泰国热带农产品限量标准

泰国共制定热带作物中农药最大残留限量 107 项，作物包括菠萝、鳄梨、番荔枝、番木瓜、红毛丹、胡椒、咖啡豆、开心果、可可豆、荔枝、榴莲、龙眼、芒果、木薯、秋葵、山竹、杨桃、腰果、椰子、油棕、油棕榈等 25 种，农药种类包括阿维菌素、艾氏剂、百草枯、百菌清、倍硫磷、苯菌灵、苯醚甲环唑、苯嘧磺草胺、苯线磷、吡虫啉、吡唑醚菌酯、丙环唑、丙森锌、丙溴磷、草铵膦、草甘膦、虫酰肼、春雷霉素、代森铵、代森锰锌、代森锌、滴滴涕、狄氏剂、敌百虫、敌草快、敌敌畏、地虫硫磷、丁草胺、丁硫克百威、啶虫脒、啶酰菌胺、毒杀芬、毒死蜱、对硫磷、多菌灵、多效唑、二嗪磷、粉唑醇、伏杀硫磷、氟吡禾灵、氟虫腈、氟菌唑、氟吗啉、福美双、福美锌、咯菌腈、环丙唑醇、甲胺磷、甲拌磷、甲基对硫磷、甲基硫环磷、甲基嘧啶磷、甲基异柳磷、甲萘威、甲氰菊酯、甲霜灵和精甲霜灵、甲氧虫酰肼、腈菌唑、久效磷、克百威、克菌丹、喹啉铜、乐果、联苯肼酯、磷胺、磷化氢、硫丹、硫环磷、硫线磷、六六六、螺虫乙酯、螺螨酯、氯虫苯甲酰胺、氯丹、氯氟氰菊酯和高效氯氟氰菊酯、氯菊酯、氯氰菊酯和高效氯氰菊酯、氯唑磷、马拉硫磷、咪鲜胺和咪鲜胺锰盐、嘧菌环胺、嘧菌酯、灭多威、灭菌丹、灭线磷、灭蚁灵、灭蝇胺、内吸磷、七氯、氰霜唑、氰戊菊酯和 S-氰戊菊酯、噻虫胺、噻虫嗪、噻菌灵、噻嗪酮、三乙膦酸铝、三唑醇、三唑磷、三唑酮、杀虫脒、杀螟硫磷、杀扑磷、双炔酰菌胺、霜脲氰、水胺硫磷、特丁硫磷、涕灭威、肟菌酯、戊唑醇、烯酰吗啉、硝磺草酮、辛硫磷、溴氰虫酰胺、溴氰菊酯、氧乐果、乙烯利、乙酰甲胺磷、异狄氏剂、蝇毒磷、莠灭净、莠去津、治螟磷、唑螨酯等 124 种。

（三）泰国 Q‐GAP

Q‐GAP 是一个公共的 GAP 项目，于 2003 年建立，2004 年开始实施。这是一个公共食品安全计划，主要目标是保持消费者对食品质量和安全的信心，确保种植者的安全，以及尽量减少对环境的负面影响。在实践中，Q‐GAP 的主要目的是提高国家在农产品出口方面的竞争优势，并鼓励生产商纳入主流市场。尽管 Q‐GAP 在技术上强调利用 IPM 和 ICM 减少和正确使用农用化学品，以及各种类型的替代生产方法，但其制度上的主旨从根本上是由全球驱动的，它只是间接地与国内的"自给自足经济"有关。

Q-GAP涉及一个由泰国农业部管理的第三方认证体系。国家农产品和食品标准局是提供Q认证。经过认证的产品会贴上GAP标志Q作为质量标志。

在泰国，也有一个名为Thai GAP的标准，是由国家工业利益集团和泰国农业大学合作于2008年建立的。这个项目是以全球良好农业规范（Global GAP）为基准的。该计划已与Global GAP接轨，并在2010年12月被定义为一个临时批准的标准。

（四）添加维生素的水稻

根据泰国B.E.2522《食品法》第5节和第6节（3）（4）（5）（6）（10），泰国公共卫生部部长发布以下公告。第三条：添加了维生素的水稻，必须具有以下质量或标准。

6.1　每100克水稻维生素的种类和数量。

6.1.1 维生素 B_1 不少于0.4毫克。

6.1.2　维生素 B_2 不少于0.3毫克。

6.1.3　烟酸不低于3.7毫克。

6.2　水分含量不超过15%（按重量计）。

6.3　不含微生物毒素或其他可能危害健康的有毒物质。

6.4　可添加维生素添加米与第6.1条规定以外的其他营养素或维生素，须经注册办公室批准。

6.5　食品添加剂和食品容器的使用遵守工信部的公告，视情况而定。

（五）可用的食品标准污染物（砷）

根据B.E.2522《食品法》第5节和第6节（3），第29条结合泰王国宪法第35条、第48条和第50条，允许根据法律规定由公共卫生部部长发布以下公告。

无机砷：每1千克食品2毫克。

水生动物和海鲜等其他食物：每1千克食物中总砷含量为2毫克（表4-3）。

表4-3　泰国部分海鲜食品中砷的最大污染含量

食品类型	最大污染量 （每1千克食物中总砷含量的毫克数）	备注
鱿鱼	2	鱿鱼的所有部分，不包括壳和内脏
双壳贝壳，如蛤蜊扇贝和贻贝除了牡蛎和扇贝	2	去壳后的所有可食用部分

（续）

食品类型	最大污染量 （每1千克食物中总砷含量的毫克数）	备注
所有类型的扇贝包括甜蛤蜊	2	去壳后的所有可食用部分
鱼	1	海鱼和淡水鱼，不包括内部器官
即食海带	2	干燥状态

（六）油脂的质量或标准

（1）具有酸值，以油或脂肪的氢氧化钾毫克数计算。

①1克油和脂肪不超过 4.0（以自然的方式制作）；

②1克油脂不超过 0.6（通过处理）；

③1克混合油脂不超过 4.0（以自然的方式制作）；

④1克混合油脂不超过 0.6（通过处理）；

⑤1克油和脂肪不超过 1.0（通过与油混合的过程制成及通过天然方法制成的脂肪）。

（2）过氧化值相当于每份油脂的毫克数 1 千克不超过 10。

（3）在 105 摄氏度的温度下有水和挥发物按重量计不超过 0.2％。

（4）皂含量按重量计不超过 0.005％。

（5）其他不溶性杂质按重量计不超过 0.05％。

（6）每 1 千克油脂中的铅含量不超过 0.1 毫克。

（7）砷，每 1 千克油或脂肪不超过 0.1 毫克。

（8）黄曲霉毒素不超过 20 微克/油脂 1 千克（不超过十亿分之二十）。

（9）不超过 0.4％（重量）的环丙烯脂肪酸。

（七）受某些化学物质污染的食品标准

让各种食物都符合标准。未检测到以下化学污染：

①氯霉素及其盐类；

②呋喃西林及其盐类；

③呋喃妥因及其盐类；

④呋喃唑酮及其盐类；

⑤呋喃他酮及其盐类；

⑥孔雀石绿及其盐类；

①②③④⑤和⑥项下的化学品应包括处于生成和分解过程中的物质。这

些物质的代谢物也是如此。

（八）食品病原微生物标准

食品病原微生物是指常见的致病菌，能够引起人或动物疾病。这些标准对于控制食品中致病菌污染和预防微生物性食源性疾病具有重要意义。该标准适用于预包装食品，无论标准是否规定致病菌限量，食品生产、加工、经营者均应采取控制措施，尽可能降低食品中的致病菌含量水平及导致风险的可能性（表4-4）。

表4-4　食品病原微生物标准

产品	病原微生物	标准数量
1. 婴幼儿调制乳（粉或干）	1. 沙门氏菌	25克中未检出
2. 婴儿食品（粉或干）	2. 金黄色葡萄球菌	0.1克中未检出
	3. 蜡状芽孢杆菌	1克中不超过100cfu/克
	4. 阪崎克罗诺杆菌	10克中未检出
3. 婴幼儿连续配方改良乳（粉或干）	1. 沙门氏菌	在25克中未发现
4. 后续食谱婴幼儿用粉状或干状）	2. 金黄色葡萄球菌	在0.1克中未发现
	3. 蜡状芽孢杆菌	不超过100cfu/克
5. 婴幼儿保健品（粉状或干式）	1. 沙门氏菌	在25克中未发现
	2. 金黄色葡萄球菌	在0.1克中未发现
	3. 蜡状芽孢杆菌	1克中不超过100cfu/克
	4. 产气荚膜梭菌	1克中不超过100cfu/克
6. 即食液态奶制品（通过热灭菌过程巴氏杀菌法）		
(6.1) 牛奶	1. 沙门氏菌	在25毫升中未发现
(6.2) 调味奶	2. 金黄色葡萄球菌	在0.1毫升中未发现
(6.3) 乳制品	3. 蜡状芽孢杆菌	1克中不超过100cfu/毫升
(6.4) 由牛奶以外的动物奶制成的产品	4. 李斯特菌	在25毫升中未发现
7. 奶粉	1. 沙门氏菌	在25克中未发现
8. 调味奶（干型）	2. 金黄色葡萄球菌	在0.1克中未发现
9. 乳制品（干式）	3. 蜡状芽孢杆菌	1克中不超100cfu/毫升
10. 奶酪		
(10.1) $a_w \geqslant 0.9$	1. 沙门氏菌	在25克中未发现
	2. 金黄色葡萄球菌	在0.1克中未发现
	3. 蜡状芽孢杆菌	1克中不超100cfu/克

（续）

产品	病原微生物	标准数量
	4. 产气荚膜梭菌	1 克中不超 100cfu/克
	5. 李斯特菌	在 25 克中未发现
(10.2) a$_w$ 在 0.82~0.9	1. 沙门氏菌	在 25 克中未发现
	2. 金黄色葡萄球菌	在 0.1 克中未发现
	3. 蜡状芽孢杆菌	1 克中不超过 500cfu/克
	4. 李斯特菌	在 25 克中未发现
(10.3) a$_w$≤0.82	1. 沙门氏菌	在 25 克中未发现
	2. 金黄色葡萄球菌	在 0.1 克中未发现
	3. 李斯特菌	在 25 克中未发现
11. 奶油		
(11.1) 干燥霜	1. 沙门氏菌	在 25 克中未发现
	2. 金黄色葡萄球菌	在 0.1 克中未发现
	3. 蜡状芽孢杆菌	1 克中不超 100cfu/克
(11.2) 已灭菌的奶油巴氏杀菌加热	1. 沙门氏菌	在 25 克中未发现
	2. 金黄色葡萄球菌	在 0.1 克中未发现
	3. 蜡状芽孢杆菌	1 克中不超 100cfu/克
	4. 李斯特菌	在 25 克中未发现
12. 冰激凌		
(12.1) 牛奶冰激凌、改良冰激凌、混合冰激凌	1. 沙门氏菌	在 25 克中未发现
	2. 金黄色葡萄球菌	在 0.1 克中未发现
	3. 蜡状芽孢杆菌	1 克中不超 500cfu/克
	4. 李斯特菌	在 25 克中未发现
(12.2) 牛奶冰激凌、改性冰激凌、混合冰激凌（经过巴氏杀菌和热处理的液体型、粉末或干式）	1. 沙门氏菌	在 25 克中未发现
	2. 金黄色葡萄球菌	在 0.1 克中未发现
	3. 蜡状芽孢杆菌	1 克中不超 500cfu/克
	4. 李斯特菌	在 25 克中未发现
13. 带 pH 的即食液体产品 pH 4.3（巴氏杀菌法加热）		
(13.1) 饮料	1. 沙门氏菌	在 25 克中未发现
(13.2) 茶	2. 金黄色葡萄球菌	在 0.1 克中未发现

（续）

产品	病原微生物	标准数量
(13.3) 咖啡	3. 李斯特菌	在 25 克中未发现
(13.4) 豆浆	4. 产气荚膜梭菌	1 毫升中不超过 100cfu/毫升；除燕窝饮料外，每毫升不超过 1 000cfu/毫升
	5. 蜡状芽孢杆菌	1 毫升中不超过 100cfu/毫升
14. 浓缩或干饮料	1. 沙门氏菌	在 25 克中未发现
	2. 金黄色葡萄球菌	在 0.1 克中未发现
	3. 蜡状芽孢杆菌	1 克中不超 100cfu/克
	4. 产气荚膜梭菌	1 克中不超 100cfu/克
	5. 李斯特菌	在 25 克中未发现
15. 半成品		
(15.1) 面条、粉丝面、调味粉条	1. 沙门氏菌	在 25 克中未发现
	2. 金黄色葡萄球菌	在 0.1 克中未发现
	3. 蜡状芽孢杆菌	1 克中不超 100cfu/克
(15.2) 容器中的调味品面条，粉丝	1. 沙门氏菌	在 25 克中未发现
	2. 金黄色葡萄球菌	在 0.1 克中未发现
	3. 蜡状芽孢杆菌	1 克中不超过 1 000cfu/克
	4. 产气荚膜梭菌	1 克中不超过 1 000cfu/克
(15.3) 米饭、粥和汤（粉状或干状）	1. 沙门氏菌	在 25 克中未发现
	2. 金黄色葡萄球菌	在 0.1 克中未发现
	3. 蜡状芽孢杆菌	1 克中不超过 200cfu/克
	4. 产气荚膜梭菌	1 克中不超过 100cfu/克
(15.4) 清汤和浓汤（块状）	1. 沙门氏菌	在 25 克中未发现
	2. 金黄色葡萄球菌	在 0.1 克中未发现
	3. 蜡状芽孢杆菌	1 克中不超过 1 000cfu/克
	4. 产气荚膜梭菌	1 克中不超过 100cfu/克
(15.5) 咖喱和各种辣椒酱	1. 沙门氏菌	在 25 克中未发现
	2. 金黄色葡萄球菌	在 0.1 克中未发现
	3. 蜡状芽孢杆菌	1 克中不超过 1 000cfu/克
	4. 产气荚膜梭菌	1 克中不超过 1 000cfu/克
16. 酱汁	1. 沙门氏菌	在 25 克中未发现

（续）

产品	病原微生物	标准数量
	2. 金黄色葡萄球菌	在 0.1 克中未发现
	3. 蜡状芽孢杆菌	1 克中不超过 1 000cfu/克
	4. 产气荚膜梭菌	1 克中不超过 100cfu/克
17. 从大豆蛋白消化获得的调味品	1. 沙门氏菌	在 25 克或毫升中未发现
	2. 金黄色葡萄球菌	在 0.1 克或毫升中未发现
	3. 蜡状芽孢杆菌	1 克（cfu/克）或 1 中不超过 1 000 毫升（cfu/毫升）
	4. 产气荚膜梭菌	1 克（cfu/克）或 1 中不超过 1 000 毫升（cfu/毫升）
18. 皮蛋	1. 沙门氏菌	在 25 克中不发现
	2. 金黄色葡萄球菌	在 0.1 克中不发现
	3. 产气荚膜梭菌	1 克中不超过 100cfu/克
19. 不干燥的速溶琼脂和果冻零食	1. 沙门氏菌	在 25 克中未发现
	2. 金黄色葡萄球菌	在 0.1 克中未发现
	3. 产气荚膜梭菌	1 克中不超过 100cfu/克
20. 在密封容器中调味品		
（20.1）不同类型的蘸酱	1. 沙门氏菌	在 25 克中未发现
	2. 金黄色葡萄球菌	在 0.1 克中未发现
	3. 蜡状芽孢杆菌	1 克中不超过 1 000cfu/克
	4. 产气荚膜梭菌	1 克中不超过 1 000cfu/克
（20.2）豆瓣酱	1. 沙门氏菌	在 25 克中未发现
	2. 金黄色葡萄球菌	在 0.1 克中未发现
	3. 蜡状芽孢杆菌	1 克中不超过 2 500cfu/克
	4. 产气荚膜梭菌	1 克中不超过 1 000cfu/克
（20.3）不同类型的酱汁	1. 沙门氏菌	在 25 克中未发现
	2. 金黄色葡萄球菌	在 0.1 克中未发现
	3. 蜡状芽孢杆菌	1 克中不超过 500cfu/克
	4. 产气荚膜梭菌	1 克中不超过 1 000cfu/克
21. 面包	1. 沙门氏菌	在 25 克中未发现
	2. 金黄色葡萄球菌	在 0.1 克中未发现
	3. 蜡状芽孢杆菌	1 克中不超过 100cfu/克

（续）

产品	病原微生物	标准数量
	4. 产气荚膜梭菌	1 克中不超过 100cfu/克
22. 糙米粉	1. 沙门氏菌	在 25 克中未发现
	2. 金黄色葡萄球菌	在 0.1 克中未发现
	3. 蜡状芽孢杆菌	1 克中不超过 1 000cfu/克
23. 维生素米饭	1. 沙门氏菌	在 25 克中未检出
	2. 金黄色葡萄球菌	在 0.1 克中未检出
	3. 蜡状芽孢杆菌	1 克中不超过 100cfu/克
24. 即食食品		
(24.1) 薄脆饼干、饼干	1. 沙门氏菌	在 25 克中未发现
	2. 金黄色葡萄球菌	在 0.1 克中未发现
	3. 蜡状芽孢杆菌	1 克中不超过 1 000cfu/克
	4. 产气荚膜梭菌	1 克中不超过 1 000cfu/克
(24.2) 即食食品——煮熟即食 来自全谷物或以淀粉为主要成分	1. 沙门氏菌	在 25 克中未发现
	2. 金黄色葡萄球菌	在 0.1 克中未发现
	3. 蜡状芽孢杆菌	1 克中不超过 100cfu/克
(24.3) 其他即食食品	1. 沙门氏菌	在 25 克中未发现
	2. 金黄色葡萄球菌	在 0.1 克中未发现

（九）柑橘质量标准

1. 基本要求与等级要求

泰国的柑橘现行标准为 TAS 14 - 2007《柑橘》，适用于椪柑宽皮柑橘类鲜果。泰国标准根据外形、果面缺陷等对柑橘划分为 3 个等级，分别是优等、一等和二等。泰国标准对果面缺陷均有量化指标，允许一等和二等具有一定程度的缺陷，对于缺陷的要求，以缺陷面积与总面积的占比表示；对于色泽的要求，只提及应具备品种特征。泰国属于进口国，基本要求中提出：允许不影响产品质量的"催色和打蜡"。

2. 规格要求

泰国标准根据果实横径划分果实规格。泰国标准中对规格的划分主要用于交易对价，贸易商根据他们的需求或季节限制设立不同的贸易等级，总共划分为 11 个级别（表 4 - 5）。

表 4-5　泰国柑橘横径标准比较

项目	TAS 14-2007
规格（φ为果实横径，毫米）	规格1：90＜φ 规格2：85＜φ≤90 规格3：80＜φ≤85 规格4：75＜φ≤80 规格5：70＜φ≤75 规格6：65＜φ≤70 规格7：60＜φ≤65 规格8：57＜φ≤60 规格9：52＜φ≤57 规格10：47＜φ≤52 规格11：φ＜47

3. 容许度要求

泰国标准对宽皮柑橘的容许度进行规定，规定了质量容许度和规格容许度（表4-6）。

表 4-6　泰国柑橘容许度表

项目		TAS 14-2007
容许度	质量	优等：允许不符合这一等级要求的果实重量或数量不超过10%，但应符合一等品的要求，或在一等品的容许范围内 一等：允许不符合这一等级要求的果实重量或数量不超过10%，但应符合二等品的要求，或在二等品的容许范围内 二等：允许15%重量或数量的果实不符合本等级要求，也不符合基本要求，但在上一级或下一级规格类别中
	规格	所有等级允许5%重量或数量的果实不符合本等级的要求，但在上一级或下一级规格范围内
	腐烂果	起运点不允许有腐烂果和重伤果，到达目的地后腐烂果不超过3%，重伤果不超过1%
	果面缺陷	带有病虫、伤痕、伤迹等附着物的果实。按重量计：优等果不超过1%，一等果、二等果不超过3%。

4. 理化指标要求

泰国宽皮柑橘标准对理化指标做了要求，对可溶性固形物、固酸比、果汁含量做了要求（表4-7）。泰国对柑橘的甜度要求很高，固酸比要大于等于13∶1，由此算出其总酸量约为0.67。从对果汁含量的要求可以看出，泰国着重于对柑橘的水分饱满度有比较高的要求，可以剔除部分干果。

表 4 - 7　泰国柑橘标准

项目	TAS 14 - 2007
可溶性固形物/%	≥9.0
总酸量/%	—
固酸比	≥13∶1
可食率/%	—
果汁含量/(%，果汁重量与果实重量的比值)	≥35

5. 要求度要求

泰国的食品农药残留限量标准主要为 TAS 9002 - 2016《农药残留：最大残留限量》和 TAS 9003 - 2004《农药残留：外来最高残留量》，规定了柑橘残留限量的农药种类有 29 种。

泰国标准中铅的限值为 0.1 毫克/千克，镉的限值为 0.1 毫克/千克。

（十）龙眼质量标准

泰国龙眼标准关键技术指标为分级、规格要求、重金属污染限量和农药残余量。

1. 分级

泰国标准中规定各等级容许度的不合格果允许出现隔级果。另外，泰国标准对异品种、缺陷果等的允许比例未具体规定。

2. 规格要求

泰国标准规定，对于所有等级产品，在重量或数量上允许果实大小仅在所示规格上下浮动，成串果的容许度为 20%，单粒果的容许度为 10%。另外，泰国标准除对单粒果规格提出要求外，对成串果的规格也提出规定。

3. 理化指标

泰国标准未对理化指标提出要求。

4. 重金属污染限量

泰国标准中污染物限量执行 TAS 9007《农产品和食品安全要求》标准。

5. 农药残余量

泰国 TAS 9002 - 2016《农药残留：最大残留限量》标准规定的农药限量仅毒死蜱和氯氰菊酯两种。除针对龙眼明确提出的农药残留限量要求，该标准未划分"热带和亚热带水果"这一食品类别。

（十一）水稻质量标准

泰国第一部水稻标准（B. E. 2500）由泰国贸易部发布，于 1957 年 5 月 20 日实施。该标准主要对米粒长度、缺陷粒、含水量等物理特性作了规定，并对相关术语红纹粒、红粒米、垩白粒、黄米、水稻粒、糙米粒、异物作了规定，明确规定含水量不超过 14%，奠定了泰国水稻标准的基本框架。现行的泰国水稻标准为 TAS 4004 - 2017《水稻》于 2017 年 7 月 11 日发布并实施。

1. 加工精度

泰国白米的加工精度根据碾磨程度区分为 4 个等级：超精碾磨、精碾磨、中碾磨、普通碾磨（表 4 - 8）。

表 4 - 8　泰国白米加工精度表

TAS 4004 - 2017		
加工精度	超精碾磨	去除几乎全部谷糠，使其米粒外观非常漂亮
	精碾磨	去除几乎全部谷糠，使其米粒外观很漂亮
	中碾磨	去除大部分谷糠，使其米粒外观相当漂亮
	普通碾磨	只去除部分谷糠

2. 水分

泰国白米的水分含量为 14%。当水稻水分过高时，一是米粒自身代谢旺盛，品质下降；二是较高的水分活度会促使霉菌、虫害滋生，加速营养物质分解，进一步降低水稻的食用安全性；三是微生物在缓慢代谢过程中产生的热量也足以提升内部温度，从而加速真菌繁殖。泰国白米标准中对水分含量的标准略严，说明泰国更强调白米的储存时间、保存品质和食用安全。

3. 直链淀粉

泰国白米中软白米的直链淀粉含量为 13.0%～20.0%，松白米为 20.0%～25.0%，硬白米大于 25.0%。直链淀粉含量、胶稠度、糊化温度都会直接影响水稻蒸煮后的口感。直链淀粉含量高的水稻胶稠度大，米粒蒸熟后不粘结，胀性大，不裂，外观品质佳，口感好。总体而言，泰国白米的直链淀粉含量范围较大，而且分类较细。

4. 米粒长度的量度

泰国白米标准中对米粒长度的量度值极多，并以此作为泰国白米等级分类的评定标准。

第一种：泰国长粒米分为 3 个等级，从一级长粒米大于 7.0 毫米开始，以 0.4 毫米长度为等级差形成二级长粒米、三级长粒米，小于 6.2 毫米的米粒称为短粒米。

第二种：按照米粒的长度将整个米粒分为 10 等份（10 Parts），每等份称为 1P。

第三种：以是否能通过 7 号筛界定 C1 碎米。7 号筛直径 1.75 毫米，厚度 0.79 毫米。米粒如能通过 7 号筛，则为 C1 碎米。

泰国白米标准中，按照以上提到的每种量度形式，都有对应的含量要求，长度指标分类多，要求严格。

5. 杂质

泰国白米的杂质指标有：红粒米、低于碾磨米、黄粒米、垩白度、糙米、互混、未成熟粒、水稻粒。中国籼米的杂质指标有：不完善粒（未熟粒、虫蚀粒、病斑粒、生霉粒、糙米粒）、有机杂质（糠粉、带壳稗谷、水稻、异种粮粒、其他动植物源有机物）、无机杂质（泥土、砂石、砖瓦块）、黄粒米、垩白度。

6. 农药残余

泰国白米中农药残留最大限量符合 TAS 9002 - 2016《农药残留：最大残留限量》和 TAS 9003 - 2004《农药残留：外来最高残留量》。其中，TAS 9002 - 2016 规定了泰国白米的 10 项农药残留指标，TAS 9003 - 2004 规定了谷物中禁用已久的 5 项农药残留指标。

7. 污染物和卫生指标

泰国白米对污染物和卫生限量的规定均为"最大限量应符合农产品标准有关法律法规的要求"。经查阅泰国《食品法》（B. E. 2522）、《农业标准法》（B. E. 2551）、《有害物质法》（B. E. 2535）、TAS 4401 - 2008《水稻良好农业规范》、TAS 4403 - 2010《碾磨米的良好加工规范》、TAS 9024 - 2007《危害分析和关键控制点系统及其应用指南》的相关条款，没有对泰国水稻规定具体污染物和卫生的量化指标要求。

（十二）泰国农药残留：最大残留限量标准

1. 范围

规定了用作食品和动物饲料的农产品中农药的最大残留限量（MRL），用作生产、进出口的农产品的生产、贸易、检验的参考标准。

本标准不包括因无法确定的原因污染农药的最大残留量 TAS 9003 中规定的可避免农药外来最大残留限量（EMRL）。

2. 标准

最大残留限量标准见表 4 - 9。

表 4 - 9　泰国最大残留限量标准表

危险物品农业	残留物类型	农产品	最大残留限量/ （毫克/千克）
		秋葵	0.5
		香蕉	2
		大米	0.1
		种子香料	5
		水果香料	1
		根香料	1
		羽衣甘蓝	1
		红毛丹	0.5
		干大豆	0.1
		豆荚	1
		榴莲	0.4
		油棕	0.05
		生菜	0.1
		苦瓜	3
		干辣椒	20
毒死蜱	毒死蜱（脂溶性）	甜椒	2
		茄子及与茄子相似的农产品，但番茄除外	0.2
		椰子	0.05
		花生仁	.0.05
		芋头	0.05
		龙眼	0.9
		荔枝	2
		葱	0.2
		洋葱	0.2
		蘑菇	0.05
		水牛肉	1（脂肪）
		羔羊，山羊	1（脂肪）
		牛内脏	0.01
		山羊杂碎	0.01
		猪肉	0.02（脂肪）

（续）

危险物品农业	残留物类型	农产品	最大残留限量/（毫克/千克）
毒死蜱	毒死蜱（脂溶性）	猪杂碎	0.01
		禽肉	0.01（脂肪）
		家禽内脏	0.01
		蛋	0.01
		牛奶	0.02
百菌清	植物产品：百菌清，畜牧产品：2,5,6-三氯-4-羟基异酞腈（2,5,6-三氯-4-羟基间苯二甲腈）	干大豆	0.2
		豆荚	2
		白菜	1
		羽衣甘蓝	4
		番茄	5
		花生	0.1
卡巴利	卡巴利	金合欢	0.02
		新鲜玉米	0.1
		玉米笋	0.1
		干玉米	0.02
		小米	10
		大米	1
		红毛丹	1
		西瓜	1
		榴莲	30
		油棕	0.05
		十字花科蔬菜	1
		瓜科蔬菜和水果，西瓜除外	2
		苦瓜	0.5
		干辣椒	2
		甜椒	5
		椰子	1
		芒果	3
		山竹	1
		可可豆	0.02

（续）

危险物品农业	残留物类型	农产品	最大残留限量/ （毫克/千克）
卡巴利	卡巴利	花生仁	2
		腰果	1
		龙眼	20
		荔枝	1
		柑橘类水果	7
		甘蔗	0.05
		葡萄	0.5
		哺乳动物肉	0.05
		内脏哺乳	1
		禽肉	0.05
		蛋	0.05
		牛奶	0.05
多菌灵/苯菌灵	多菌灵、苯菌灵、甲基托布津的总和被报告为多菌灵	韭菜	3
		大米	2
		红毛丹	3
		葱	3
		绿豆	0.5
		干大豆	0.5
		豆荚	3
		桑	0.1
		苦瓜	2
		干辣椒	20
		番茄	0.5
		芒果	2
		棉花种子	0.1
		花生仁	0.1
		芦笋	0.2
		葱	3
		洋葱	2
		葡萄	3

（续）

危险物品农业	残留物类型	农产品	最大残留限量/（毫克/千克）
多菌灵/苯菌灵	多菌灵、苯菌灵、甲基托布津的总和被报告为多菌灵	甘蔗	0.1
		水牛肉	0.05
		动物内脏	0.05
		禽肉	0.05
		家禽	0.05
		家禽内脏	0.1
		蛋	0.05
		牛奶	0.05
硫丹（丁硫克百威）	丁硫克百威	秋葵	0.5
		金合欢	0.2
		新鲜玉米	0.05
		玉米笋	0.05
		干玉米	0.05
		小米	0.05
		大米	0.2
		红毛丹	0.2
		瓜科蔬菜和水果，西瓜除外	0.5
		西瓜	0.2
		绿豆	0.05
		扁豆	0.1
		新鲜的绿豌豆	0.1
		干大豆	0.05
		豆荚	0.5
		榴莲	0.2
		油棕	0.05
		十字花科蔬菜	0.5
		苦瓜	0.5
		干辣椒	5
		茄子及与茄子相似的农产品，但番茄除外	0.03
		番茄	0.5

（续）

危险物品农业	残留物类型	农产品	最大残留限量/ （毫克/千克）
硫丹（丁硫克百威）	丁硫克百威	椰子	0.2
		芋头	0.05
		咖啡豆	0.05
		可可豆	0.05
		芝麻籽	0.2
		葵花籽	0.05
		花生仁	0.05
		棉花种子	0.05
		蓖麻子	0.05
		柑橘类水果	0.1
		芦笋	0.02
		葡萄	0.1
		哺乳动物肉	0.05
		动物内脏	0.05
		禽肉	0.05
		家禽内脏	0.05
		蛋	0.05
		牛奶	0.05
硫丹（丁硫克百威）	克百威与3-羟基克百威之和（3-羟基呋喃）报告为碳呋喃	秋葵	0.15
		金合欢	0.2
		新鲜玉米	0.01
		玉米笋	0.01
		干玉米	0.05
		小米	0.1
		大米	0.1
		红毛丹	0.05
		绿豆	0.2
		扁豆	0.1
		新鲜的绿豌豆	0.15
		干大豆	0.1
		豆荚	0.02
		榴莲	0.02

（续）

危险物品农业	残留物类型	农产品	最大残留限量/（毫克/千克）
硫丹（丁硫克百威）	克百威与 3 - 羟基克百威之和（3 - 羟基呋喃）报告为碳呋喃	油棕	0.1
		十字花科蔬菜	0.03
		柑橘类水果	0.02
		苦瓜	0.5
		干辣椒	2
		茄子及与茄子相似的农产品，但番茄除外	0.1
		番茄	0.1
		椰子	0.02
		咖啡豆	1
		可可豆	0.05
		芝麻籽	0.1
		花生仁	0.1
		葵花籽	0.05
		棉花种子	0.1
		蓖麻子	0.1
		芦笋	0.06
		葡萄	0.02
		哺乳动物肉	0.05
		动物内脏	0.05
		禽肉	0.01
		家禽内脏	0.01
		蛋	0.01
		牛奶	0.01
克坦	改为上限	大麦	0.02
		干大豆	5
		豆荚	5
		油棕	5
		芒果	5
		棉花种子	5
		花生仁	5
		葡萄	10

（续）

危险物品农业	残留物类型	农产品	最大残留限量/（毫克/千克）
昆汀	农作物：五氯硝基苯（脂溶性）。畜牧产品：五氯硝基苯、五氯苯胺和甲基戊二氯苯硫醚的总和。甲基五氯苯硫醚报告为五氯硝基苯（脂溶性）	种子香料	0.1
		水果香料	0.02
		根香料	2
噻虫胺	噻虫胺	榴莲	0.9
硫酰氟	硫酰氟	大米	0.1
氯氰菊酯	氯氰菊酯（所有异构体）（脂溶性）	秋葵	0.5
		新鲜玉米	0.05
		玉米笋	0.05
		干玉米	0.05
		水果香料	0.1
		根香料	0.2
		扁豆	0.7
		新鲜的绿豌豆	0.05
		干大豆	0.05
		豆荚	5
		榴莲	1
		十字花科蔬菜	1
		苦瓜	2
		干辣椒	10
		番茄	0.3
		茄子及与茄子相似的农产品，但番茄除外	0.03
		芒果	0.7
		番木瓜	0.5
		棉花种子	0.1
		龙眼	1
		荔枝	2

（续）

危险物品农业	残留物类型	农产品	最大残留限量/ （毫克/千克）
氯氰菊酯	氯氰菊酯（所有异构体）（脂溶性）	柑橘类水果，葡萄柚除外	0.3
		西柚	0.5
		芦笋	0.4
		葱	0.1
		洋葱	0.01
		甘蔗	0.2
		哺乳动物肉	2（脂肪）
		哺乳动物的内脏	0.05
		禽肉	0.1（脂肪）
		家禽内脏	0.05
		鸡	0.1
		蛋	0.05
		牛奶	0.05
2，4-D	2，4-D和2，4-D的盐和酯的总和报告结果	新鲜玉米	0.05
		玉米笋	0.05
		干玉米	0.05
		小米	0.01
		大米	0.1
		葱	0.05
		菠萝	0.05
		哺乳动物肉	0.2
		哺乳动物的内脏	1
		禽肉	0.05
		家禽内脏	0.05
		蛋	0.01
		牛奶	0.01
溴氰菊酯	溴氰菊酯，反式溴氰菊酯	大蒜	0.1
		香蕉	0.05
		玉米笋	0.02
		干玉米	1
		新鲜玉米	0.02
		葱	0.5

（续）

危险物品农业	残留物类型	农产品	最大残留限量/ （毫克/千克）
溴氰菊酯	溴氰菊酯，反式溴氰菊酯	扁豆	0.2
		油棕	0.05
		粤菜	2
		白菜	2
		羽衣甘蓝	2
		十字花科蔬菜，白菜、大白菜和羽衣甘蓝除外	0.1
		苦瓜	0.1
		干辣椒	1
		番茄	0.3
		芒果	0.2
		咖啡豆	2
		可可豆	0.05
		花生仁	0.01
		棉花种子	0.05
		腰果	0.02
		菠萝	0.01
		芦笋	0.1
		葱	0.1
		洋葱	0.05
		甘蔗	0.05
		牛肉	0.5（脂肪）
		羊肉	0.5（脂肪）
		牛内脏	0.03
		羊杂碎	0.03
		猪肉	0.5（脂肪）
		猪杂碎	0.03
		禽肉	0.1（脂肪）
		家禽内脏	0.02
		家禽	0.1（脂肪）
		蛋	0.02
		牛奶	0.05

（续）

危险物品农业	残留物类型	农产品	最大残留限量/（毫克/千克）
敌敌畏	敌敌畏	各种香料	0.1
		柑橘类水果	0.2
		全谷类	0.2
		哺乳动物肉	0.05
		禽肉	0.05
		牛奶	0.02
三头草（三氯杀螨醇）	农业园艺商品：双酚（邻对和对对异构体的总和）（o, p'&p, p'-异构体）畜牧产品：三氯杀螨醇和2，2-二氯-1，1-双（4-氯本基）乙醇的总和	种子香料	0.05
		水果香料	0.1
		根香料	0.1
		黄瓜	0.5
		绿豆	0.1
		干大豆	0.05
		番茄	1
		牛肉水牛	3（脂肪）
		牛内脏	1
		禽肉	0.1（脂肪）
		家禽内脏	0.05
		蛋	0.05
		牛奶	0.1
二硫代氨基甲酸酯基团（二硫代氨基甲酸盐），包括锌、齐拉姆	二硫代氨基甲酸酯	秋葵	0.2
		大蒜	0.5
		大米	0.05
		红毛丹	2
		葱	10
		黄瓜	2
		哈密瓜	0.5
		西瓜	1
		瓜类，除了黄瓜和西瓜	0.5
		干大豆	0.1
		豆荚	0.2
		榴莲	2

（续）

危险物品农业	残留物类型	农产品	最大残留限量/（毫克/千克）
		油棕	0.1
		白菜	5
		羽衣甘蓝	15
		中国牵牛花	0.3
		芋头	0.1
		苦瓜	3
		甜椒	1
		干辣椒	20
		南瓜	0.2
		番茄	2
二硫代氨基甲酸酯基团（二硫代氨基甲酸盐），包括锌、齐拉姆	二硫代氨基甲酸酯	芒果	2
		花生仁	0.1
		柑橘类水果	2
		芦笋	0.1
		葱	0.5
		洋葱	0.5
		葡萄	2
		哺乳动物肉	0.05
		哺乳动物内脏	0.1
		禽肉	0.1
		家禽内脏	0.1
		蛋	0.05
		牛奶	0.05
苯醚甲环唑（苯醚甲环唑）	植物产品：苯醚甲环唑；农产品：苯菌唑的总和	芒果	0.6
		小米	0.01
乐果	乐果	种子香料	5
		水果香料	0.5
		根香料	0.1

（续）

危险物品农业	残留物类型	农产品	最大残留限量/（毫克/千克）
		黄瓜	1
		哈密瓜	1
		扁豆	0.05
		干豆	0.1
		番茄	2
		棉花种子	0.05
		柑橘类水果	5
乐果	乐果	葱	0.05
		洋葱	0.05
		哺乳动物肉	0.05
		动物内脏	0.05
		禽肉	0.05
		家禽内脏	0.05
		蛋	0.05
		牛奶	0.05
		新鲜玉米	0.02
		玉米笋	0.02
		干玉米	0.02
		小米	0.02
		种子香料	5
		水果香料	0.1
		根香料	0.5
狄亚西农（二嗪农）	二嗪农（脂溶性）	干茶叶	0.1
		白菜	0.05
		羽衣甘蓝	0.05
		十字花科蔬菜，大白菜和羽衣甘蓝除外	0.5
		咖啡豆	0.2
		棉花种子	0.1
		哺乳动物肉	2（脂肪）

（续）

危险物品农业	残留物类型	农产品	最大残留限量/（毫克/千克）
狄亚西农（二嗪农）	二嗪农（脂溶性）	动物内脏	0.03
		禽肉	0.02
		家禽内脏	0.02
		蛋	0.02
		牛奶	0.02
三唑磷	三唑磷	大蒜	0.05
		小米	0.05
		水果香料	0.07
		根香料	0.1
		绿豆	0.2
		扁豆	0.4
		干大豆	0.05
		大豆荚（种子）	0.5
		新鲜大豆（整豆）	1
		枣	0.03
		咖啡豆	0.05
		花生仁	0.05
		可可豆	0.05
		芝麻籽	0.05
		葵花籽	0.05
		葱	0.05
		洋葱	0.05
		葡萄	0.02
		牛肉水牛	0.01
		禽肉	0.01
		牛奶	0.01
戊唑醇	替布康唑（脂溶性）	洋葱	0.1
噻虫嗪	噻虫嗪	芒果	0.2
噻虫胺	噻虫胺	芒果	0.04
噻嗪酮	布洛芬	棉花种子	0.35

（续）

危险物品农业	残留物类型	农产品	最大残留限量/ （毫克/千克）
		新鲜玉米	0.05
		玉米笋	0.05
		干玉米	0.03
		小米	0.03
		稻田	0.05
		大米	0.05
		干豆，干大豆除外	0.5
		干大豆	0.1
		水果（树皮不可食用，柑橘类水果除外）	0.01
		叶菜	0.07
		瓜类	0.02
百草枯	百草枯阳离子	根茎类蔬菜	0.05
		番茄	0.05
		棉花种子	2
		草莓	0.01
		柑橘类水果	0.02
		葡萄	0.01
		哺乳动物肉	0.005
		哺乳动物内脏	0.05
		禽肉	0.005
		家禽内胜	0.005
		蛋	0.005
		牛奶	0.005
		新鲜玉米	1
		玉米笋	1
		干玉米	1
甲基嘧啶磷	甲基嘧啶磷	稻田	7
		大米	5
		种子香料	3
		水果香料	0.5

（续）

危险物品农业	残留物类型	农产品	最大残留限量/（毫克/千克）
甲基嘧啶磷	甲基嘧啶磷	油棕	0.1
		可可豆	0.05
		木棉种子	0.1
		腰果	0.1
		哺乳动物肉	0.01
		哺乳动物内脏	0.01
		禽肉	0.01
		家禽内胜	0.01
		蛋	0.01
		牛奶	0.01
氯菊酯	氯菊酯，包括所有异构体（脂溶性）	各种香料	0.05
敌草胺	敌草胺和含有的代谢物部分2，4，6-三氯苯酚（2，4，6-三氯苯畸部分）报告为丙氯氮	芒果	7
硫磷（丙硫磷）	硫磷	绿豆	0.05
		干辣椒	20
		花生仁	0.05
苯磷（丙溴磷）	苯磷（脂溶性）	卷心菜	1
		玫瑰苹果	0.05
		葱	0.05
		干大豆	0.05
		榴莲	0.05
		棉籽油	0.05
		柑橘类水果，橙子、葡萄柚和柠檬除外	0.1
		十字花科蔬菜，花椰菜除外	0.5
		甜椒	0.5
		干辣椒	20

（续）

危险物品农业	残留物类型	农产品	最大残留限量/（毫克/千克）
苯磷（丙溴磷）	苯磷（脂溶性）	番茄	10
		柠檬	0.05
		芒果	0.2
		山竹	10
		棉花种子	3
		柚	2
		葱	0.05
		洋葱	0.05
		葡萄	0.05
		哺乳动物肉	0.05
		动物内脏	0.05
		禽肉	0.05
		家禽内脏	0.05
		蛋	0.02
		牛奶	0.01
氟虫腈	农作物：弑虫腈（脂溶性）畜牧产品；氟虫腈（脂溶性）	甜罗勒	0.2
		大米	0.01
		扁豆	0.04
		棉花种子	0.01
		罗勒	0.2
氰戊菊酯	芬戊酸盐，包括所有异构体（脂溶性）	卷心菜	3
		新鲜玉米	0.1
		玉米笋	0.1
		扁豆	1
		干大豆	0.1
		油棕	0.5
		白菜	1
		羽衣甘蓝	3
		十字花科蔬菜，大白菜和羽衣甘蓝除外	2
		番茄	1

（续）

危险物品农业	残留物类型	农产品	最大残留限量/（毫克/千克）
氰戊菊酯	芬戊酸盐，包括所有异构体（脂溶性）	芒果	1.5
		棉花种子	0.2
		花生仁	0.1
		龙眼	1
		荔枝	1
		哺乳动物肉	1（脂肪）
		哺乳动物内脏	0.02
		牛奶	0.1
杀螟松	杀螟松	新鲜玉米	1
		玉米笋	1
		干玉米	1
		大米	1
		种子香料	7
		水果香料	1
		根香料	0.1
		干茶叶	0.5
		干大豆	0.5
		豆荚	0.5
		咖啡豆	0.05
		哺乳动物肉	0.05
		禽肉	0.05
		蛋	0.05
		牛奶	0.01
福沙龙（磷光体）	福沙龙（脂溶性）	种子香料	2
		水果香料	2
		根香料	3
		葱	0.5
		扁豆	0.5
		新鲜的绿豌豆	0.5
		干大豆	0.05
		豆荚	0.5

（续）

危险物品农业	残留物类型	农产品	最大残留限量/ （毫克/千克）
福沙龙（磷光体）	福沙龙（脂溶性）	榴莲	1
		桑	0.1
		十字花科蔬菜	0.5
		甜椒	0.5
		干辣椒	4
		番茄	0.5
		茄子及与茄子相似的农产品， 但番茄除外	0.5
		柑橘类水果	1
		山竹	1
		棉花种子	1
		芦笋	0.5
		葱	0.5
		洋葱	0.5
福尔佩	鹰嘴豆	红毛丹	0.1
酚妥酸盐（酚盐）	酚妥酸盐（脂溶性）	种子香科	7
马拉硫磷	马拉硫磷（脂溶性）	花椰菜	0.5
		卷心菜	8
		新鲜玉米	0.02
		玉米笋	0.02
		干玉米	0.05
		小米	3
		种子香科	2
		水果香料	1
		根香料	0.5
		葱	5
		西蓝花	5
		柑橘类水果，葡萄柚除外	7
		白菜	8
		羽衣甘蓝	3
		干辣椒	1

（续）

危险物品农业	残留物类型	农产品	最大残留限量/ （毫克/千克）
马拉硫磷	马拉硫磷（脂溶性）	番茄	0.5
		木薯	0.5
		柚	0.2
		葱	1
		洋葱	1
		甘蔗	0.02
甲霜灵	甲氧苄啶	新鲜玉米	0.05
		玉米笋	0.05
		干玉米	0.05
		种子香料	5
		黄瓜	0.5
		哈密瓜	0.2
		西瓜	0.2
		瓜	0.5
		榴莲	0.5
		方形西葫芦	0.2
		柑橘类水果	5
		羽衣甘蓝	2
		中国牵牛花	2
		芋头	0.5
		黑胡椒	0.05
		槟榔	0.05
		南瓜	0.2
		番茄	0.2
		菠萝	0.1
		洋葱	2
		葡萄	1
甲硫磷	甲硫磷	红毛丹	0.2
		榴莲	0.2
		奶油苹果	0.2

（续）

危险物品农业	残留物类型	农产品	最大残留限量/（毫克/千克）
甲硫磷	甲硫磷	柑橘类水果	0.5
		梨	0.1
		葡萄	0.1
		苹果	0.1
		哺乳动物肉	0.02
		哺乳动物内脏	0.02
		禽肉	0.02
		家禽内脏	0.02
		蛋	0.02
		牛奶	0.001
灭多威	灭多威	秋葵	0.5
		新鲜玉米	0.1
		玉米笋	0.1
		干玉米	0.02
		小米	0.02
		瓜科蔬菜和水果，西瓜除外	0.1
		西瓜	0.1
		绿豆	0.05
		扁豆	1
		干大豆	0.2
		豆荚	0.5
		豆油	0.2
		棉籽油	0.04
		柑橘类水果	1
		梨	0.3
		干辣椒	10
		番茄	1
		茄子及与茄子相似的农产品，但番茄除外	0.2
		芝麻籽	0.2
		棉花种子	0.2

（续）

危险物品农业	残留物类型	农产品	最大残留限量/（毫克/千克）
灭多威	灭多威	花生仁	0.1
		芦笋	2
		葱	0.2
		洋葱	0.2
		葡萄	0.3
		苹果	0.3
		哺乳动物肉	0.02
		动物内脏	0.02
		禽肉	0.02
		家禽内脏	0.02
		蛋	0.02
		牛奶	0.02
高效氯氟氰菊酯	三氯氟氰菊酯，包括所有异构体（脂溶性）	秋葵	0.03
		甜罗勒	0.7
		小米	0.2
		红毛丹	0.5
		绿豆	0.2
		干大豆	0.2
		豆荚	0.2
		榴莲	0.5
		油棕	0.2
		十字花科蔬菜，西蓝花和花椰菜除外	0.3
		西蓝花和花椰菜	0.5
		甜椒	0.3
		干辣椒	3
		芒果	0.2
		茄子及与茄子相似的农产品，但番茄除外	0.3
		番茄	0.3

（续）

危险物品农业	残留物类型	农产品	最大残留限量/ （毫克/千克）
高效氯氟氰菊酯	三氯氟氰菊酯，包括所有异构体（脂溶性）	可可豆	0.02
		芝麻籽	0.2
		木棉种子	0.02
		棉花种子	0.02
		甜罗勒	0.7
		香芹籽	0.7
		龙眼	0.2
		荔枝	o.5
		芦笋	0.02
		罗勒	0.7
嘧菌酯（咤菌随）	嘧菌酯（脂溶性）	芒果	0.7
乙酰甲胺磷	乙酰甲胺磷	大米	1
		各种香料	0.2
		绿豆	0.3
		干大豆	0.3
		咖啡豆	0.05
		可可豆	0.05
		棉花种子	2
		花生仁	0.2
		哺乳动物肉	0.05
		哺乳动物内脏	o.05
		禽肉	0.01
		家禽内胜	0.01
		蛋	0.01
		牛奶	0.02
阿维菌素	阿维菌素 B1A（脂溶性）	西瓜	0.01
		扁豆	0.01
		新鲜的绿豌豆	0.01
		粤菜	0.01
		羽衣甘蓝	0.01

（续）

危险物品农业	残留物类型	农产品	最大残留限量/（毫克/千克）
阿维菌素	阿维菌素 B1A（脂溶性）	十字花科蔬菜，白菜和羽衣甘蓝除外	0.01
		甜椒	o.09
		干辣椒	0.5
		茄子	0.02
		棉花种子	0.01
		柑橘类水果	0.01
		哺乳动物肉	0.01
		哺乳动物内脏	0.1
		禽肉	0.01
		家禽内脏	0.02
		蛋	0.01
		牛奶	0.005
砒虫啉（吡虫啉）	吡虫啉和含有的代谢物6-氯吡啶部分（6-氯吡啶部分），报告为吡虫啉	甜罗勒	20
		秋葵	0.1
		大米	0.05
		芒果	0.4
		甜罗勒	20
		香芹籽	20
		龙眼	0.8
		橘皮	1
		罗勒	20
乙烯利	乙烯利	香蕉	2
		樱桃	3
		榴莲	2
		芒果	2
		菠萝	2
		葡萄	1
		苹果	1
		哺乳动物肉	0.1

（续）

危险物品农业	残留物类型	农产品	最大残留限量/（毫克/千克）
乙烯利	乙烯利	动物内脏	0.2
		禽肉	0.1
		家禽内脏	0.2
		蛋	0.2
		牛奶	0.05
硫磷	硫磷（脂溶性）	种子香料	3
		水果香料	5
		根香料	0.3
		干豆	0.1
		新鲜豌豆	0.3
		干辣椒	20
		柠檬	1
		橘皮	2
		柚	1
异菌灵	异丙醇	种子香料	0.05
		根香料	0.1
氧化镁	氧化镁	金合欢	0.05
		绿豆	0.05
		扁豆	0.05
		干大豆	0.05
		木薯	0.02
		咖啡豆	0.05
		棉花种子	0.05
磷化铝，或磷化镁，或磷化氢形式的磷化氢	磷化氢	大米	0.1

3. 不得检出有农药残留的农药清单（表4-10）

表4-10　不得检出有农药残留的农药清单

序号	农药名称
1	2，4，5-T或（2，4，5-三氯苯氧基乙酸2，4，5-三氯苯氧基醋酸）
2	2，4，5-TCP或2，4，5-三氯苯酚

（续）

序号	农药名称
3	2，4，5-TP 或（±）-2-2，4，5-三氯苯氧基丙酸
4	4-（4-氯-邻-甲苯氧基）丁酸或 MC 铅（MCPB）
5	氯化物形式（杀虫脒）
6	十氯酮
7	氯硫磷
8	氯苯甲酸
9	氯酚
10	砷酸铜氢氧化物
11	四氯化碳或四氯甲烷
12	敌草胺（captafol）
13	砷酸钙
14	硫酸盐（sulfotep）
15	黄樟素
16	氯酸钠
17	亚砷酸钠
18	放线菌酮
19	三环锡
20	丁酰肼
21	DBCP（DBCP）或 1，2-二溴-3-氯丙烷
22	德美通
23	田乐磷
24	广效磷（dicrotophos）
25	4.6-二硝基邻甲酚或 DNOC
26	双磺胺
27	二硝丁酚
28	硝丁酯
29	二甲双胍
30	毒杀芬或樟脑
31	TEPP 或焦磷酸四乙脂
32	硫酸铊
33	硝基芬（nitrofen）
34	Beta-HCH 或 1，3，5/2，4，6-六氨环己烷

（续）

序号	农药名称
35	BHC（六氯化苯）或 HCH（六氯环己烷）
36	联苯胺
37	溴磷
38	溴磷乙基
39	比萘丙烯
40	巴黎绿
41	对硝磷
42	对硝磷-甲基
43	五氧酚钠
44	五氧酚（五氧苯酚）
45	原酸盐
46	吡鼠隆
47	氟乙酸钠
48	氟乙酰胺
49	(E)＋(Z)-异构体［磷酰胺（E)＋(Z)-异构体］
50	磷酰胺（Z)-异构体
51	磷酰胺（E)-异构体
52	酚硫醇或 MCPA-硫乙基或 S-乙基 4-氯-邻-甲苯氧基硫代乙酸酯
53	芬丁
54	硫磷（苯硫磷）
55	甲拌磷
56	甲胺磷
57	甲磷酰菌胺
58	甲胺磷
59	久效磷
60	灭蚁灵
61	砷酸铅
62	细磷
63	Strobane 或聚氯萜
64	甲基硫磷（谷硫磷）
65	硫磷乙基（谷硫磷）
66	阿米特罗

（续）

序号	农药名称
67	氨基碳水化合物
68	杀螨特
69	EDB 或二溴乙烷
70	EPN
71	乙基己二醇
72	二氧乙烷或1，2-二氧乙烷
73	环氧乙烷或1，2-环氧乙烷
74	硫丹
75	二苯并呋喃甲醛
76	六氧苯

4. 描述

香料种子（种子），如芫荽种子、欧芹种子、芹菜籽、茴香。

香料（水果或浆果），如白胡椒、黑胡椒、胡椒粒、小豆蔻、茴香。

根香料（根或根茎），如姜、高良姜、姜黄、高良姜、芫荽根。

各种香料，包括种子、水果、根、树皮（如肉桂）、花蕾（如丁香）和所有其他香料中的香料。

水稻是指未脱壳的米粒和糯米。

KhaoSan 指的是被剥壳成糙米的水稻，或通过去壳和擦洗纸浆成白米。

干辣椒是指用辣椒制成的干辣椒，例如辣椒、辣椒、辣椒粉。

十字花科蔬菜包括十字花科蔬菜（如花椰菜、西蓝花）和十字花科叶菜（如羽衣甘蓝、白菜）。

柑橘类水果，可以添加不同类型的橙子（如橘子、葡萄柚）和柠檬。

（脂肪）在肉类的最大残留含量之后表示脂溶性农药残留是指肉类脂肪部分所需的最大残留量。

牛奶最大残留量的脂溶性农药残留是指牛奶和奶制品按水计算的值。

牛奶的重量或所有乳制品在这方面，牛奶的最大农药残留量对于乳和乳制品，乳和乳制品中的脂肪含量应按下列规定确定：

①如果脂肪含量低于2％，则用牛奶最大残留量的一半代替。

②在脂肪含量大于等于2％的情况下，使用有毒物质量的25倍数值。将给定牛奶的最大残留量与所有牛奶或奶制品的分析结果进行比较。数值以每水的农药残留量表示乳脂重量。

（十三）重金属标准（表 4 – 11）

表 4 – 11　重金属标准

单位：毫克/千克

指标名称	产品名字	限量值数值
镉	即食海藻	2
	坚果（干豌豆除外）	0.1
	巧克力产品（可可粉占比在 50%～70%）	0.8
	巧克力产品（可可粉占比大于 70%）	0.9
	鱼	1
	鱿鱼，墨水动物	2
	双壳类，牡蛎和扇贝除外	2
	蛤蜊	2
	茶或花茶	0.3
	膳食补充剂	0.3
	海藻	2
	鱼	1
	各种螺类	2
汞	非金属容器中的食品，不包括海产品	0.02
	金属容器中的海产品	0.5
	金属容器中的食品，不包括海产品	0.02
	非金属容器中的海产品	0.5
甲基汞	其他海鲜	0.5
	掠食性鱼类，海鲈除外	1
	腌制鱼	1.7
	大眼鲷	1.5
	鲨鱼	1.6
	金枪鱼	1.2
铅	密封容器中的饮料	0.5
	茶和凉茶	0.5
	盐	2
	油脂	0.08
	膳食食品	1
	葡萄酒	0.1

（续）

指标名称	产品名字	限量值数值
铅	本法规以上法规规定之外的所有食物	1
	金属容器中的食品	1
	非金属容器中的食品	1
	猪的内脏	0.15
	家禽的内脏	0.1
	皮蛋	2
	牛奶和奶制品	0.02
	黄油和人造黄油产品	0.04
	婴幼儿配方奶粉/婴幼儿食品	0.01
	运动饮料	0.3
砷	密封容器中的饮料	0.2
	金属容器中的食品	2
	非金属容器中的食品	2
铁	密封容器中的饮料	15
铜	密封容器中的饮料	5
	金属容器中的食品	20
无机砷	水生动物，水生产品和其他海鲜	2
	糙米	0.35
	鱼油	0.1
锡	密封容器中的饮料	250
	罐装饮料	150
	罐头食品，除了饮料	250
	非锡罐的肉制品-煮熟的碎肉	50
	非锡罐的肉制品-火腿	50
	非锡罐的肉制品-加热碎肉产品	50
	非锡罐的肉制品-煮猪肉	50
	非锡罐的肉制品-笼屉蒸肉	50
	果酱和果冻	250
	本法规以上法规规定之外的所有食品	250
	金属容器中的食品	250
锌	密封容器中的饮料	5
	金属容器中的食品	100

（续）

指标名称	产品名字	限量值数值
总汞	其他食品，除了鱼、海鲜、膳食食品和食盐	0.02
	膳食食品	0.5
	食盐	0.1
总砷	本法规以上法规规定之外的所有食物	2
	茶和凉茶	0.2
	除鱼油外的油脂	0.1
	人造黄油，黄油混合物，人造黄油产品，黄油混合物产品	0.1
	食盐	0.5
	膳食食物	2

（十四）其他有毒有害物质（表 4 - 12）

表 4 - 12　其他有毒有害物质

指标名称	产品名称	限量值数值	限量值单位
3 - MCPD	用酸性植物蛋白制成的消化调味品（蒸发后残留固体超过 40%）	1	毫克/千克
	用酸性植物蛋白制成的消化调味品（蒸发后残留固体不超过 40%）	0.4	毫克/千克
3-氯-1，2-丙二醇	用酸性植物蛋白制成的消化调味品（蒸发后残留固体超过 40%）	1	毫克/千克
	用酸性植物蛋白制成的消化调味品（蒸发后残留固体不超过 40%）	0.4	毫克/千克
丙烯腈单体	所有食物	0.02	毫克/千克
二氧化硫	密封容器中的饮料	10	毫克/千克
伏马菌素 B1+B2	玉米淀粉	2 000	微克/千克
	含有玉米或玉米淀粉成分的食品	2 000	微克/千克
	玉米	4 000	微克/千克
环丙烷脂肪酸	油脂	0.4	%
黄曲霉毒素 B1+B2+G1+G2	本法规以上之外未列出的所有食物	20	微克/千克
	杏仁	15	微克/千克
	榛子（即食）	10	微克/千克

（续）

指标名称	产品名称	限量值数值	限量值单位
黄曲霉毒素 B1＋B2＋G1＋G2	榛子（分选过程的原产品）	15	微克/千克
	花生油及椰子油	20	微克/千克
	无花果干	10	微克/千克
	花生	20	微克/千克
	杏仁（即食）	10	微克/千克
	杏仁（分选过程的原产品）	15	微克/千克
黄曲霉毒素 M1	牛奶	0.5	微克/千克
氯丙醇	用酸性植物蛋白制成的消化调味品（蒸发后残留固体超过 40%）	1	毫克/千克
	用酸性植物蛋白制成的消化调味品（蒸发后残留固体不超过 40%）	0.4	毫克/千克
氯乙烯单体	所有食物	0.01	毫克/千克
氢氰酸	木薯淀粉	10	毫克/千克
	木薯	2	毫克/千克
氰尿酸	其他食品	2.5	毫克/千克
	婴幼儿配方奶	1	毫克/千克
三聚氰胺	其他食品	2.5	毫克/千克
	婴幼儿食品	0.15	毫克/千克
	婴幼儿配方奶	1	毫克/千克
脱氧新戊烯：DON	婴幼儿食品全谷类	200	微克/千克
	从小麦、玉米或大麦的种子制成的面粉	1 000	微克/千克
	谷物，如小麦、玉米或大麦	2 000	微克/千克
展青霉素	苹果汁	50	微克/千克
赭曲霉毒素 A	辣椒及干辣椒	30	微克/千克
	大麦	5	微克/千克
	黑麦	5	微克/千克
	小麦	5	微克/千克
总黄曲霉毒素	花生仁	20	微克/千克

参 考 文 献

BUMRUNGPOL PINYAPAT（菲玲），2019. 泰国果蔬产品中国市场发展对策研究［D］.
　昆明：昆明理工大学：50－52.
陈格，汪羽宁，韦幂，等，2019. 泰国农业发展现状与中泰农业科技合作分析［J］. 广西财经学院学报，32（3）：26 - 35.

陈思行，2004. 泰国水产加工业现状 ［J］. 北京水产（1）：42 - 44.

范琼，邹冬梅，丁莉，等，2021. "一带一路"倡议下中泰农产品质量安全合作方向研究
　　［J］. 农产品质量与安全，114（6）：85 - 89.

国际果蔬报道，2021. 泰国将在中国举办 "泰国水果黄金月"，交易额有望达到 8.9 亿泰铢
　　［EB/OL］. （2021 - 02 - 20）［2022 - 08 - 23］. https：//guojiguoshu. com/article/6485.

国际果蔬报道，2021. 泰国电视台与东京合作卖水果［EB/OL］. （2021 - 03 - 09）［2022 - 08 -
　　25］. https：//guojiguoshu. com/article/6529.

国际果蔬报道，2022. 泰国山竹榴莲将大幅增产，凭祥铁路口岸恢复泰果通关 ［EB/OL］.
　　（2022 - 01 - 04）［2022 - 09 - 03］. https：//guojiguoshu. com/article/7206.

何文杰，SIRIMAPORN LEEPROMRATH，周家俊，等，2021. 中泰大米竞争力比较及其
　　差异解构分析［J］. 世界农业，508（8）：77 - 86.

金师波，2019. 泰国东部经济走廊与中国参与 ［J］. 广西财经学院学报，32（6）：39 - 49.

金琰，林紫华，刘海清，2022. 中国与东盟国家热带水果产业竞争力比较研究 ［J］. 热带
　　农业科学，42（2）：121 - 124.

JITBANTERNGPAN S，杨敬华，2020. 泰国农业 4.0 快速发展战略下的有机香米发展分
　　析 ［J］. 农业展望，16（6）：34 - 39.

LAURIDSEN S，2020. Drivers of China's regional infrastructure diplomacy：the case of the
　　Sino - Thai Railway Project ［J］. Journal of Contemporary Asia，50（3）：380 - 406.

李文妍，韦艳菊，玉家铭，等，2019. 中国与泰国大米标准比对研究 ［J］. 标准科学，537
　　（2）：11 - 15.

林雨岚，2021. 中泰蔗糖业供应链竞争力比较研究 ［D］. 南宁：广西民族大学：18 - 21.

刘培琴，2015. 泰国水果在中国市场的竞争力研究 ［D］. 杭州：浙江大学：15 - 19.

卢琨，2006. 木薯加工业发展现状 ［J］. 世界热带农业信息（12）：10 - 12.

美国农业部，2022. 2022/2023 年度泰国水稻产量预计为 1980 万吨 ［EB/OL］. （2022 - 07 -
　　13）［2022 - 09 - 03］. http：//www. chinagrain. cn/axfwnh/2022/07/13/5006107850. shtml.

匿名，2019. 泰国智慧农业政策 ［J］. 世界热带农业信息，504（6）：25.

彭英知，2021. 我国与泰国及越南龙眼产品标准比对研究 ［J］. 标准科学，560（1）：106 -
　　110，141.

SEERASARN N，尹昌斌，尹婷婷，等，2015. 泰国有机农业的发展与经验借鉴 ［J］. 世
　　界农业，435（7）：141 - 145.

唐继微，王全永，韦艳菊，2022. 中国和泰国柑橘产品标准比对研究 ［J］. 中国标准化，
　　602（5）：206 - 211.

唐艳琼，莫佳琳，彭英知，等，2019. 中国与泰国甘蔗食糖相关产品标准比对研究 ［J］.
　　标准科学，537（2）：26 - 30.

土地资源网来源，2022. 泰国的水稻发展状况及战略：水稻生产、科研、水稻加工 ［EB/OL］.
　　（2022 - 06 - 01）［2022 - 08 - 26］. http：//pt. cacac. com. cn/article/10637.

王海波，2012. 泰国农产品加工业发展的经验与启示 ［J］. 东南亚纵横，234（4）：21 - 25.

王禹，李哲敏，雍熙，等，2017. 泰国农业发展现状及展望 [J]. 农学学报，7 (11)：95-100.

许灿光，安全，张曦，等，2017. 泰国农业合作社现状及其对开展农产品对外贸易的研究 [J]. 世界农业，462 (10)：182-185.

杨磊，2011. 中国-东盟棕榈油产品标准比对研究 [J]. 标准科学，448 (9)：70-73.

YUICHIRO AMEKAWA，2013. Can a public GAP approach ensure safety and fairness? A comparative study of Q-GAP in Thailand [J]. The Journal of Peasant Studies，40 (1)：189-217.

张成林，王健，刘晃，等，2018. 泰国渔业及养殖工程发展现状与思考 [J]. 科学养鱼，352 (12)：54-55.

驻孔敬总领事馆经贸之窗，2022. 俄乌冲突扰乱粮食供应，泰国木薯产品出口激增 [EB/OL]. (2022-06-22)[2022-08-20]. https：//www. 163. com/dy/article/HAFMPNIE0514EAHV. html.

驻宋卡总领事馆经贸之窗，2022. 上半年泰国水果出口破百万吨纪录 [EB/OL]. (2022-07-14)[2022-09-02]. http：//m. sinotf. com/News. html? id=361228.

驻泰王国大使馆经济商务处，2022. 泰国甘蔗取得丰收 [EB/OL]. (2022-05-16)[2022-09-02]. http：//th. mofcom. gov. cn/article/ddgk/zwjingji/202205/20220503312390. shtml.

第五章　越南农业发展现状

越南社会主义共和国（The Socialist Republic of Viet Nam），简称越南，是亚洲的一个社会主义国家。越南位于中南半岛东部，北与中国接壤，西与老挝、柬埔寨交界，东面和南面临南海。越南国土狭长，面积约 33 万平方千米，海岸线长 3 260 多千米。越南有 54 个民族，京族占总人口 86％。越南地处北回归线以南，属热带季风气候，高温多雨，年平均气温在 24℃左右，年平均降雨量为 1 500～2 000 毫米。北方分春、夏、秋、冬四季；南方雨旱两季分明，大部分地区 5—10 月为雨季，11 月至次年 4 月为旱季。

一、越南农业基本情况

在越南经济迅速增长的过程中，农业发展及其结构调整发挥了重要的作用，这已经是不争的事实。农业的经济增长，为工业投入增加和销售快速增长提供了可能。农业还是外汇积累的重要部门，能够给工业化、现代化进口提供必要的原料。农村和农业部门的发展还能够促进扶贫、提高农民的生活水平，为稳定和发展经济做出巨大贡献。1986—1990 年，越南经济增长严重下降，社会不够稳定。农业产品承包的政策成为经济快速发展的动力，使得这一时期的粮食供应丰富，有利于经济稳定。1997—1999 年，越南面临东南亚金融危机，出口市场和外商直接投资（FDI）缩减使得国内工业和服务业发展遇到困难，农业结构的调整和农业快速增长确保了全国经济稳定并逐步摆脱危机。

农业是越南国民经济的支柱产业，农业产值约占国内生产总值的 30％。越南主要粮食作物包括水稻、玉米、马铃薯、番薯和木薯等，主要经济作物有咖啡、橡胶、腰果、茶叶、花生、蚕丝等。越南粮食作物以水稻为主，水稻产量占粮食产量的 85％以上。据越南农业与农村发展部统计，越南十三大主要农产品包括水稻、咖啡、橡胶、腰果、胡椒、茶叶、蔬果、木薯及其制品、猪肉、禽肉和禽蛋、查鱼、虾类、木材及其制品。

2018 年越南农业再次取得非凡的成就，农业增长率达 3.76％，其中农林产品出口超过 400 亿美元，刷新历史纪录；全国新成立的农业企业共 2 200 家，同比增长 12％。越南在农业领域的目标是进入世界上农业最发达的 15 个国家名单，其中在农产品加工领域跻身世界前十名。另外，越南致力于成为世界上一流的木制品和林产品加工出口中心及虾类生产基地。

（一）各产业基本情况

1. 水稻产业

新思界产业研究中心发布的《2018—2022 年越南大米市场投资环境及投资前景评估报告》显示，越南大米已出口到世界 132 个市场。其中，中国是越南大米的最大进口国，占越南大米出口市场份额的 39.8%，越南对中国市场的大米出口量和出口额连续增长。据中国天津检验检疫局工作人员介绍，2017 年经该局检验检疫的进口大米达 332 万吨。其中，越南大米占大米总进口量的 73.9%。FAO 发布的数据显示，1989—2018 年近 30 年间越南水稻产量稳步提升，2018 年产量达 4 400 万余吨。水稻在越南国民经济与农业发展中占有极其重要的地位，越南农业与农村发展部于 2016 年 5 月 23 日发布《越南水稻产业 2020 年重建战略及 2030 年展望》，旨在塑造越南大米品牌、提升农业生产效率。

2. 玉米产业

玉米是越南重要的粮食作物之一。越南从事玉米育种研究较晚，国外品种引进对越南玉米育种和生产发展起重要作用。越南玉米种植面积、单产和总产量自 20 世纪 80 年代以来逐年上升，种植面积在 100 万公顷左右，总产量在 500 万吨左右，2014 年以来呈现逐年下滑趋势。

从生态区域来看，越南玉米种植主要集中在北部丘陵山区。2019 年，越南北部丘陵山区玉米种植面积 61.97 万公顷，占全越南玉米种植面积的 1/3 以上。从省份来看，越南玉米种植面积较大的省份有山罗省、得乐省、义（yì）安省和清化省，产量较大省份是得乐省、山罗省、同奈省、清化省、义安省、嘉莱省和得农省。从栽培条件来看，东南部、九龙江平原和西原地区玉米单产最高，单产较高的省份是同塔省、坚江省、安江省和同奈省。越南生产的玉米满足不了本国需求，需从美国、印度等国进口大量玉米，年进口量 100 万～180 万吨，且 80% 为转基因玉米。目前，越南玉米种植面积在 100 万公顷左右，2015—2019 年全国平均单产在 4.70 吨/公顷左右，总产在 500 万吨左右。越南生产的玉米约 60% 用于食用和生产酒精，40% 用于生产饲料。2014 年越南玉米种植面积最大，为 117.90 万公顷，与 1985 年相比种植面积增长了 3 倍；2015 年产量最大，为 528.72 万吨，与 1985 年相比产量增长了 9 倍多；1985 年越南玉米单产只有 1.48 吨/公顷，而 2019 年单产达 4.80 吨/公顷，与 1985 年相比单产增长了 3.24 倍，其主要原因是栽培技术及新品种的应用。2010—2017 年越南玉米种植面积相对稳定，在 110 万～118 万公顷波动，2017 年以后越南玉米种植面积略有下降，2019 年种植面积不足

100万公顷。从双周期移动平均曲线可以看出，越南玉米种植面积和产量从 2015年高于实际数值（图5-1），说明未来种植的面积和产量均可能增加。 2000年之前，由于品种缺乏，越南鲜食玉米的种植面积不大。2000年后，国外甜玉米杂交种如先正达公司的先甜75开始在越南国内生产，甜玉米、糯玉米和甜玉米笋的市场需求也快速增长。目前，越南国内育成的一些甜玉米笋杂交种已投放生产，如甜玉米笋杂交种LVN-23。2019年越南玉米产量为 478.7万吨，为历年最低。作为饲料原料，越南国内饲料加工厂共3 000多家，需要大量玉米作为饲料原料加工，自产玉米仅能满足其国内需求的 40%～50%，每年需进口大量玉米。为了减缓玉米产量不足的压力，越南在九龙江平原等地低产水稻田和受到海水倒灌盐碱地改种玉米。

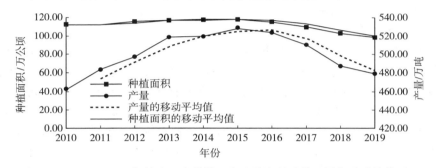

图5-1　2010—2019年越南玉米种植面积和总产量及其双周期移动趋势对比

3. 橡胶产业

越南橡胶产量在2015年突破100万吨，种植面积约80万公顷。橡胶产业为越南第二大出口创汇产业，其中中国是越南橡胶及其制品的主要出口国。从FAO公布的数据可知，1989—2018年30年间越南橡胶产量稳步提升， 2018年达到峰值113万余吨。根据越南胶园更新计划，2010年，越南橡胶供应量达50万立方米；2020年，供应量达100万立方米，这会大力推动越南橡胶木材出口。

4. 甘蔗产业

2015年，越南甘蔗种植面积为26.01万公顷。越南甘蔗种植主要分布在中北部，主要种植省份是清化省和义安省，种植面积分别为3.16万和2.72万公顷。中北部及中部沿海地区甘蔗产量最高，2015年达551.43万吨，产量较高的省份主要有清化省、义安省、西宁省、隆安省、芹苴市和朔庄省。目前，越南共有糖厂35家，每家压榨能力为500～2 000吨/天。

5. 花生产业

2015年，越南花生种植面积为34.92万公顷。越南花生种植主要分布在中北部及中部沿海地区，每年约种植花生 15 万公顷左右。种植花生的省份主要是义安省（种植面积为 3.38 万公顷）、西宁省（2.67 万公顷）、河静省（2.99 万公顷）。2007—2015 年，越南花生产量不断增长。2015 年，中北部地区花生产量达 31.04 万吨。

6. 药材产业

越南山罗省木州和云湖两县拥有高原地区清新凉快的气候。这里的天气与土壤非常适合种植药材，该省已展开药材种植业与生态、度假旅游业同步发展模式。越南山罗省木州高原的海拔高度为 800～1 000 米，位于首都河内西北方向 170 千米，适合发展旅游业和蔬菜、花卉、药材种植业。其中，种植洋蓟、白术、当归、母菊、杜仲、玄参、绞股蓝、人工冬虫夏草等许多珍贵药材植物得到木州县政府的大力投资。

7. 木薯产业

木薯属大戟科木薯属，与马铃薯、甘薯并列为世界三大薯类作物，是全球年产亿吨以上的七大农作物之一，为热带和亚热带地区重要的经济作物，起源于热带的亚马孙河流域。木薯目前主要种植在南北纬 30 度之间，海拔 2 000 米以下，年均气温 18℃，无霜期 8 个月以上的热带地区。木薯栽培有近五千年历史，世界上约有 100 个国家和地区种植木薯，亚洲、非洲、拉丁美洲和加勒比海地区是木薯主产区，其中非洲种植面积最大，亚洲次之。在亚洲，木薯只在山区作为粮食，大部分作为生产淀粉的原料出口。在国际市场上，木薯进出口产品主要有木薯干、木薯粉和木薯淀粉，深加工产品主要有变性淀粉、化工产品和淀粉糖。

据 FAO 统计，2008 年，全球木薯收获面积为 1 869 万公顷，东南亚为 340 万公顷，占世界的 18.21％；全球木薯产量达 23 295 万吨，越南超过 800 万吨，居世界第七位。越南作为东盟第三大木薯主产国，木薯种植面积不断扩大，主要产区为东北地区、西北地区、中北部、中南部沿海地区、中部高地和东南地区。2007 年，越南木薯收获面积为 56 万公顷，位居亚洲第三、世界第十。1961—2008 年，越南木薯总产量增长率为 4.95％，到 2008 年越南木薯总产量为 890 万吨，位居世界第七。

8. 咖啡产业

越南有 150 多年的咖啡种植历史，主要咖啡品种有罗布斯塔、卡蒂姆、卡杜拉、铁毕卡波邦。越南南部适合罗布斯塔咖啡的生长，北部适合阿拉比卡咖啡的种植。2005 年，越南的咖啡种植面积为 49.7 万公顷，年产量为 75.2 万吨；2010 年发展到 55.5 万公顷，年产量 110.1 万吨；2013 年达到 63.3 万公顷，年产量 149.7 万吨。2005—2013 年 8 年间，越南咖啡的产量增长了近 1 倍，种植面积增长了 27.4％。如今，咖啡已经成为越南第二大出口农作物，其出口量仅次于大米。越南每年从事咖啡种植的人口达到近 60 万人，在咖啡的收获季节从事咖啡采收的人口甚至能达到 70 万～80 万人，占全国劳动力总数的 1.83%，占农业劳动力总数的 2.93%。

1975 年，越南成立了国家西部高原农业和森林研究所，负责越南的农产品种植技术研发。该研究所在咖啡栽培技术研究与应用推广上取得了很大的成就。研究所通过向国外引进品种、与国外交换品种的方式，收集了大量的咖啡品种；通过杂交的方式培育出产量高、抗性好的小粒咖啡 TN1、TN2、TH1。同时，咖啡的栽培技术和贮藏技术也在不断改进。栽培技术更加注重节能灌溉、合理施肥、旧园翻新等；贮藏技术更加注重保持咖啡的质量，主要对采果法、初加工湿法和干法加工技术、鲜果分级催熟果法进行研究。

越南成立了全国性的咖啡组织——越南咖啡协会（ACPC），负责越南咖啡的生产、标准制定、销售和管理等事务。该协会共有 77 人，资金主要来源于越南咖啡的出口退税，协会的工作人员均是国家公务员。协会统一管理不仅有利于保护越南咖啡种植户的利益，也有利于国家合理进行资源配置。越南政府则通过完善相关的法律，对咖啡生产进行宏观调控，主要是在生产方向上给予指导并努力完善相关的基础设施、加强科研投入。除此之外，越南政府还学习其他国家的经验，实行家庭承包责任制，帮助企业进行改革，促进越南咖啡的发展。

9. 茶产业

茶是越南的一种传统植物，越南人有喝茶的习惯。越南的气候和土壤条件适合茶树的生长。据 FAO 数据统计，越南茶叶种植总面积为 13.12 万公顷，年均生产鲜叶 6.90 吨/公顷（相当于世界平均茶叶产量）。2009 年，越南茶叶总产量为 178 100 吨。目前，茶叶在越南 35 个省份种植，主要分布在中部地区和北部山区。2009 年，越南茶叶种植面积在北部为 10.42 万公顷，占全国茶叶种植面积的 79.4%。中部高地（西原地区）是南部的主要茶区，茶叶种植面积为 2.7 万公顷，占全国茶叶种植面积的 20.6%。越南的季风气候为茶叶种植创造了完美的自然条件，使越南成为世界第六大茶叶生产国。

茶叶属于多年生经济作物。由于国内外市场需求比较稳定，越南多数多年生经济作物的种植面积和产量都得到了比较稳定的发展。2015 年，越南胡椒种植面积增加最多，达到 9.76 万公顷，同比增长 14%，总产量同比增长 11.3%，达 16.88 万吨；茶叶次之，种植面积达 13.47 万公顷，同比增长 1.6%，鲜茶叶总产量 100.09 万吨，同比增长 1.9%。

10. 畜牧业

近年来，随着越南经济的快速发展，畜牧业受到重视并得以迅速发展，水产养殖业、肉鸡一条龙产业、肉猪集约化养殖等已具规模。越南养猪业近年来发展很快,工业化养殖程度较高,养猪业市场不断扩大。2002—2004 年越南生猪年均增长率在 5.0% 左右。越南的养牛目的决定了其养牛方式比较落后,规模不大,主要分散于农户饲养。近年来,越南养牛量平均每年以 6.5% 的比率增长,主要养殖奶牛、肉牛、杂种奶牛、杂种肉牛及水牛等,特别是湄公河平原一带平均每年的增长率高达 22.7%,发展前景广阔,是一项高收入的项目。但水牛养殖有减少的趋势。此外越南还存在一些特种经济动物的养殖,如龟、兔子、蟒蛇、水蛇、鳄鱼等,其中以龟和鳄鱼的养殖较普遍。越南龟类产量很高,主要供应国外市场。为了进一步推动经济发展,越南政府对农业结构进行了调整,提高养殖业和服务业比重,降低种植业比重。如今,越南政府在畜牧业的投入资金逐年增加,为畜牧业的发展带来更为广阔的空间和动力。

11. 水产业

越南水产养殖以虾为主,主要出口美国、欧洲、日本等地。目前,越南养殖产量为 20 万吨/年,养殖区域主要集中在南部湄公河流域,多为粗放式养殖。国际市场对海产品的需求量仍在增加,这对越南水产养殖业的发展起到了极大的促进作用。但近来,由于受到疾病的困扰,尤其是虾白斑病,越南水产养殖业受到很大打击,养殖效益急剧下滑。越南的肉鸡养殖主要受出口带动,受禽流感影响市场有所滑坡。

(二)越南农业发展优势

1. 零关税政策

越南是传统的农业国家,盛产各种农产品。越南出口到中国的农产品主要有果蔬、作为初级品的橡胶和木薯、木材及木制品、水产品以及大米和咖啡等。中国长期以来都是越南农产品和蔬果第一大出口市场。目前,越南有火龙果、西瓜、荔枝、龙眼、香蕉、芒果、菠萝蜜、红毛丹和山竹 9 种水果通过边贸口岸出口到中国。越南出口中国广西的蔬菜主要有玉米、莴笋等。广西向越南出口的水果既有来自广西以外的苹果和梨,也有广西本土产的柚子、李、桃、柑橘等。零关税政策降低了越南与中国双边农产品出口的贸易成本,优越的地理位置减少了运输成本,对于不易贮藏的果蔬产品更为有利。广西凭祥是中国最大的水果陆路进出口口岸,每年水果进出口货量高达几百万吨,素有"中国-东盟水果之都"之称。凭祥的浦寨边贸点水果贸易最为活跃。越南西瓜通过陆路运输,两三天就能销往中国北方市场,来自中国陕西、河北等地的苹果、梨等水果也从这里出口到越南等东盟国家。

2. 农业标准化示范区

近年来,中国广西高校、科研院所和企业与越南共同开展了一批合作研究项目，在东盟国家推广示范了一批先进适用技术和产品，合作项目取得了显著成效。广西农业科学院与越南河内农业大学共同实施了中越两国政府间科技合作项目"中越农业综合技术示范研究推广基地建设"，已在基地试验示范了44个水稻品种组合，从中筛选出适应越南中北部种植的水稻品种组合17个；试种中国瓜菜品种35个，筛选出适合推广品种16个。在基地外累计建立水稻推广示范点23个，面积981.7公顷；西甜瓜蔬菜推广种植示范点16个，面积300公顷，起到了良好的示范作用。鉴于广西农业科学院与越南研究机构的合作基础和条件，广西标准技术研究院与广西农业科学院共同合作，选择与广西气候、环境条件相当的越南谅山省谅山市作为农业标准化示范区建设的实施地点，利用越南研究机构的科研基地，在越南建立"政府＋研究机构＋基地＋农户"的水稻和葡萄等特色农业标准化示范区，得到谅山市科技局的大力支持。

3. 环境气候条件优越

越南是东南亚地区的一个农业大国，独特的气候条件和地理位置形成越南稻米生产的先天性优势，稻米也因而成为该国最主要的粮食作物，在产业结构和对外贸易中占有举足轻重的地位。

4. 国家政策和金融支持提供保障

国家政策和金融支持是越南农业科技推广服务顺利推行的制度保障。2000年6月，越南国民大会颁布的《科学和技术法》作了如下规定：政府必须实施培训政策，促进人才在科学和技术领域的发展（第三十四条）；在一定的经济条件下，鼓励技术转让走进农村，尤其是社会经济困难地区（第三十五条）；建立技术创新国家（第三十八条）。除此之外还有《土地法》等。这些构建起全方面的法律和政策体系。为了解决农业科技推广服务的资金支持，越南央行下调开展高科技农业贷款项目金融机构的法定准备金利率，积极回应国家支持高科技农业的政策，对于农业农村贷款占未偿还贷款40%～70%的信贷机构，该比率是央行设定正常比率的20%；对于农业农村贷款占比超过70%的，该比率下调到正常比率的5%。与此同时，越南中央政府还通过持续增加农业扶持资金的方式为农业科技推广服务发展提供保障。

5. 农业科技的交流与推广

为了推动农业科技引进和农业发展，越南十分重视展会的窗口作用。越南几乎每年每月都会举办农业领域的展会，比较著名的展会包括越南国际畜牧业展览交易会、越南国际农业科技博览会、越南国际农产食品进出口贸易博览会等。其中，越南国际农业科技博览会每年在河内举办，截至2023年已经成功举办23届。

（三）越南农业发展劣势

1. 农业生产规模小

越南全国各省的农业生产规模小且分散，平均耕地面积跟世界上其他国家相比较低，农业专业化发展较慢。

2. 农业的基础设施落后

越南农业的基础设施落后，不仅不能满足经济发展的要求，同时也限制外部资本的流入，难以提高农业现代化和生产效率，导致越南的农业生产力水平低于东南亚其他国家。

3. 农业劳动力的文化水平和技术水平较低

农业劳动力的文化水平和技术水平较低，越南有 80% 的农户没有掌握农业生产的专业技术，而只是依靠传统的生产经验进行耕作，农业劳动力文化素质不高，制约劳动生产率的提高，并严重影响了农业结构的调整及农村新产业的发展。

4. 农业结构调整进展缓慢

越南农业结构调整进展缓慢，传统的经济结构产量抑制农业和农村经济的发展，必然会增加投入成本，降低生产效率，减少农业带来的外汇剩余。农业结构调整缓慢影响了工业化和现代化的进程。随着 2020 年越南成为工业化国家的目标的确立及其任务的推进，农业部门的比重必然大幅下降，但目前越南农业占 GDP 的比重仍然较高，远远没有达到 2010 年制定的目标。

5. 农业投资资金流动水平低

农业投资资金流动水平低，不能满足发展的要求。越南向农业投资的资金比重逐渐降低，尤其是农业基础设施项目投资资金严重缺乏。

6. 农产品的竞争力差

农产品的竞争力差，市场预报工作不好，农业规划工作总是被打破和不断调整变动，影响到农业发展，缺乏稳定性。农业的外汇收入来源主要是未加工的农产品的出口，农业产品增加值较低，农业收入顺差减少。

7. 农业部门与工业和服务部门之间的双向联系薄弱

目前，虽然越南农业与经济发展有密切关系，对经济发展有重大贡献，但其他部门与农业部门并无有效链接。工业和服务业从农业中使用了较多的中间投入，但给农业提供的中间原料较少，为农村劳动力创造的就业机会较少。在农村，工业和非工业活动规模较小、分散、工艺水平落后。非农业地区没有创造新的工作机会来吸引农业劳动力脱离农业。农业劳动转为非农业职业的能力有限，这必然会增加投入成本，降低生产效率，减少农业带来的外汇剩余。

二、越南农业相关政策

(一) 国内支持政策

越南国内支持政策主要包括价格支持、投入品补贴，优惠信贷和直接补贴。其中包括：①价格支持政策。越南对涉农产品（包括投入品、产出品和终端消费品）制定价格稳定列表，并定义了价格异常波动的范围。例如，大米的异常波动被设定为 30 天内市场价格下降 15% 以上。一旦价格不稳定，列表上的产品出现异常波动，政府会通过调节国内农产品供需和调控农产品进出口、采购或抛售国家储备、设定最高或最低价格等举措来稳定农产品价格。价格支持政策是越南最主要的支农工具。②投入品补贴政策。具体包括对灌溉服务费、种子和动物繁育以及农机购置的补贴等。其中，灌溉服务费减免是主要投入品补贴政策。正常情况下，灌溉公司收取农户作物产量的 4%～8% 作为灌溉服务费。该费用仅相当于维护和管理灌溉总费用的 1/6，剩余部分由政府予以补贴。③优惠信贷政策。越南政府规定政策性的农业与农村发展银行向"三农"领域的贷款占其贷款总额的比重不低于 75%，并制定措施激励商业银行优先向"三农"领域放贷。早在 1999 年，越南即推出无抵押贷款，并针对不同主体不断增加信贷额度。此外，针对越南产后损失严重（稻米产后损失为 11%～12%，玉米产后损失为 13%～15%）的状况，自 2010年起对受灾农户实施补贴性信贷。④直接补贴政策。自 2003 年起，减免农民的土地使用税或其他费用。为支持和保护水田发展，保障国家粮食安全，越南自 2012 年起实施水稻直补，补贴额要保证越南的稻田面积在 400 万公顷，且农户种植水稻的利润率达到 30%。

(二) 对外贸易政策

历史上，越南采取一系列影响农产品进出口的政策措施，包括基于价格的工具（进出口关税）、数量限制（出口禁令、进口限额）、管理要求（许可证和检疫检验安排）以及多双边贸易关系。国际贸易合约与全球农业合作促进越南农产品贸易政策的改革。1995 年，越南加入东盟（ASEAN）；2007年，越南加入 WTO，对越南通过外贸政策支持农业构成约束。

当前，越南支持农业的外贸举措有：①进口关税。越南的最惠国农业关税从 2000 年的 25% 降至 2013 年的 16%。虽然农业生产的关税保护力度已经下降，但是依旧高于非农产品的最惠国应用关税（9.5%）。特别是在一些亟需保护的商品（像甘蔗、猪肉和一些果蔬产品）上，关税水平较高。②关税配额。越南对蔗糖、烟草、鸡蛋和盐实施关税配额，由越南工贸部决定年度进口配额，由越南财政部决定配额外关税税率。③食品安全和检疫措施。越南已经对从不同国家进口的肉、新鲜水果蔬菜等产品实施不同的 SPS 措施。虽然越南已经同意与国外食品安全措施保持同等效力，但是它并没有完全采用国际标准。例如，越南采取更严格的保护性措施以限制疯牛病牛肉的进口。④出口促进。近年来，越南政府出台了许多农业政策来为市场开发和贸易促进提供便利。从 2011 年起，政府已经向茶、胡椒、腰果、成品果蔬、糖、肉、家禽、咖啡、海产品等的出口商提供贷款帮助。此外，越南还对咖啡等农产品实行增值税出口退税。从 2014 年 1 月 1 日起，政府承担了农产品出口商国外媒体广告费用的 50%，获得市场信息和其他来自国家促进机构服务花费的 50%。

（三）农业结构调整

农业结构调整初见成效。越南政府发布一系列新政策，及时为农业关键部门的发展补充资源，如在支持渔业发展政策、调整水稻土地作物、改种咖啡、保护和发展森林的同时，在少数民族地区推动根除饥饿和减贫进程。此外，越南政府还出台了信贷、税收、高科技农业等一系列政策，对农业和农村发展给予支持。农业农村基础设施不断升级和现代化，有效服务于农业和工业生产。气候变化和自然灾害防治不断加强，人民生活和设施得到保护。相应地，农林渔业等行业的企业数量从 2012 年的 3 517 家增加到 2016 年的 4 503 家，2017 年增加到 5 661 家。越南总理已经指派国家银行部署 100 万亿越南盾的优惠信贷计划，用于高科技农业和清洁技术。这为促进农业可持续发展做出了重要贡献。

（四）政府支持

越南大米作为越南农业发展的重要组成部分，得到了越南政府的大力支持。在越南大米的贸易过程中，越南政府以一个支持者的身份，防止越南大米的发展受到损害。如果某年越南大米滞销，越南政府会以高于市场价格的价格向农民购买大米，保证农民收益。越南政府还向参与出口贸易的农民提供补贴，提倡越南农民积极参与国际贸易，扩大产品的销售市场。越南政府制定了合理的质量检测标准，帮助农民种植、生产合格的农产品，从根本上保证出口农产品的质量。

（五）关税制度

越南现行关税制度包括 4 种税率——普通税率、最惠国税率、东盟自由贸易区税率及中国-东盟自由贸易区优惠税率。普通税率比最惠国税率高50％，适用于未与越南建立正常贸易关系的国家的进口产品。原产于中国的商品享受中国-东盟自由贸易区优惠税率。根据中国-东盟自由贸易区相关货物贸易协议，越南 2018 年前对 90％的商品实现零关税，2020 年前对其余商品削减 5％～50％的关税。中国 2011 年实现 95％的商品零关税，2018 年对其余商品削减 5％～50％关税。申报中国-东盟自由贸易区优惠关税应满足原产地规则和直接运输规则。根据东盟规定，2018 年起，越南与东盟成员国之间农产品、食品等多数商品实现零关税。

三、越南农产品加工业现状

在越南，几乎大部分中小企业是食品加工企业，主要的食品加工产品是大米、糖、木薯粉、海鱼、动物饲料、冷冻水果和蔬菜、面条等。越南 80％的食品是中小企业生产的。

（一）各类农产品加工业现状

1. 碾米产业

越南 5 500 个工厂的大米总加工能力约为 240 万吨（其中 70％～80％是农村地区的小碾米厂加工的），每个工厂的加工能力是每天 5 吨。越南国有企业加工 26％～31％的大米，其中水稻占 66％，大米的质量一般较低，主要是由于收割后处理落后、设备基础薄弱。据初步估计，加工和收割后的损耗约占 15％，储藏中的损耗约占 5％。湄公河三角洲是越南最大的出口大米产区。除湄公河三角洲外，红河三角洲的一些地区也是出口大米产区。这些地区的交通都比较方便。为培育高质量的、适合越南气候的优良稻种，越南碾米厂和大米加工网必须被重新布局和装备。越南南方的大多数设备是日本 Satake 公司制造，而北方的大多是其国内机械制造厂的 Engleberg 型产品。

越南碾米业的问题在于送到碾米厂的水稻质量不高。脱粒水稻通常在场院或柏油路上晒干，雨季收获和夏秋作物特别难晒干。由于干燥机价格昂贵和燃料短缺，除几个较大的碾米厂外，其他碾米厂很少采用干燥机。越南约80％的水稻是为家庭自用生产的。大多数家庭通过陶器、瓷罐、竹篓和木箱等各种形式储藏大米，每个家庭储藏 1.5～2.0 吨。越南国有企业也从事碾米业。7 个大型碾米厂每天的加工能力为 400 吨，100 个主要中型碾米厂每天的加工能力约为 20 吨。据统计，约 26％的水稻被国家配给并主要在国有碾米厂加工，47％的水稻被小型机加工，剩下的 27％被农户自留并手工加工。越南国有碾米厂平均出米率约为 66％，地方小型碾米厂出米率约为 64％，手工加工出米率约为71％。越南国内碾出的大米通常质量较低，一般含有30％碎米的供越南国内消费，含10％碎米的供出口。

2. 甘蔗加工业

越南普通工厂只加工20％的甘蔗，其余的被小型手工加工厂加工。手工加工厂一般备有一台简单的三辊压榨机（一些辊子有槽，其他辊子没有槽）。压榨机被柴油机带动，糖浆在大缸里煮沸。手工加工厂的出糖率在50％～55％。越南全国遍布几千个手工甘蔗加工厂，加工能力为每天3～15吨。

3. 面粉加工业

越南的面粉加工业在20世纪90年代末期经历了迅猛发展时期，但是目前却面临极大的困难，主要是加工能力过剩和地方面粉加工商的激烈竞争。越南1997年只有1个年均加工18万吨小麦的面粉加工厂，到2022年已拥有12个较大的面粉加工厂，年均加工能力达70万吨小麦。尽管国内面粉消费量年均增长约10％，但是需求总量仍然低于加工能力。根据美国小麦协会的统计，越南60％的面粉消费量用于南方地区，其中50％的面粉用于制作面条、40％用于制作面包、10％用于制作糕点和饼干。越南绝大多数面粉加工厂为国有企业或集体所有企业，只有极少数几家为私营企业。越南鼓励外国投资进入该国的面粉加工业。外国合资伙伴包括 AWB 有限公司、马来西亚的 PPB 集团公司和英国维尔京群岛公司。除了加工能力过剩之外，越南的面粉加工业还面临着小麦进口关税不断上扬的问题。从2001年12月开始，越南进口小麦的关税从0上升至5％，另外还需缴纳5％的增值税。2002年2月，越南进口小麦的价格（含增值税）约为165美元/吨，而其国内的面粉价格约为280美元/吨，面粉价格仅弥补成本。与此同时，进口面粉的价格仅为277美元/吨，这其中包括15％的面粉进口关税和5％的增值税。上述情况使得面粉加工业难以与进口面粉进行竞争。

4. 饲料加工业

越南对动物饲料的需求量年均约为1 000万吨，商业饲料产量约占饲料总产量的20％～25％。越南饲料加工业发展速度较快。根据越南农业与农村发展部统计，2000年越南共有110个饲料加工厂，饲料加工利用率约为75％，年产商业饲料约210万吨。2001年越南饲料加工厂增加至127个，商业饲料生产能力迅速提高至330万吨以上，比上年增加50万吨。截至2010年，越南已实现年均饲料产量500万～600万吨。越南约3/4的饲料加工厂设在南部省份。

5. 咖啡加工业

越南农业、林业、海产品加工、盐业部门有关负责人称，尽管越南中粒种咖啡的产量和出口量处于世界领先地位，但是越南加工业条件的不足依然限制着咖啡附加值的提高。根据越南农业与农村发展部《2020 年咖啡加工系统总体规划》，咖啡生产部门通过现代技术提高咖啡产量和品质，每年可以出口咖啡 100 万吨。越南改进了炭烧咖啡质量和食品安全问题，并争取把咖啡年产量提高到 2020 年的 5 万吨。越南也在努力提升速溶咖啡的产品附加值，提高越南速溶咖啡在本国市场和国际市场上的竞争力。2020 年，越南咖啡国内消费量为 5.5 万吨，至 2030 年，争取将咖啡消费量提高到 12 万吨。2020 年，越南现磨热咖啡消费量达 20 万吨，2030 年消费量将达 23 万吨。未来，越南国内外咖啡消费额将会达到 1 亿美元。

越南鼓励在中部高原地区发展速溶咖啡加工业、在东南部和湄公河三角洲地区发展现磨热咖啡加工业。

（二）越南农产品加工业发展优势

1. 劳动力成本优势

长期以来，越南利用其劳动力成本优势，从国外大量进口原料或零部件，进行加工和组装后再出口。中国科技大学科技与战略风云学会副会长陈经研究员向《第一财经》记者表示，这种模式导致越南贸易总额和人均贸易额高企，但实际的工业附加值却比较低，大部分利润掌握在外国厂商手中。

2. 战略支持

越南政府批准了《2021—2030 年外国投资合作战略》，其首要目标是吸引高科技和高附加值的项目，更好地对接国际生产链和供应链。越南政府推出这一战略文件表明，越南在面对外国投资方面有了自己的筛选标准。越南官方媒体也称，这一文件的出台实施，是越南吸引外国直接投资的一个里程碑。对于前往越南投资的机会，上海国际问题研究院亚太研究中心副研究员周士新向《第一财经》记者表示，越南经济当前高速发展，处于大浪淘沙的重要阶段，投资机遇不少，但相关的风险也很大。

3. 政策支持力度加强

随着经济全球化和区域一体化趋势的加强，越南中北部地区农林产品加工业的发展迎来了新的机遇。长期以来，越南对农业的支持政策不断完善，推动农业经济结构转变，并加大了对中北部等欠发达地区的重点支持。越南2013 年出台了《中北部和中部沿海地区经济社会发展总体规划》，指明了对基础设施、海港、航空港、水利、电网、现代电信基础设施、水产养殖与捕捞等领域进行重点投资。越南《2010 全国农业、林业和水产生产结构转变规划和 2020 年展望》指出：2002—2010 年，计划开荒增加农业用地 97.5 万公顷，到 2010 年农业生产用地达到 967 万公顷，其中水稻种植面积 396 万公顷；农林产品水产价值年均增长速度达到 4%～5%，其中水产年均增长 8%～9%，农村经济年均增长 7.5%～8%。越南政府 2013 年公布关于对农业、农村领域投资优惠：对于优惠投资的项目，减免 70% 的土地使用费；对于鼓励投资的项目，减免 50% 的土地使用费。

根据《定向 2030 年及到 2020 年农业高科技应用区或地区总体规划》，大力推动越南农业向高附加值、高科技含量、深加工发展。截至 2020 年，越南已建成包括中北部的广宁、义安等省份在内的 10 个农业高科技应用区。其中，咖啡高科技应用生产区集中在西原、西北以及中北部；茶叶高科技应用生产区集中在太原（绿茶）及林同（乌龙茶）等省；火龙果高科技应用生产区集中在平顺省；蔬菜高科技应用生产区集中在老街省、河内市、海防市、胡志明市、林同省；花卉高科技应用生产区集中在老街省、河内市、胡志明市、林同省；出口水果高科技应用生产区主要集中在越南东南部和九龙江平原；奶牛养殖高科技应用区集中在山罗省、河内市、义安省、林同省等；猪养殖高科技应用区集中在红河、越南东南部地区；家禽养猪高科技应用区集中在红河、越南东北、中北部以及九龙江平原；咸水、淡水养殖虾高科技应用区集中在红河平原、中北部、中南部沿海地区、东南部地区和九龙江平原。

当前越南农业部门主张在农业和农村工业化、现代化方面创造强有力的转变，充分发挥国家在农业领域的现有优势，同时着重推动服务农业的工业和服务业发展。此外，应优先发展劳动密集型产业以创造就业机会。目前，越南从事农业生产的人口约达 2 500 万人。为了建设一个现代、高效率的农业，从事农业的人口应至少 2/3 转到其他行业，同时造就一支专业化的农业工作者队伍，形成现代、参加全球价值链的农业工业组织。

4. 越南经济处于较快发展阶段

从经济潜力看，近几十年以来，越南整体经济发展良好，GDP 增速在亚洲仅次于中国。得益于出口、投资和内需，越南 2015 年的 GDP 增长率为 6.68%，在东南亚国家中领先。当前，越南政府采取一系列经济刺激政策，实行全面的经济改革，重视工业发展，确定农业、轻工业、重工业的发展顺序，保持国内稳定环境。越南整体经济状况表现良好。

（三）越南农产品加工业发展劣势

1. 加工业设施落后

在越南，几乎大部分中小企业是食品加工企业。企业目前的技术设备非常陈旧，因此原材料利用率非常低。

2. 经济发展水平较低

中北部地区是越南经济欠发达区域，该地区人均收入低于越南全国人均收入水平。该区域地处越南南北最狭窄的中部地区（最狭窄处距离不足

50 千米），面积 5.15 万平方千米，人口 1 010 万人（2013 年），分别占全国的 15.6％和 11.7％。如广平省 2013 年全年人均收入为 1 465 万越南盾，仅相当于全国的 64.3％。据《中北部和中部沿海地区经济社会发展总体规划》，越南力争到 2020 年该地区人均收入达 5 300 万越南盾，相当于越南全国人均收入的 76％。

由于基础设施和整体投资环境有待改善，中北部地区吸引外资的能力与越南南部地区相比还有较大差距。据越南社会科学出版社统计，2014 年外国在越南投资地区分布如下：东南部占 53.13％，红河平原占 29.6％，南中部沿海占 7.64％，东北部占 4.46％，西原地区占 0.16％，西北占 0.15％。到 2012 年，中北部地区共吸引外资项目 243 个，总投资金额约 200 亿美元，占全国吸引外资金额的 10％。中北部地区外来投资项目主要集中在工业和旅游领域，农林产品及水产资源的优势有待进一步开发。此外，中北部地区少数民族、特困乡村的扶贫、脱贫工作任务艰巨。越南 2015 年对全国 12 个省份 3 000 户农民的调查研究显示，越南农民人均拥有土地面积仅为 0.7 公顷；在中北部、西北部等山区拥有耕地的农民，两块耕地距离相隔 10～15 千米。数据显示，平均每户农民每年农业收入仅有 500 万～800 万越南盾，农民大部分积蓄（80％）以黄金或现金形式保存，以防备自然灾害和疾病，只有 15％的积蓄能用于农业投资。

3. 产业结构水平不高

中北部地区产业结构的主要特征是第一产业比重仍然偏高。虽然第三产业比重近年来有所提高，但是总体发展相对不高，导致从产业结构总体上看，水平不高。中北部地区在定位上主要是粮食、橡胶、木材、水产品等加工生产基地，这使得中北部地区产业结构主要以农业、原材料等为主，产业结构的初级化使得产品附加值不高。由于本身发展水平有限、技术能力不高，以及越南对上游能源价格的控制，中北部地区经济效益普遍不高。

4. 制造业结构不合理，轻重工业关系失调

2014 年，中北部地区制造业比重要低于北部，比越南平均水平低 27 个百分点。中北部地区的加工业主要以资源、原材料的粗加工为主，产业结构偏重，而且新兴产业发展不足，大部分为传统制造工业，饮料、食品等轻工业虽然有所发展但是整体还不足，这使得中北部地区的工业化水平和企业规模化水平不高。

5. 资源优势发挥不充分，资源能源消耗浪费严重

中北部地区资源由于在开采上是粗放的，而且加工主要停留在初级产品加工，精深加工不足，导致上下游产业链比较短，资源浪费现象严重。在资源的利用水平上，浪费严重影响了资源的可持续利用。

6. 企业规模小、产业分散、竞争激烈

中北部地区木材工业、食品工业、纺织工业的产业集中度低，纸品工业、橡胶工业集中程度略高，中小企业数量众多，竞争激烈。中北部地区2015年农林产品加工企业在平均规模和产值上接近50.8万元。在农林产品加工企业中，大中型企业较少，与越南南部发达经济省份企业规模存在较大差距。

从食品加工产业看，越南中北部地区大约有800多家食品加工企业，从业人数约20万人，人均月薪约150美元，行业竞争力比较弱，企业规模不大，主要是小型食品加工厂，以本地小生产者为主，家族方式经营。其中有80多家屠宰和肉制品生产商，160多家饮料加工制造企业，200多家水果蔬菜加工企业，40多家面粉面条加工企业，250多家糕点、小吃加工企业。

7. 品牌少，产品、差异化不明显

中北部地区农林产品加工企业普遍存在品牌建设不足、品牌意识不强、重生产轻流通等问题。加强品牌建设已经成为影响中北部地区农林产品加工业升级的迫切问题。越南食品工业和纸制品包装产业起步比较晚，但发展迅速。品牌能力是影响其出口附加值的重要因素。越南中北部地区牛奶需求量近年来快速增长，目前市场上乳品品牌大约40多家，而中北部地区畜牧业加工企业只能供给市场需求的20%左右，且品牌竞争力明显弱于外资品牌。

中北部农产品加工企业在生产方面仍以产量产能为主要目标，对产品多样化发展关注不够，产品品种单一、类型缺乏，资源的利用水平不高。从农产品加工的品种类别来看，国内产品种类较少，品种单调。如在粮油食品加工产业中，以专用粉为例，日本有60多个品种，英国有70多个品种，美国的品种多达100多个，而越南中北部地区仅有20个左右品种；在食用油加工方面，日本油脂达到200多个品种，而越南中北部地区仅有少数的几种；在果蔬、渔类产品、肉类产品加工方面也存在类似问题。

8. 经营综合效益一般，竞争力不强

中北部地区木材、食品等5个农林加工产业工业增加值率为28.42%，明显低于越南全国的32.3%。产业增值幅度小，价值创造力不强。其中，食品工业增加值率与全国平均水平差距最大，橡胶工业略高于全国平均水平。从国际市场看，越南中北部地区橡胶加工成本无明显竞争优势，橡胶工业盈利能力将下降甚至大幅亏损。在成本方面，虽然中北部地区人工成本有竞争优势，但其他环节成本仍比较高，导致产业经营效益不高，比如畜牧加工产品由于交通基础设施能力不足，运输成本难以下降。从养殖户到加工环节再到市场，中间环节过多，大部分农产品加工企业都面临类似的问题。从中北部地区农产品加工内部看，各个产业之间综合效益差距明显，如中北部地区食

品行业利润率在 5% 上下；橡胶工业利润率不高，且近年来效益不断下降，受国内外市场冲击，部分企业出现亏损情况。

四、越南农产品质量安全标准

(一)越南农业产品质量标准

越南农业与农村发展部部长第 05/2005/QD－BNN 号决定就农业产品质量标准的公布做出具体规定。该决定规定，农业产品质量标准包括国家标准、行业标准、基础标准以及在越南的国际标准和外国标准。

越南政府关于农业产品质量标准公布的管理职能分工如下。

1. 农业与农村发展部各专业局

①每年定期制定需要公布的"质量标准产品目录"报部长批准执行。

②组织、指导和检查全国范围内专业产品质量标准的公布。

③指引和管理在越南的独资企业产品质量标准的公布。

2. 各省、直辖市农业与农村发展厅

负责组织、指导和检查本省市范围内企业的农业产品质量标准公布。

企业责任：

①按本分级管理规定向行业管理机关报告企业产品质量标准，同时附"公布文本"和"标准书"复印件。

②保证生产、经营条件以使产品质量符合已公布的标准。

③企业按所公布的标准对生产和经营的产品质量进行检查并负责。

④保留产品档案备查。

(二)农产品标准

1. 越南大米产品标准

越南栽培的水稻绝大多数为米粒修长的"Indica"品种。越南习惯上按大米的长度（L，毫米）将其分成超长米（L≥7）、长粒（6≤L＜7）、中等粒（5≤L≤6）、短粒（L≤5）四种类型。大米粒型的划分采用了 IRRI 的长/宽分类方法：长粒（L/W＞3.0）、中长粒（L/W＝2.1～3.0）、短粒（L/W＝1.0～2.0）、圆粒（L/W＜1.0）。

越南最早的国家稻米质量标准是 1954 年 3 月以总统令颁布的稻米标准。为了兼顾众多的大米品种、类型，该标准分类较细，包括香米、精选长粒米（含碎 10%）、特级长粒米（含碎 15%）、精选圆粒白米（含碎 10%）、特级蒸煮米（含碎 5%～10%）、普通长白米 N°1（含碎 15%）、普通长白米 N°1（含碎 10%）、普通白米 N°1（含碎 20%）、普通白米 N°1（含碎 35%）、重组白米 N°2（含碎 40%）、日本型白（粳）米 N°2（含碎 40%）、爪哇型白米 N°2（含碎 50%）、红米精选糯米（含碎 10%～15%）、混合碎米（N°1 和 N°2）、混合碎米（N°3 和 N°4）、爪哇型碎米 N°2、米粉、消费稻谷共 18 种类型。每种类型的大米再按照粒型、碎米率、碾磨程度、不完善粒含量来划分，每种类型的大米品种都配备样图加以说明。由于当时加工技术比较落后，分级参数少，指标较粗。不完善粒只列出了垩白粒、黄粒和红纹粒，杂质和有害物质没有涉及。碾磨程度依据碾磨次数的相对多少而定，第一次碾磨去掉稻壳和大部分糠层，而后进行的碾磨统称合理精磨，合理碾磨、精碾、超精碾的标准还没准确定义。该标准在实际操作中很不方便。

1960 年越南国家农业委员颁发了《大米及其副产品标准》。此标准最大的特点就是将大米按照碎米含量分成 5%、10%、15%、25%、35%、100% 六个等级。习惯上将含碎 5% 和 10% 的大米称为高等级米；将含碎 15% 的大米称为中档米；把含碎 25%、35% 的大米称为低档米。100% 的碎米单列，主要用作饲料。含碎 5% 和 10% 的大米一般进行两次抛光，含碎 15% 和 25% 的大米进行一次抛光。分级标准主要从含碎率、水分、损害粒率、黄米率、异物率、稻谷粒、垩白粒率、未熟粒率、碾磨程度等方面来制定（表 5-1）。

表 5-1　越南大米分级标准

分级要素	含碎 25% 长粒米	含碎 15% 长粒米	含碎 10% 长粒米	含碎 5% 长粒米
含碎率 max/%	25.0	15.0	10.0	5.0
水分 max/%	14.5	14.0	14.0	14.0
损害粒率 max/%	2.0	1.5	1.25	1.5
黄米率 max/%	1.5	1.25	1.0	0.5
异物率 max/%	0.5	0.2	0.2	0.1
稻谷粒 max/千克	30	25	20	15
垩白粒率 max/%	8.0	7.0	7.0	6.0
未熟粒率 max/%	1.5	0.3	0.2	0.2
碾磨程度	普通碾磨	合理碾磨	精碾	精碾

与其他国家一样，越南大米标准的变化和发展与其稻米生产及贸易情况相伴随。直至 20 世纪 80 年代初，越南稻米生产水平低下，尚不能自给，严重的年份还要进口大量的大米来满足国内的需求。此阶段越南的稻米标准基本上处于停滞不前的状态，基本没有做修改。1986 年开始实行改革后，越南稻米产量不断提高，国内大米市场异常活跃，在国外也不断获得市场份额。

大米贸易市场的扩大推动了稻米标准的完善和发展。现行的越南稻米标准努力与国际惯例接轨，尽可能采用国际大米通用标准。越南大米垩白分级按照国际水稻研究所制定的标准划分。尤其在高档米标准的设定上采用整粒米、头米、碎米等指标；缺陷粒指标涉及异种米、黄粒米、垩白米、损害粒、绿粒米（未完熟粒）；碾磨程度借助红纹粒和低于碾磨粒的含量表达；不仅仅限于以上物理指标，还采用化学指标作为分级要素，如对黄曲霉素、赭曲霉素和气味等卫生指标做了规定（表 5 - 2）。

表 5 - 2　越南长粒双抛光精白米标准（含碎 5%）

序号	项目	规格
1	超长粒和长粒（6.00～7.00 毫米）min	60%
2	中长粒（5.00～6.00 毫米）max	20%
3	短粒米（4.80～5.00 毫米）max	10%
4	整粒米 min	60%
5	平均粒长 min	6.2 毫米
6	碎米粒长 max	4.8 毫米
7	碎米含量 max	5%
8	垩白粒 max	6%
9	糯米 max	0.5%
10	异物 max	0.2%
11	黄粒 max	0.5%
12	损害粒 max	0.5%
13	水分 max	14%
14	稻谷数 max	15 粒/千克
15	红粒与红纹粒	0.5%
16	细碎米与米屑	0
17	未完熟粒	0
18	碾磨程度	精碾
19	头米和大碎米 max	35%
20	黑色污点粒	归为损害粒
21	卫生要求（适合人类消费）	无动植物残渣
22	黄曲霉素（B1）max	5 微克/毫升
23	黄曲霉素（总计）max	30 微克/毫升
24	赭曲霉素（A）max	5 微克/毫升

　　卫生标准方面，越南相关标准仅仅对生物残渣和三种微生物的含量做了规定，而对有害化学残留限制标准未提及。越南为了追求更大的出口利润，极力扩大优质品牌米的出口。在国际大米市场已拥有彩虹、红鹤（表5-3）、金水牛、金兰花、金李花、越南香米、越南宝贝、天鹅等高档米著名品牌，品牌米的标准应运而生。总体来说，含碎米品质标准的完善程度远远不及品牌米标准。品牌米标准不仅对米的组成成分作了规定，而且还对农药残留提出要求，对不同品种大米直链淀粉含量也明确标出。以农药残留和直链淀粉含量作为分级指标，说明越南大米质量检测技术已发展到一定的水准。

　　品牌大米标准中将大米分为整米、头米和碎米，显然精确性大为提高，但是碎米的划分太粗放，把所有长度低于头米的米归为碎米很不经济。含碎米标准中以大米的粒长和含量为主要分级要素，但是将头米和大碎米作为一个指标不太确切。对于其他品种的大米含量（除糯米外）未作要求。对碾磨程度的规定仍然过于简单。

表5-3　越南红鹤牌大米标准

序号	分级要素	要求	检测方法
1	水分/%	<14	干燥至105℃
2	异物/%	0.05~0.10	物理机械法
3	整粒/%	65~70	物理机械法
4	头米/%	80~85	物理机械法
5	碎米/%	15~20	物理机械法
6	异种米/%	0	物理机械法
7	黄粒/%	1.0~1.5	物理机械法
8	垩白粒/%	6~7	物理机械法
9	损害粒/%	0.5~1.0	物理机械法
10	绿粒/%	0	物理机械法
11	红纹粒/%	0.5~1.0	物理机械法
12	低于碾磨粒/%	0.02	物理机械法
13	商业不允许异味	无	感官
14	化学残留物/（微克/毫升）	<10	分析化学
15	杀虫剂残留	未检出	分析化学
16	直链淀粉含量/%	18.5	化学

　　卫生指标不严密。有害物质的规定除了关于微生物的标准没有列出，化

学残留和杀虫剂残留量均作为分级指标列出,说明越南大米标准为适应世界大米市场对卫生标准的要求,已在品牌米标准中增加指标,但是杀虫剂最低限制标准规定为零,表面看起来好像标准严格,实质上是不切合生产实际的。首先,越南目前的生产条件和生产技术使得农民不可避免地要依靠使用杀虫剂来确保丰收,而且化学制剂的使用呈大幅上升趋势,所以大米中的杀虫剂含量不可能表现为未检出。其次,包括杀虫剂在内的农用化学品的产品更新换代速度很快。目前使用的杀虫剂在大米中可能未检出,不等于以后使用的杀虫剂在大米中必定未检出。最后,检测手段日新月异,当前检测不出的成分在不久的将来可能会检出。

2. 越南香蕉标准质量

越南香蕉按标准分为特等、一等、二等三类(表5-4)。

表5-4 越南香蕉标准质量

特等	一等	二等
优质且必须符合品种或商业类型的特点;香蕉必须是无损的,允许非常轻微的表面缺陷,但不能影响生产的一般外观和质量,且在包装中完美呈现	质量较好且符合品种的特点;允许有以下的轻微缺陷,但不能影响生产的一般外观和质量,且在包装中完美呈现: ①轻微的颜色或者形态缺陷; ②由于摩擦等引起的表皮缺陷但不应超过2平方厘米; ③不影响果肉	符合标准最低要求但是不符合前两等级的;在保持香蕉的基本特征、产品质量和完整形态的基础上允许有以下缺陷: ①在保证香蕉基本特征前提下的颜色和形态缺陷; ②由于摩擦、刮擦等引起的表皮缺陷,但不应超过4平方厘米; ③不影响果肉

3. 越南榴莲标准

(1)榴莲标准

越南现行有效榴莲标准为 TCVN 10739:2015。该标准中特别注明适用于商业和推广目的榴莲。该标准适用于木棉科榴莲属,经粗加工和包装后以鲜果形式销售的商业榴莲品种。

(2)质量要求

①基本要求。对榴莲基本要求包括果实完整、无虫、无污染、无异味、无腐烂霉变,以及无裂果,还要求榴莲无温度变化造成的损坏,外壳上不得有异常的潮湿,无机械损伤,不允许果肉出现果实发硬、发焦,果芯不得起水,总的缺陷不得超过果实可食用部分的5%。

②等级要求。在越南标准中,榴莲分为3个等级,分别是优等、一等和二等,各等级分别对外观、缺陷、果肉等做了要求(表5-5)。

表 5-5　越南榴莲等级要求

优等	一等	二等
每个果实至少有 4 个果瓣。对于长柄榴莲和 Pradumtong 品种，每个果实至少有 5 个果瓣。果刺需充分发育，果刺根部不得被折断。除在外壳存在不影响外部形态和质量、可以维持产品的质量和产品在包装中陈列方法的非常小的缺陷以外，果实无缺陷	每个果实至少有 3 个果瓣，但不得影响果实的形状。长柄榴莲和 Pradumtong 品种，每个果实至少有 4 个果瓣。允许在果壳上存在小的缺陷，但是不得影响外部形态和质量，需可以维持包装中产品的质量和产品陈列方法	每个果实至少有 2 个果瓣。对于长柄榴莲和 Pradumtong 品种，每个果实至少有 3 个果瓣。允许在果壳上存在小的缺陷，但是不得影响果肉的质量

外观：规定了榴莲的外形，规定果刺需充分发育，果刺根部不得被折断。

缺陷：对果面缺陷做了详细的描述，规定表面缺陷不影响总体外观、果肉质量、保存性和包装内的外观。

果肉：对不同品种的果肉饱满度做了要求。

榴莲品种：越南标准对榴莲不同品种的重量和规格做了规定，同时，还在附录中对榴莲各品种的果肉不合格、表面的病虫害等做出了示例。由等级要求可见，越南对榴莲的等级要求做了详细规定，特别是对榴莲不同品种的不同等级。

（3）污染物限量

对于污染物限量，越南采用的是 CODEX STAN 193《国际食品法典委员会污染物限量》标准。在重金属污染限量指标中，越南只制定了铅限量指标。在铅的限量指标中，越南的铅限量值为 0.1 毫克/千克。

（4）农药残留限量

越南榴莲的农药残留限量标准采用的是 TCVN 5624-1《农药最大残留允许量和外部农药最大残留限量目录第 1 部分：按农药成分划分》和 TCVN 5624-2《农药最大残留允许量和外部农药最大残留限量目录第 2 部分：按产品种类划分》，共有氯丹、硫丹谷硫磷和溴离子 3 项指标。

部分水果农药最大残留允许量见表 5-6 至表 5-9。

表 5-6　柑橘类水果

序号	植物保护药物	MRL/（毫克/千克）	注释
1	奥尔德林和迪尔德林	ERML 0.05	
8	卡巴里尔	7T	1999—2003 年
17	毒死蜱	1	
20	2，4-D	2	

（续）

序号	植物保护药物	MRL/（毫克/千克）	注释
26	三氯杀螨醇	5	
27	乐果	2	
34	乙硫磷	5	
37	非尼罗硫磷	2	
39	菲尼硫磷	2	
43	七氯	ERML 0.01	
47	溴化物离子	30	
49	马拉硫磷	4	
53	美文磷	0.2	
54	久效磷	0.2	
56	2-苯基酚	10Po	
61	磷胺	0.4	
65	蒂亚本达佐尔	10Po	
67	环己锡	2	
70	溴丙酸	2	
77	硫磺酸-甲基	10Po	
80	奇诺梅蒂奥纳特	0.5	
86	甲基嘧啶磷	2	
94	甲基	1	
101	吡咪卡布	0.05	除了橙子
103	磷酰胺	5	
109	芬布丁酸氧化物	5	
110	利马扎利	5Po	
113	普罗帕吉特	5	
117	阿地考拉	0.2	
118	氯氰菊酯	2	
119	芬戊酸	2	
120	氯菊酯	0.5	
124	梅卡巴姆	2	
126	恶戊基	5	
129	偶氮环素	2	
130	二氟苯脲	1	

（续）

序号	植物保护药物	MRL/（毫克/千克）	注释
132	甲硫脲	0.05	
138	甲氧苄基	5Po	
156	氯苯替嗪	0.5	
175	草铵膦	0.1	
176	己噻唑嗪	0.5	

表 5-7　苹果（仁果类）

序号	植物保护药物	MRL/（毫克/千克）	注释
2	甲基嘧啶磷	2	
7	卡普坦	25T	
8	卡巴里尔	5T	1999—2003 年
17	毒死蜱	1	
27	乐果	1	
30	二苯胺	5Po	
37	非尼罗硫磷	0.5	
48	林丹	0.5	
49	马拉硫磷	2	
51	甲硫磷	0.5	
58	对硫磷	0.05	
60	磷脂酮	5	
61	磷胺	0.5	
65	蒂亚本达佐尔	10	
67	环己锡	2	
75	普罗莫克	3	
77	硫磺酸-甲基	5Po	
80	奇诺梅蒂奥纳特	0.2	
82	迪克洛氟虫病	5	
84	多丁	5	
86	甲基吡咪磷	2	
90	氯皮里 FOS-甲基	0.5	
103	磷酰胺	10	
106	乙烯利	5	

（续）

序号	植物保护药物	MRL/（毫克/千克）	注释
113	普罗帕吉特	5	
116	三福林	2	
126	恶戊基	2	
130	二氟苯脲	1	
153	吡唑磷	1	
157	环磷脂	0.5	
161	多效唑	0.5	
170	己康唑	0.1	
176	己噻唑嗪	0.5	

表 5-8　桃子（核果）

序号	植物保护药物	MRL/（毫克/千克）	注释
2	甲基嘧啶磷	2	
7	卡普坦	15	
8	卡巴里尔	10T	1999—2003 年
22	二嗪农	0.2	
26	三氯杀螨醇	5	
27	乐果	2	
37	非尼罗硫磷	1	
49	马拉硫磷	6	
51	甲硫磷	0.2	
58	对硫磷	1	
61	磷胺	0.2	
75	普罗莫克	3	
77	硫磺酸-甲基	10Po	
78	瓦米多西翁	0.5	
81	氯罗塔洛尼 IL	0.2	
82	迪克洛氟虫病	5	
83	双克隆	15Po	
84	多丁	5	
90	氯皮里 FOS-甲基	0.5	
94	甲基	5	

（续）

序号	植物保护药物	MRL/（毫克/千克）	注释
101	吡咪卡布	0.5	
103	磷酰胺	10	
109	芬布丁酸氧化物	7	
111	伊普罗狄奥内	10	
113	普罗帕吉特	7	
116	三福林	5Po	
118	氯氰菊酯	2	
119	芬戊酸	5	
122	阿米特拉兹	0.5	
144	联苯二酚	1	
152	氟氯菊酯	0.5	
159	长春唑啉	5Po	
165	氟硅唑	0.5	
176	己噻唑嗪	1	
181	霉素	0.5	
182	喷康唑	0.1	
189	替布康唑	1	
192	非那利莫	0.5	

表 5-9 浆果和其他小水果

序号	植物保护药物	MRL/（毫克/千克）	注释
118	氯氰菊酯	0.5	
119	芬戊酸	1	
175	草铵膦-铵盐	0.1	除希腊葡萄

（5）标签标识

越南标准对榴莲标签标识的要求见表 5-10。从表 5-10 可看出，越南将榴莲分为零售包装与非零售包装进行标识，同时规定标签上标识榴莲的品种、等级、产地、生产和销售商。

表 5-10 越南标签标识

包装	标签标识（TCVN 10739：2015）
零售包装	如不能从外部看见商品，则每件包装上需张贴标签，标识商品的名称或种类

（续）

包装	标签标识（TCVN 10739：2015）
非零售包装	商品的包装标签文字需集中在一侧，易于读取，不易脱落，可以从外部看见，也可在该批次商品中附上相应的信息。对于散装运输的产品，需在该批次商品中附上相应的信息，包括出口商、包装商或寄货人的名称和地址，识别码（可选）；如果从外部无法看见包装内的商品，需注明商品的品名、品种名或商品类型（可选），出产国和种植者或者区域名、地方名（可选），项目，规格（规格编码或者最小及最大重量，以克为单位），鲜果数量（可选，净重）

4. 越南玉米标准

（1）分级与分类

越南标准没有对等级做出划分，而是在分类方面，按颜色对玉米进行了分类，分为黄玉米、白玉米、红玉米和混合玉米（表 5 - 11）。

表 5 - 11　越南玉米分级分类

质量指标/描述	限制	分析方法
黄玉米：玉米种子为黄色或浅红色。玉米种子呈黄色和深红色，深红色占种子表面的不到50%，也被认为是黄色玉米	最大：5.0%的玉米质量有不同颜色	
白玉米：玉米粒为白色或浅粉色。粉红色占种子表面不到50%	最大：2.0%的玉米质量有不同的颜色	感官检查
红玉米：玉米种子为粉红色和白色或深红色和黄色，粉红色或深红色占种子表面的50%	最大：5.0%的玉米质量有不同的颜色	

（2）质量指标

玉米的质量指标主要包括一般要求、水分含量、不完善粒及杂质含量、容重等项目。越南标准中不包含容重指标，但对于玉米一般要求、水分含量、不完善粒和杂质含量做出了详细的描述。

①一般要求。一般要求分为基本要求和非同类籽粒含量，其中非同类籽粒含量又分为异色粒和异形粒两类（表 5 - 12）。

②水分含量。越南玉米标准中对水分要求较低，水分含量≤15.5%即可。

③不完善粒及杂质。越南标准对玉米不完善粒及杂质都做了要求，如表 5 - 13 所示。

（3）安全指标

①农药残留限量。越南标准对玉米的农药残留限量做了规定，其中农药残留限量指标涉及 58 项。

②真菌毒素限量比对。多数谷物在储存和运输过程中易受霉菌的侵害，霉菌代谢产生真菌毒素。越南标准对真菌毒素限量的要求见表5-14。

表 5-12 越南玉米一般要求

标准	一般要求	非同类籽粒含量	
		异色粒	异形粒
TCVN 5258：2008	玉米应安全并适于人类食用；玉米应无异常风味、气味和活体昆虫；玉米应无数量上危害人体健康的污染物	黄玉米：其他颜色玉米≤5.0%，白玉米：其他颜色玉米≤2.0%，红玉米：其他颜色玉米≤5.0%	硬粒玉米：其他形状玉米≤5.0%，白齿形玉米：其他形状玉米≤5.0%，硬粒玉米和白齿形玉米：硬粒玉米范围5%～95%

表 5-13 越南玉米标准不完善粒及杂质的项目及要求

单位：%

标准		项目	要求
TCVN 5258：2008	缺陷	瑕疵粒：虫蚀粒、污粒、病粒、变色粒、发芽粒、冻害粒或其他损坏的玉米粒	≤7.0；其中病粒：≤0.5
		破损粒	≤6.0
		其他谷粒	≤2.0
	杂质	污物	≤0.1
		无机外来物质	≤0.5
		其他有机外来物质	≤1.5
		有毒或有害种子	应无以下数量上有害人体健康的有毒或有害种子，包括巴豆、蓖麻籽、曼陀罗籽和其他公认的对健康有害的种子

表 5-14 越南玉米标准真菌毒素限量要求

单位：毫克/千克

标准	黄曲霉毒素	脱氧雪腐镰刀菌烯醇	玉米赤霉烯酮	伏马菌素（B1+B2）	赭曲霉毒素A
TCVN 5258：2008	—	2 000	—	4 000	—

③重金属限量指标比对。重金属也是影响人类健康的重要指标。越南虽然不做限量要求，但其对重金属的要求为"不得含有可致健康危害的重金属"，相对来说更为严格。

（三）越南农药市场概况

越南是一个多山之国，境内 2/3 以上是山地和高原。北部和西北部为高山和高原，东部沿海为平原。红河三角洲地势平坦，河网密布，是越南主要水稻产区之一。但是，红河及其支流经常发生严重的洪水。湄公河三角洲土壤肥沃，面积 3 万平方千米，几乎是红河三角洲的 4 倍，是世界上最富庶的水稻产区之一。

目前越南年均使用 12～13 万吨植保药剂，总费用约 5 亿美元。越南植物保护局称，2008 年越南进口原料药及农药约 10.67 万吨，4.19 亿美元；2012 年 1—6 月已进口 2.31 亿美元。越南植保药剂生产原料主要从中国、印度、瑞士、新加坡和德国进口，其中中国占进口总额的 40% 以上。目前，越南有 75 家植保药剂生产包装企业，25 000 余家代理营销店，市场前景广阔。

1. 农药管理法规

越南《植物保护和检疫法》（以下简称《植保植检法》）是 1993 年颁布的，2001 年 7 月修订后重新发布，并于 2002 年 1 月 1 日开始施行。越南现在施行的《植保植检法》有以下几个方面较为突出：

①将植物保护的几个方面工作，包括有害生物的预防和治理、植物检疫、农药管理等，统一在一个特殊法里面进行具体规定。

②与国际接轨，在法律规定中强调环境保护、生态平衡和人类健康，保障公共利益，注意长远利益和眼前利益相结合、现代科技和传统经验相结合。

③明确规定越南政府主管全国植保植检工作，并由农业与农村发展部具体负责执行管理。规定国家其他部委和政府机构以及各级人民委员会要在其管辖范围内执行植物保护和植物检疫管理工作。规定从中央到基层建立各级植保植检机构，并由政府规定这些机构的组成、职责与权限。

④明确规定植物保护实行特别检查制度，特别检查系统的组织及工作由政府具体规定，主要负责检查植保植检法律的施行情况并建议采取适当措施阻止违法行为发生。

2. 农药管理部门

越南的农药登记主管机关为越南农业与农村发展部下设的植物保护局（PPD）。PPD 主管全国植物保护和植物检疫工作，包括农药进出口和国内销售，以及进出境检疫和国内检疫。管理机构有两个系统：一个是中央管理系统，包括 PPD 9 个区域植物检疫支局、2 个进境邮件植物检疫中心和 1 个植物检疫中心实验室；另一个是省级管理系统，包括 61 个省级植物保护支局，每省一个或多个植物检疫站。同时，越南农业与农村发展部设立了"北部农药管控中心"（NPCC）和"南部农药管控中心"（SPCC）主管农药进出口的质量监测。

3. 农药登记要求

（1）越南的农药登记证类型

越南的登记证分为以下几类

①试验登记（Experimental registration，仅仅适用于新产品）。

②正式登记（Full registration，这类登记是最常见的）。

③补充登记（Supplementary registration，包含变更原药供应商、剂型优化、添加目标作物等）。

④续展登记（Re-registration，适用于登记持有人变更，或登记证到期续展等，不涉及产品来源和性状变更的登记类型）。

（2）登记程序概述

越南农药登记程序可参考下面这张流程图（图 5-2）。

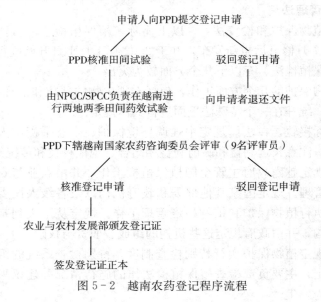

图 5-2　越南农药登记程序流程

根据目前越南的登记规定，中国企业可以直接申请并持有农药登记。

（3）登记资料要求

①登记申请表：填表过程中需要填写物化性质、毒性、残留的数据，可以通过互联网查询获得。

②知识产权声明：如果产品涉及专利，需要提供该项文件，否则其他公司可以自由在越南注册相同的产品。

③授权书：授权越南当地公司登记该产品并且使用数据资料。

④ICAMA 自由销售证明：至少需要原药的登记，制剂登记可备选。

⑤产地证：不是硬性要求，但是提供可以加快审核。

⑥数据文件：国内出具的全分析报告和毒性报告，PPD 不要求必须提供该项文件，但是提供报告会大大加快 PPD 对于登记文件的审核。

⑦标签和原药标样 1 克。

⑧田间药效实验报告（制剂）：这项报告必须在越南当地进行，要求北方和南方各做 2 地 2 季，而且必须是一年中同一季节。

（4）登记的审批时间

①田间试验批准：自提交数据后 1 个月，PPD 会做出核准实验批文，可以开始进行田间试验。

②田间实验阶段：需要在越南南北部，各选择 2 地 2 季做田间实验，一般耗时 18 个月。

③PPD 数据审核：PPD 任命的专业委员会将审核数据资料和田间药效实验报告，耗时 6 个月左右。总的登记完成时间为 24 个月。

参 考 文 献

陈红，LY QUOC DAT，刘鹏，2022. 中国与越南水果贸易特征及潜力分析 [J]. 商业经济，552（8）：84-88.

褚小菊，冯婧，陈秋玉，2014. 基于 ISO 22000 标准的中国食品安全管理体系认证解析 [J]. 食品安全质量检测学报，5（4）：1250-1257.

冯怀宇，2014. 我国农业标准化示范区模式在越南的应用探索 [C] //国家标准化管理委员会. 市场践行标准化：第十一届中国标准化论坛论文集. 中国标准化协会：5.

韩丙军，赵方方，游雯，等，2020. "一带一路"国家热带农产品质量安全标准解读：中国、泰国、老挝 [M]. 北京：中国农业科学技术出版社.

汉林江，杨卓娟，2020. 农业可持续发展与越南减贫 [J]. 中国-东盟研究（4）：29-39.

华讯，1997. 越南将大力发展纺织品出口加工业 [J]. 东南亚南亚信息（13）：16.

简婧，李文洁，张明，等，2020. 中国与越南天然橡胶标准指标比对 [J]. 中国标准化，566（6）：144-148.

蓝金玉，2021. 广西与越南农业合作现状、存在问题及对策建议 [J]. 沿海企业与科技，204（5）：63-68.

黎陈明伦，2016. 越南北中部地区农林产品加工业研究 [D]. 南宁：广西大学.

李太生，2011. 浅谈越南咖啡文化 [J]. 南宁职业技术学院学报，16（4）：25-27.

刘斌，2005. 陕西省农产品质量安全认证发展研究 [D]. 杨凌：西北农林科技大学.

吕铭，杨乙丹，2020. 越南农业科技推广与稻米产业发展［J］. 乡村振兴，17（5）：94-95.

吕荣华，邹成林，唐茂艳，等，2022. 越南玉米产业发展及市场供需现状分析［J］. 南方农业学报，53（4）：1186-1192.

马雷，2007. 越南稻米政策与标准研究［J］. 北方水稻，176（3）：163-169.

唐继微，韦艳菊，谢坤峻，等，2020. 缅甸与中国及东盟其他国家玉米产品标准比对研究［J］. 标准科学，558（11）：125-129.

唐继微，2016. 我国与东盟国家榴莲标准比对分析［J］. 标准科学，509（10）：69-73.

THONG H L，1994. 越南的食品加工业［J］. 华东科技管理（6）：42-43.

王飞，李积华，霍剑波，2021. 东盟国家农业发展现状及合作前景分析［M］. 北京：中国农业出版社.

韦锦益，赖志强，潘仲团，2010. 越南畜牧业考察报告［J］. 广西畜牧兽医，26（3）：140-142.

武俊英，2018. 越南农业发展对经济增长的影响研究［D］. 南京：南京师范大学.

杨帆，王泽，2016. 越南咖啡出口现状及对策研究［J］. 南宁职业技术学院学报，21（3）：37-41.

杨连珍，2007. 越南橡胶种植业［J］. 世界热带农业信息，361（7）：16.

杨源禾，2020. "一带一路"视域下越南茶叶产业发展研究［J］. 农村经济与科技，31（19）：230-232.

袁祥州，徐媛媛，NGUYEN CONG BINH，2016. 越南农业支持政策效应分析［J］. 亚太经济，195（2）：75-79.

第六章　中国与澜湄五国农业发展建议

一、中国农业政策解读

（一）加强热带农业国际化合作

中国热带农业要与国际化接轨，就必须加强与其他各国热带农业的合作，科学开发和合理利用稀少的热带资源发展热区经济。

当前，中国与世界热带农业的发展，仍存在一些问题与不足。加强中国热带农业的国际化合作，发挥优势互补作用，互惠互利，迫在眉睫。随着经济全球化进程的加快，我国在加入 WTO 后热区农业受到较大冲击，尤其是热带农产品出口。由于绿色壁垒限制和严格的技术标准以及复杂的质量认证，出口严重受创。在世界经济一体化和区域经济协作化的形式下。世界热带区域国家有进一步合作发展的愿望，尤其是合作发展热带农业，以求互惠互利。但中国热带农业要走向国际化的发展，仅凭零碎的技术交流和贸易合作是无法实现的，必须整体科学推进，使各国热区资源真正发挥优势互补的作用，从战略的高度研究合作途经。

作为整个热区经济支柱的热带农业，必须认真贯彻改革与创新的基本思路，坚持"科教兴农"战略，大力进行技术创新和技术产业化，抓住机遇，迅速行动，超前筹措，明确主攻方向和任务，提出切实可行的热带农业科技发展措施，以解决热带农业可持续发展的重大问题。

1. 选择合适的合作领域

开展热带农业国际经济合作，其实就是主动地参与热带农业的生产国际化，充分利用国际热带农业资源与国际热带农产品市场。一方面，通过国际经济合作，大力引进国外优质的热带农业经济资源，与我的热带农业经济资源相结合，推进热带农业现代化；另一方面，通过国际经济合作将我国的热带农业经济资源推向国际热带农产品市场，以增强我国热带农业产业中的相对优势，反过来促进我国热带农业现代化资源的培育。迄今为止，已开展中国-东盟热带农业合作、中国-菲律宾农业合作等项目。要选择的领域是有比较优势或潜在比较优势的热带农产品生产，能够通过培育竞争优势走出国门。加入 WTO 后热带农产品市场的国际竞争更加激烈，现有热带农产品中的有些品种必定将被挤出市场，但必定会有另一些新的品种可以占领国内市场甚至走向国际市场。挖掘比较优势可从两方面入手：一是深入了解我国热带农业资源的可利用途径。热带省区拥有面积广阔、潜能巨大的宜林宜牧山地与坡地可发展畜牧业和经济林。另外，广阔的水面资源可发展水产养殖。二是深入了解世界热带农产品市场的需求变化，按照市场需求培育优势农产品。

2. 确定热带农业国际经济合作的内容

开展国际热带农业经济合作主要是兴办合资合作热带农业企业，以实现互惠互利。其内容包括：

①热带农业资源合作开发，将适宜的农用土地开发成园与场，推广"连片开发"。在"连片开发"的目标下引进外资，形成规模化、专业化、产业化、集约化。

②发展观光热带农业、旅游热带农业、休闲热带农业、生态热带农业、绿色热带农业、有机热带农业，生产高附加值热带农产品，建立现代型热带农庄。这些项目以热带农业为基础，带动多种行业的发展。

③热带农产品加工增殖，形成一条龙生产体系。发展农产品加工业，可大大增加农产品的附加值，解决初级农产品保鲜储藏的困难，扩大销售市场，调整农产品的供需矛盾和季节波动，同时可增加就业。因此，热带农产品的加工应扩大规模和提高质量，使加工企业形成规模。另外，可针对热带农业生产中的重大课题和关键技术问题组织联合攻关，开展联合教育和培训，加速人才培育。

3. 热带农业工程输出

在国外进行热带农业基础设施建设，包括土地开发或农田建设、水利设施、农用交通、能源设施、必需的加工和储藏设施，以便为发展有规模的热带农业企业化经营创造基础条件，开展热带农业生产经营。

4. 热带农业合资企业搭建

这类输出首先要有资金投入，与东道国的热带农业经营组织完全按照合资企业的规范开展经济合作、共同经营。充分利用东道国热带农业资源，以盈利为原则、以市场为导向，开展多种经营，农工商一体化，注重各个经营环节的价值增殖，营造经济效益好的产业链。

5. 热带农业核心技术推广以及加大科技投入

以某项热带农业技术的应用作为核心，带动与东道国热带农业经济技术的合作。政府也要不断健全农产品加工企业经济补偿制度，对企业进行加工设备更新要给予一定的财政支持，制定更加合适的税收优惠政策，适当放宽条件，以更好地鼓励企业优化技术工艺。我国的热带农产品生产具有明显的土地、气候等自然资源局限性，所以，应以"高科技、高单产、高收益"为方针，增加热作科研力量投入，大力发展热带农产品的种植及加工机械，并且促进新设备、新技术与热作产业相互融合，加强技术咨询和技术服务，拓展精深加工业，增强进入国际市场的产业能力。不断提升热带农产品质量，实时跟踪国内外热带农产品的市场需要，系统性梳理主要进口国的贸易政策，组织专业人员为我国热带农产品生产制定和完善符合国际市场要求的生产标准体系，并建立配套的加工、包装、保鲜、储运等技术规程标准，加强国际名品认证、优质认证、绿色认证，以增强我国热带农产品的国际市场竞争能力。

6. 加大热带农业合作力度

首先，要降低关税，相互开放农产品市场，为双方贸易的开展创造公平有利的条件；其次，要提高合作层次，从贸易、技术、投资等多方面入手，进一步拓宽合作渠道。政府应为企业提供必要的服务，加强企业间的投资合作，为双方开展农产品贸易、相互投资和技术合作等创造良好环境。

7. 针对不同国家采取不同措施

对于发达国家，宜以不断提高农产品质量为主加强合作，努力提高出口产品的附加值；对中等收入国家应注意以资源合作开发为基础，加强技术合作与交流；对低收入国家应加强技术合作、人才培训和资源开发方面的合作。

加强我国与世界热带农业合作，可以创造一个双赢的局面。由发展经济学的理论可知，自然条件类似而发展阶段不同的地区，经济互补性较大，中国与世界其他国家的热带农业各自具有独特的优势，若在热带农业开发方面开展全方位的紧密合作增加热带农业生产投资，共享技术资源，实现优势互补，共同打造热带农业强大地区，将会为双方带来丰厚的利润。积极参与国际、国内区域经济合作，创建产业集群，弥补当前合作中的欠缺，在广搭交易平台中促进更多的热带农产品走向国际市场，从而推动中国与世界热带农业的共同发展。

（二）提升农业贸易和投资便利化

一方面，应加强我国与湄公河国家的贸易和投资政策对接，提升贸易和投资政策的透明度，提高通关便利化。具体来说，各个国家需要给予相关的贸易政策保障支持，进一步完善跨境交通、口岸和边境通道等基础设施，规范边境地区市场的开放，推进通关便利化，与此同时支持口岸联检设施、查验货场等设施建设，提高监管水平。另一方面，基于澜湄合作机制和"一带一路"倡议，加强我国对湄公河地区的援助，提升其基础设施水平。基础设施的联通具体包括交通基础设施、能源基础设施、信息网络建设等。设施的联通不仅能促进当地经济发展，也为我国对当地的贸易和投资提供了基础性支撑。

（三）加强我国与湄公河国家的农业技术交流

湄公河国家普遍存在农业资源丰富，但开发利用程度低的问题。加强各国之间的农业技术交流与合作，推动本国农业向着高产、高质量发展是各国的共同需求。在推动我国与湄公河国家农业合作方面，应围绕澜湄农业合作相关行动计划，开展工作，积极扩大成员单位范围，联合澜湄区域更多的科研和教育机构，在种植业、畜牧业和渔业等领域开展广泛科技交流与合作。注重农业科技交流和人力资源能力提升，推动各国科技人员、相关管理人员、农户等的互访交流、培训与现场观摩，在交流中相互学习，提升农业科技水平。

（四）推动农业经贸合作层次不断提升

首先，针对当下农业合作的国家相对集中的问题，需要注意分散进口过度集中的风险，加强多边贸易谈判，为我国农产品贸易争取有利的条件，并积极拓展贸易伙伴，减少农产品出口或进口贸易风险。其次，由于技术水平受限，澜湄国家目前农产品的加工水平仍较低，农业附加值较低，为推进未来可持续的农业合作，农业投资的领域和方式也应该更加多样，由传统的初级农产品种植的投资逐步转向研发、加工等高附加值领域。最后，应支持和推动澜湄国家农业合作园区建设，打造澜湄农业投资合作平台，吸引产业链相关的国内外企业入园，形成产业集聚效应，共享资源、互利共赢，形成该区域农业生产的竞争力。

（五）RCEP 生效

《区域全面经济伙伴关系协定》（RCEP）已于 2022 年 1 月 1 日正式生效。澜湄国家均属于 RCEP 成员，RCEP 相对较高的准则能在一定程度上缓解该区域合作机制重叠导致的合作成效不显著的问题，进而推动澜湄农业合作向更高水平发展。

具体来说，RCEP 在贸易、投资便利化方面也提出了更高效的措施：①在海关程序和贸易便利化方面，简化通关手续。在可能的情况下，对易腐货物等争取实现货物抵达后 6 小时内放行。这对于生鲜产品贸易占比很大的我国与澜湄国家的贸易来说，无疑会进一步推动果蔬、肉类等生鲜产品的贸易额增长。②RCEP 能减少成员国之间的投资壁垒，进一步便利我国涉农企业的对外投资。例如泰国等东南亚国家取消了我国企业投资某些农业领域的限制。

二、中国农产品加工业政策解读

(一)积极实施差别化政策

现有农产品加工业支持政策在区域、加工行业、农产品品种、企业销售市场等方面仍未体现明显的差别性,不利于引导我国农产品加工业向重点区域和重点产业发展。《农产品加工业"十二五"发展规划》虽明确了重点区域和重点产业,但差别化政策尚未跟进出台。对此,应从地区差异出发,结合农产品加工业向中部地区集聚趋势,鼓励东部地区资本向中部流动,解决中部地区农产品加工业发展的资金瓶颈,加快中部地区基础设施建设和物流业发展,为中部地区承接东部产业转移提供条件。根据农产品加工行业甚至农产品品种出台更有针对性的加工扶持政策,如制定主食加工业扶持政策、小麦加工扶持政策等。对国内农产品原料丰富、加工利用比重较低的农产品加工给予特殊支持。对以出口为主的农产品加工企业提供出口便利,简化程序,加大出口退税支持力度。

(二)建立和优化财政投入机制

增加财政对农产品加工业的有效投入,明确提出财政支农资金对农产品加工业的投资比例,其中食品加工业应是农产品加工业财政扶持的主要方向。整合现有涉农项目资金,适当向农产品加工企业倾斜。根据中央部署,重点培育农产品加工业主导产业,整合国家及各级财政支农专项资金向主导产业倾斜。财政扶持资金应覆盖更多中小微农产品加工企业,降低竞争型财政扶持项目申报门槛。大力扶持中小型农产品加工企业,出台有利于农产品加工业发展的财政优惠政策。在扶持项目申报过程中,对一些中小型企业可以适当地降低门槛,这样利于保障中小型企业的经营收入。

(三)引导支持农产品加工企业更新装备和工艺

农产品加工企业要结合企业自身的情况及未来的发展,对加工技术工艺进行创新和研究。着力加强农产品产地初加工技术的引进、研发、创新和示范推广,对农产品加工企业用于技术创新的其他费用应按实际发生额计入管理费用全额扣除。支持农产品加工企业购买更新加工技术,允许企业对技术创新费用进行全额抵扣,这样利于企业进行深入的技术研发。建立健全农产品加工机械更新报废经济补偿制度,对企业采用资源能源消耗低、环境污染少的加工装备给予财政补贴或信贷支持。允许农产品加工企业享受一次性税前扣除、缩短折旧年限、选择双倍余额递减法或年数总和法加速固定资产折旧的税收优惠政策。适当放宽条件限制，鼓励农产品加工企业更新加工机械装备。

（四）加快完善农产品加工业税收政策

调整和完善农产品加工业税收政策应明确减轻企业负担的要求，突出农产品加工业产业结构优化升级的政策导向。适当拓宽享受税收优惠政策农产品加工龙头企业的认定标准，允许符合一定条件的非国有农产品深加工企业享受初加工企业的税收优惠政策。加大省级以上农产品加工龙头企业的税收扶持力度。进一步扩大农产品初加工范围，将农产品进项税额扣除率由 13％ 修改为纳税人再销售货物时的适用税率，覆盖全部农产品加工企业。适度调减农产品加工企业所得税税率，进一步降低小微企业所得税率。

（五）大力创新金融服务方式

政府应继续着力引导银行等金融机构大力创新金融支持产品，引导金融机构根据农产品加工行业特点提供手续简化、贷款周期灵活、授信额度依农产品加工淡旺季调整的贷款品种和服务，将更多信贷资金投向农产品加工企业。扩大农产品加工企业有效担保物范围，探索和推动土地使用权、存货、应收账款、仓单、仓储流通设施等多种物品抵押质押，解决农产品加工企业缺少贷款担保抵押物难题。鼓励符合条件的农产品加工企业上市融资或发行债券，并提供便利。探索政府出资设立农产品加工企业信贷风险补偿基金。加快推进实施农产品加工企业再担保机制，缓解农产品加工企业资金短缺的压力。

（六）充分发挥农产品加工业行业协会作用

在市场经济中，行业协会在政府和农产品加工企业间发挥桥梁和纽带作用。政府应鼓励建立各类农产品加工行业协会，缓解区域内农产品加工企业间无序竞争。通过建立健全相关法律、法规，加快社团法、行业协会法的制定，解决农产品加工行业协会的法律地位问题。除享受农民合作社支持政策外，建议政府对农产品加工业行业协会给予专门财政、金融等经济援助和其他优惠政策。支持 12 个行业各自按产业链不同环节分别建立全国性的原材料供给协会、科技推广协会、产品销售协会、出口营销协会等，鼓励同一行业内成立行业联盟并给予财政支持。

（七）努力完善相关配套政策和措施

从国家层面出台政策，探索地方建设用地指标按一定比例采取定向划归方式提供给农产品加工企业使用。将废弃和闲置的建设用地优先安排给农产品加工企业使用，简化审批手续。探索和试点小微型农产品加工企业厂房临时用地保障机制。将农产品加工企业所需人才纳入当地人才引进计划，对加盟大学生和专业人才由财政出资提供薪酬补助，为农产品加工企业留住人才创造条件。在外资控制力较强的农产品加工行业，重点支持和培养一批本土战略性名牌企业，增强国内农产品加工企业抗衡外资企业的能力。建立及时、准确、有效的加工农产品网络信息平台，加大加工农产品质量监督检测体系建设力度。

（八）标准化基础研究，提升标准国际话语权

借鉴国际组织和发达国家质量分级等已有经验，加强对标准制定方法、标准内容、分级原则、标准表述等方面的基础研究，提高标准的科学性，增强可操作性。积极参加有关国际组织农产品质量分等分级标准化方面的活动，争取农产品国际标准的制定权和参与权，加快推进农产品质量标准与国际标准接轨，为提升我国农产品质量国际竞争力提供有力的技术支撑。

（九）开展质量分级试点工作，促进标准实施

农产品质量分级标准的重要作用是为市场消费选择传递质量信息，为农产品市场交易提供质量评价依据。国外经验表明，农产品质量标准大多是政府适度干预的自愿性标准。国务院《深化标准化工作改革方案》中明确指出"推荐性行业标准重点制定本行业领域的重要产品、工程技术、服务和行业管理标准"。农产品质量标准应该是今后推荐性行业标准的重要方向之一。目前我国农产品质量标准管理涉及农业、质检、粮食、商业等多部门，各部门工作既交叉重复又缺乏深入推进。应进一步理顺标准管理职能，减少体制不顺产生的标准交叉矛盾。标准化职能应从单一标准制订和修订向标准实施应用、质量分级、质量标识使用等公益性服务拓展。我国农产品分级标准实施面临的困境是没有权威机构提供农产品质量分级的配套服务，市场认可度低，农产品质量分级标准推行难度很大。建议依托优质农产品推广服务机构，在肉制品、水产品和果品等附加值较高的产品领域开展质量分级试点，在扶持农业发展的资金中列出专项经费，完善质量分级技术服务，为分级产品提供生产补贴、便捷性市场准入等优惠政策，调动农业生产者实施质量分级的积极性。

三、中国与柬埔寨农业合作建议

（一）加强高层交流，加强战略对接，落实好合作协议

我国与柬埔寨建立了全面战略合作伙伴关系，为双方在政治、经济贸易、

科技等领域开展合作奠定了坚实的基础。2016 年，中柬双方签署了标准化合作协议，达成以标准化促进政策通、设施通、贸易通，支撑互联互通建设的合作共识，助推投资贸易便利化。今后，应从国家层面加强标准化机构之间的协调合作，与柬埔寨标准化机构加强标准化领域的战略对接，落实好相关合作协议中的内容，充分发挥标准化在促进经济、贸易、科技等领域发展中的作用，推动双边标准化合作全方位发展。

（二）加强两国标准融合，推进标准互认

目前，柬埔寨国内标准化处于启动阶段，标准制定以采用国际标准和国外先进标准为主。随着中国和柬埔寨投资贸易的不断发展，应注重研究我国相关标准对柬埔寨的适用性，在相关产业领域推动实现两国标准融合，共同推动产品标准的协调一致，实现中柬标准互认。

（三）以支柱产业发展为切入点，深化标准化领域务实合作

重点关注柬埔寨政府高度重视并给予战略政策扶持的农业、工业、旅游业、物流业等支柱产业领域，及时了解掌握相关产业发展中的标准化需求。可以采取灵活多样的措施，如援建相关基础设施建设、合作共建示范园区、建立示范点、开展相关产业标准化培训等，提升柬埔寨相关产业标准化水平与能力，为提高产业创造力和创新能力提供支撑作用，从而进一步推动中柬双方深化标准化务实合作，共同推动"一带一路"的合作共建。

（四）援助柬埔寨农业基础设施建设

柬埔寨是"一带一路"倡议和中国-东盟框架的战略贸易伙伴之一，中柬农业合作前景好、潜力大，但柬埔寨农业基础设施差，农业科技力量薄弱，急需外方投资基础设施和进行技术援助。我国在高标准农田建设、水利设施建设、农业生产区域结构管理、农业区划等方面具有人才和技术优势，在农业基础设施建设投融资方面也积累了较为丰富的经验。援助柬埔寨建设农业基础设施，既能实现良好的政治效益，又能带动柬埔寨经济发展，增加柬埔寨政府财政收入，帮助当地农民脱贫致富，也能让投资柬埔寨农业的中资公司有较好的发展。

探索设立中柬农业合作基金，以"服务企业走出去、促进双边科技合作"为目的，激励建设一批以带动国内农业科技成果"走出去"为目的的农业科技示范基地，带动国内优势农业科技成果进入柬埔寨市场。促进科技成果转化的体制机制，以改革创新为动力，健全平台组织管理体制，完善平台运行激励机制、约束机制和合作机制，扩大资源整合的广度和深度，建立良性的

自我生存与发展机制，将其打造成为热带农业科技对外展示窗口和优良种质资源引进中转基地。

（五）加强农业科技交流与合作

柬埔寨农作物产量增长主要依赖农田面积增加，单位面积产量仍处于较低水平，其主要原因包括新品种研发推广力度不够、全产业链技术落后或缺失、农业生产标准体系不完整等。我国热带农业经过 40 多年的发展，已经在这些方面取得较大的成功，可通过技术输出、技术培训、专家互访、共建研发中心等形式，帮助柬埔寨农业机构加快研发速度，构建柬埔寨农业产业技术及推广体系。依托各级各类国际合作项目，加快合作开发农业农村人力资源。以中国热带农业科学院、中国水产科学研究院、海南省农业科学院、海南大学等科研院所为支撑单位，推进国际热带农业科技创新与交流合作基地建设，联合柬埔寨-中国热带生态农业合作示范区，积极开展柬埔寨优势农业产业科技创新合作与人力资源合作开发，举办系列涉柬农业培训班，促进柬埔寨农业人才能力水平的提升，带动我国热带农业科技成果的转移转化。

（六）推进农产品加工与农机装备产能合作

发展农产品加工业是当前农业行业的主要任务之一。我国农产品加工及农机装备存在产能过剩或原料供给不足的情况，如甘蔗压榨、天然橡胶初级产品加工、木薯淀粉加工等。加强中柬两国农业产能合作，一方面，有助于改善柬埔寨在全球产业价值链中的劣势；另一方面，可以提供就业岗位，解决农村富余劳动力的问题。尤其在热带农产品加工方面，应主要侧重以下几个方面。

1. 天然橡胶

作为世界上最大的天然橡胶消费国，我国 80％以上的天然橡胶依赖进口。与柬埔寨合作开发天然橡胶资源符合两国国情，可在柬埔寨合作种植橡胶树，建立天然橡胶加工厂、制品厂和橡胶木材加工企业。

2. 木薯

柬埔寨具有发展木薯种植天然的土地和气候条件优势，而中国是木薯进口大国。推进中柬木薯产业合作符合两国需求，尤其在木薯种植与产品加工方面。

3. 热带水果

柬埔寨香蕉、芒果、菠萝等热带水果具有很大的发展潜力，中国市场对热带水果需求巨大。中柬两国可大力开展热带水果种植与产品加工方面的合作。

4. 热带畜牧业

目前，柬埔寨畜禽产品仍不能满足其国内需求，畜牧业发展潜力大。中柬可在养牛、养猪和家禽等方面开展合作，建设屠宰场，进行畜禽产品加工合作与贸易。

（七）通过农业合作改善柬埔寨农业现代化技术和经验缺乏的短板

柬埔寨缺乏在防治病虫害方面的经验和技术，病虫害泛滥让种植农户束手无策，严重影响收成。2019年，柏威夏省3 000公顷木薯遭受害虫影响，农户只能坐等政府组织农业专业技术人员寻求解决办法。2018年1月，柬埔寨王国副总理兼农业与农村发展委员会主席应邀率团访华，希望中方能够在促进大米、木薯等农产品进口的基础上，帮助柬埔寨推进动物检验检疫中心的建设，进一步加大对柬埔寨的农产品产业投资等。2019年11月19日，中联农业机械股份有限公司与柬埔寨农林与渔业部签署了《关于推进农业机械化与智慧农业技术研究与应用战略合作备忘录》，中联农机向柬方捐赠农机设备、派出技术人员等，同柬方开展玉米种植全程机械化合作示范、智慧农业技术研究与应用合作等，深化中柬农业务实合作的重要举措。

（八）吸引外来投资补齐对农业投入不足的短板

近年来，中国企业加强了对柬埔寨农业产业的投资。在2016年的中国昆明进出口商口交易会上，柬埔寨索玛（SOMA）集团和云南省海外投资有限公司签署了《中柬企业20万吨大米加工项目合作备忘录》。由双方组建合资公司，在柬埔寨加工大米销往中国等国际市场。这是中柬两国在农业方面开展合作的首个大型项目。广西恒宝丰农业发展有限公司在柬埔寨实施"湄公河次区域水稻绿色增产技术试验示范项目"，在磅同省投资建设了巴莱、鄱都两个农业园区，开展柬埔寨优质水稻种植、大米加工、畜牧、稻田综合种养等业务，将生产的柬埔寨大米销回国内。2016年10月19日，柬埔寨农林与渔业部与中国天睿（柬）农业经贸合作特区在金边签署合作备忘录，成为两国农业部门确立的首个国家级农业经贸合作项目，由中国企业投资，促进和完善当地从农业生产到农产品加工、仓储物流、国际商贸等全产业链的发展。

（九）联合开展农业发展规划合作编制及政策研究

加强与柬埔寨合作开展农业发展战略工作，包括农业区域合作发展规划、农业园区发展规划、特色产业规划等。与柬埔寨加强合作开展涉及关税、金融、配额等方面的农业支持政策体系研究，营造良好的投资环境，引导中资企业在柬埔寨投资农业。

四、中国与老挝农业合作建议

（一）加强农业示范园区建设合作

自 2009 年中国农业部启动国家现代农业示范区创建工作以来，中国在现代农业示范园区建设方面已积累了许多宝贵经验。中老双方可进一步加强农业产业示范园区合作，将农业智力资源、劳动力资源及自然条件优势高度集中起来，充分发挥土地价值、资源利用率和劳动生产成效。针对不同地区特点进行核心定位，突出当地特色。在发展条件相对较好的地区，应注重技术消化吸收及创新、标准化生产示范、良种繁育研究、加工技术示范、仓储物流服务等一系列对老挝发展现状来说兼具实用和探索意义的功能建设，同时加入休闲、观光、培训等辅助功能，将当地既有条件进行融合利用，以农业技术合作为出发点逐步向各农业产业链合作发展。而在老挝中部、南部粮食主产区，则应充分发挥当地"老挝粮仓"特点，主要发挥园区的重视无公害技术示范推广和带动辐射、标准化体系建设、本土品牌打造等功能，提高老挝农产品国际竞争力。

（二）优先在基础设施建设相对完善地区开展合作

由于当前中老农业合作项目涉及较多品种引进试种、技术示范推广等方面，对合作当地的水利灌溉、交通运输等基础设施条件具有一定要求，因此规划时可优先选择老挝交通、水电、通信等基础设施相对完善的地区，降低合作中不必要的人力、物力、运输等成本，提升合作成效，更好地实现辐射带动效果。

（三）建立可持续性现代农业生产管理体系

通过技术输出，完善老挝种植养殖、农业基础设施等方面的技术标准及规程，以完整的农业科技体系指导农业生产与管理，改善生产环境，规范生产行为，帮助老挝逐步摆脱粗放的生产方式，将零散、自给自足的生产模式向标准化、规模化转变，提高自然灾害抵御能力，也有助于农业生产结构的调整，进而提高外资吸引力。

（四）积极响应老挝环保农业诉求

老挝政府重视"环保农业"理念，将生态环境保护及治理融入农业合作项目规划中，同时尽可能针对当地发展条件对引进技术进行"本土化"改良，在保证示范效果的前提下，削减农药、化肥用量，推广无公害栽培生产。可充分利用老挝湿热气候和农业废弃物，开展有机肥料生产及沼气池建设推广等合作，实现"环保农业"理念与实践的有效衔接。

（五）促进人才合作，统筹实施综合性农业合作项目

整合中老各农业科研单位、涉农高校等研究资源，结合"猎英行动计划"带来的人才资源，通过共建研究机构、共同开展基础研究项目等方式加快人才合作，解决老挝农业科技支撑后劲不足、创新能力缺乏等问题。依托研究机构建立专门的培训部门，组建一支专业培训队伍，并构建完善的培训体系，在当地面向不同农业从业人员开设不同层次的专业培训班，提高技术、成果推广应用效率。中老农业合作项目多为单一内容项目，合作方向聚焦技术援助和转移、品种引进和示范等。但单纯依靠农业科技的带动还不足以使老挝向现代化农业方向发展从而带动市场经济。因此，双方政府部门要鼓励实施综合性农业合作项目，将农业科技、农业机械设备与基础设施、农业组织管理等合作内容进行统筹安排。

（六）鼓励企业对合作模式进行创新

政府应制定相应保障措施，为企业提供政策支持，提高风险应对能力和企业合作积极性。在投资方面，基于老挝国情，中老农业合作在今后相当长的一段时间内将仍以援助性质为主。为了充分调动老挝在合作中的主动性，提高合作可持续性和抗风险能力，企业可选择直接投资、中老合资、并购等多种方式并举；投资环节以技术投资为出发点，从简单的租赁土地进行初级生产向加工、仓储、物流等产业链后端延伸，有效创造健康稳定的农业产业环境。合作战略布局应从短期合作项目向长期规划转变，更加注重老挝农业科技的长远发展与布局。

（七）挖掘老挝粮食生产潜力，实现互利共赢

中国应发挥农业技术优势，加强水稻栽培技术的输出，利用老挝优越的农业资源条件，尤其是要充分挖掘老挝南部平原的粮食生产潜力，针对中国西南地区粮食缺口问题，积极寻求水稻等粮食作物的生产栽培合作。通过提供优良种质、先进栽培技术及配套先进设备和机械，提升老挝水稻生产水平，同时还能创造多个初级生产加工岗位，充分利用丰富的劳动力资源，激发老挝粮食生产出口潜能，逐步实现老挝水稻规模化、集约化、无公害化发展，保障粮食安全，实现互利共赢。

（八）加强中老畜牧渔业科技交流与合作

老挝畜牧类产品无法满足当地民众的需要，经常面临肉制品供不应求的

情况。对此，我国的政府、企业可根据老挝政府的发展规划，支持我国科研机构赴老挝开展家畜品种资源调查、良种繁育、疫病诊断、饲料加工、畜产品加工与质量安全等领域的科学研究与技术交流。同时，还可与老挝加强在养殖技术、家畜品种改良、疫病综合防治和畜产品安全等方面的人力资源开发合作。因地制宜在老挝投资建造屠宰场以及肉类制品加工厂，满足老挝民众对肉蛋鱼的消费需求。

（九）保障和支持边境橡胶种植

近年来，橡胶成为老挝重要的出口创汇商品。一方面，老挝工业与贸易部数据显示，2019年老挝橡胶出口额攀升至2.175亿美元，合作潜力巨大。另一方面，中国多个民营企业成为参与老挝北部橡胶替代罂粟种植项目实施的重要合作方。借助文化背景优势，中老边境地区民众间也兴起跨境橡胶种植合作。由于"替代种植"项目的主要参与者仍为中小民营企业及边民等民间力量，在推动边境地区农业经济社会发展、促进边境地区文化交流与和谐稳定的同时也面临缺乏制度保障和法律效力、激发矛盾冲突及可能的土地纠纷等各种现实和潜在难题。因此中老双方政府可加大边境"替代种植"合作的支持力度，鼓励国有企业、农业研究机构、涉农高校等多方力量积极投入合作，推动边境地区橡胶种植生产实现标准化、规模化，并针对合同制定、矛盾纠纷、监督管理、利益协商等方面制定一系列政策法规，健全边境合作体系，充分发挥边境地区人文社会优势，加速老挝橡胶产业高质量、健康发展。

五、中国与缅甸农业合作建议

（一）推动中缅农业标准化合作

通过组建中缅标准化合作平台，吸收中缅两国农业相关研究机构、企业加入该平台，利用两国的农业科研资源，选定共同感兴趣的项目，开展标准化关键技术联合研究，共同研制国家标准、区域标准或国际标准等，推动标准融合，促进成果分享、共同发展。进一步示范推广在缅甸建设的农业标准化示范区的成功经验，与缅甸标准化、农业等部门合作，共同推动缅甸当地重点农作物全流程的标准化示范推广模式。同时，升级中国-缅甸农业标准化合作示范项目，共同建设如乡村旅游标准化、乡村文化产业标准化等示范项目。通过示范项目的辐射带动作用，促进缅甸产业融合，提升综合效益，帮助缅甸农民增效增收、减贫脱贫。以"走出去"或"请进来"等方式，实施面向缅甸的农业标准化人才培育计划，并依托中国-东盟国际标准化论坛、专题研讨会、科研项目实施等途径以及政府间人才培训培养计划，交流互鉴各国标准化合作经验，培养一批懂农业技术、懂国际规则、熟悉两国农业标准的复合型国际标准化专业人才。同时，通过农业标准化示范区的课堂和现场培训，提高缅甸农业技术人员的标准化水平以及当地农民的标准化意识。

（二）加强中缅农业科技合作

技术和设备的落后导致缅甸农产品质量、价格难以提升，极大地打击了农业从业者的积极性，削弱了缅甸农产品的国际竞争力。我国可向缅甸输出先进加工技术及先进生产设备，推动行业发展，重点提高稻米、豆类、芝麻及水产品等重要出口创汇产品的加工质量，创造产品附加价值。随着行业的发展，还能创造大量初级农产品加工岗位及高级技术岗位，对充沛的农业劳动力进行充分利用，促进就业，调动农民积极性，进一步扩大行业规模。

除生产能力低、抵御自然灾害能力较差之外，动植物病害防治技术的欠缺也是缅甸养殖产量低迷的关键原因之一。因此应注重疫病防控研究，提高病虫害预测预报能力，建立完善的防控流程和体系，加强绿色防控技术的推广，保证农产品的质量安全。在作物方面，可引进优良种质资源，加速遗传改良和繁育，建立种子市场体系和推广体系，扩大新品种种植区域，打破缅甸作物单产多年来无明显提高的局面；在畜牧业方面，应引进优质高产品种对本土品种进行改良，同时注意遏制珍稀经济动物交易，保护当地特有经济动物多样性，为农业的可持续发展保留遗传资源。

（三）推进中缅经济走廊建设

中缅经济走廊建设不仅是中缅经济合作的进展，也是中缅关系的突破。中缅经济走廊建设的推进，既立足于中缅经济合作发展，也依托于中缅关系深化。"一带一路"共商共建共享原则已成功运用于"一带一路"建设实践，而"亲诚惠容"的周边外交理念和人类命运共同体理念则着力于构建新型国际关系，对于中缅经济走廊建设的推进具有指导意义。以"一带一路"的"五通"为着力点，将中缅经济走廊打造成为"一带一路"建设的样板与典范。"五通"为"一带一路"建设重要内容，中缅在政策、设施、贸易、资金和民心层面的互联互通，是中缅经济走廊建设能否成功的关键。中缅经济走廊建设除了具有扎实的前期基础，当前也面临历史机遇，具备打造成为"一带一路"建设样板与典范的良好条件。为此，中缅经济走廊建设应将"一带一路"的"五通"作为着力点，树立强烈的项目意识，在"双边"和"多边"

层面予以推动，以高标准、严要求加以实施。统筹协调好相关机制，为中缅经济走廊在"一带一路"框架下推进创造良好条件。中缅经济走廊建设既是中缅在国家层面的合作，也是中缅在中国-东盟合作、澜湄合作层面的合作。其与中国西南至东南亚和南亚之间的多条经济走廊，皆为"一带一路"建设的组成部分，且面临着域外大国主导机制的竞争。在复杂的内外部环境下，要统筹中缅经济走廊与中国国内经济圈（带）、"一带一路"相关经济走廊之间的关系，协调中缅经济走廊与中国-东盟合作、澜湄合作及其他域外国家与中南半岛国家之间合作机制的发展，为推进中缅经济走廊建设创造良好内外部条件。

（四）对中资企业的建议

建议具有相关经验和开发实力的中资企业重点关注赴缅甸参与投资开发经济特区、工业园区和产业新城类项目。行业上聚焦两国互补性强的劳动密集型、资源密集型和出口外向型产业，致力于打造满足中资制造业"走出去"需求的产业聚集资源优化的海外平台和载体，打造符合缅甸工业化进程和创造税收、就业需求的区域经济中心。适应市场经济发展规律，顺应中缅两国发展趋势和利益诉求，实现共赢。

在中资企业开发推动该类项目的过程中，建议首先做好顶层设计，加强规划引导，以产业为核心、地产为载体，确立经营中国企业海外发展服务生态圈的开发模式，引入产业城市概念，避免缺乏城市功能带来的园区发展瓶颈。同时，建议要将项目开发融入"一带一路"倡议和"中缅经济走廊"建设的大背景下，积极争取中缅两国政府的支持和助力，与相关国企、民企、金融机构、缅甸企业共同发挥优势，"共商、共建、共享"，形成真正的命运共同体。

（五）中国企业海外经营的风险管控建议

中国企业应当加强与东道国政府的沟通与合作，多渠道适应当地特殊的政治环境，并在社会环境不稳定的情况下及时掌握信息，从而及时预警以及采取应急措施，协助当地政府完善政策制定和落实。

同时，中国企业应当加大参与公共外交建设的力度，加强对外宣传平台建设，完善发声渠道，树立正面积极的海外形象。化解海外舆论压力不仅涉及国家行为体之间的互动，更涉及社会组织、跨国企业等非政府行为体与当地民众的互动。中国企业应积极打破西方媒体在东道国社会舆论话语权中的垄断地位，在当地社会建立自身媒体的影响力。具体而言，中国企业应强化与当地政府官员、部落酋长、非政府组织领导、专家学者和新闻媒体的公关工作，尤其是与当地新闻媒体和非政府组织建立友好关系。此外，中国企业应研习东道国当地特色，用当地社会熟悉的"语言"开展公共外交，加强对外宣传的内容建设，避免"自说自话"。自 2011 年缅甸密松水电站事件发生后，"走出去"的中国企业逐渐意识到改善对外形象的必要性。中国企业不能依赖当地以及域外媒体主动转变报道方式，而应积极优化对外传播策略，善于利用东南亚和南太平洋岛国民众喜好的文化传统、历史底蕴等话题来增加中国企业对外形象的吸引力，从单向的"对外宣传"转变为双向的"国际传播"。同时，中国企业应积极联系当地华人华侨群体，了解当地社会的话语体系并以其熟悉的讲话方式讲述"中国故事"，降低非传统政治风险对海外经营项目的冲击。

（六）推进滇缅贸易发展，提高商品竞争力

我国云南省应该继续深入实施以科技带动边贸发展的战略，继续深入发展云南省优势产业的出口，如机电产品、纺织品和服装等商品的出口，并大力发展具有较大发展潜力的茶叶、卷烟等产品的出口，扩大玉石、云南白药等商品的出口，不断提高传统优势出口商品的质量和附加值，保持优势产品的地位，进而更大程度地提高云南出口优势。云南不断对进出口商品贸易的结构进行优化，对于滇缅两者的优势要有更加清晰的认识，积极扶持和发展优势产品和产业，推进滇缅贸易发展，并鼓励企业有计划有步骤地推行品牌战略，创造良好的品牌效应。例如云南白药在中国医药行业的品牌知名度很高，而且作为云南医药行业的领先者，云南白药集团也应该加强其对外贸易的发展强度，使得云南这一优势企业在对缅甸出口中占有一定的份额。

对于科技含量高、环保技术好的企业，政府应该给予积极的支持和保护，加大对其的投资、鼓励和支持，为企业良好的发展保驾护航，促进边贸企业的良好发展。而且在发展云南与缅甸进出口商品贸易时，要不断提高自身商品的竞争力，扩大商品在缅甸市场的占有份额，改变商品结构，从而使云南与缅甸之间的对外商品贸易得到快速发展。

（七）转变贸易方式，推动产业结构优化升级

目前，云南与缅甸之间的贸易方式主要以边境贸易为主。随着国际环境的变化以及国家间经济发展的需要，云南应该转变对缅甸的贸易方式，实现以边境贸易为主，并且不断向加工贸易、易货贸易、转口贸易等多种形式相结合的方式进行转变，带动双方之间商品贸易的发展，进而推动双方经济保持稳定增长。

重视产业结构和出口商品结构两者之间的关联作用，利用商品结构的变化推动云南产业结构转变，使之更好更快地发展，同时以高级化和国际化的产业结构来促进出口结构的升级优化，形成经贸和产业一体化的形式。借助云南自有的优势产品、商品的品牌效应来参与滇缅贸易，发挥云南向缅甸出口稳定而持续增长的潜力。出口的主要商品的等级和层次决定了出口商品结构的层次，外贸商品的结构是调整产业结构的标准，扶持主导出口商品所在的企业，促使外贸结构优化，推动产业结构升级。

（八）制定有利于双方发展的贸易政策

我国云南省是缅甸主要的贸易伙伴，其自身的经济发展水平比缅甸经济发展水平高、发展速度快。在云南与缅甸的经贸中，云南可以利用东盟自由贸易区有利的政策方针，以昆明市或者瑞丽市为中心平台，制定促进贸易发展的条款和政策。基于昆明或者瑞丽的平台，滇缅之间以互利共赢为合作原则，促进双方贸易的发展，使双边人民群众的生活得到改善。制定对双方商品贸易发展都有利的贸易政策，降低贸易壁垒带来的不利影响，避免产生贸易摩擦，从而促进双边贸易又快又好地发展。云南省也应在中国与缅甸双方外贸政策的前提下，积极发挥区位优势，并充分利用中央政府针对云南省制定的扶持云南对外贸易的政策，积极贯彻"走出去"战略，不断对缅甸市场进行深入研究分析，利用技术还有资金优势，加大投入资金建设基础设施，开发新的商品贸易领域。双方政府，不管是中央政府还是地方政府，都必须统一方针政策，不断调整双边贸易中不合理的限制性条件，制定更多互利共赢的政策，为双方经贸的发展奠定基础。缅甸政府也要采取有效的措施来保证政策的有效实施。双方的贸易要想向期望的方向稳健发展，双方就必须要有稳定的政治环境、良好的政策措施，只有这样才能使得商品贸易又快又好发展的目标得以实现。在商品进出口方面，对于缅甸对云南具有出口限制性的商品，逐渐通过双方之间的协商或取消或扩大出口的限额，例如木材方面。只有双方都本着互惠互利的原则，制定外贸政策，才能更好地促进双边商品贸易的发展。

（九）改进完善边境结算方式

中缅在进行边境贸易商品结算时，虽然在瑞丽已经挂牌成立缅币兑换，希望通过中缅货币的兑换来给边境贸易和边境人民带来便利，但是目前仍未达到预期的结果。中缅的结算体系不完整就会滋生"地摊银行"的发展，给边境贸易带来不利因素和潜在隐患。中缅政府应该加大力度来推进中缅货币结算，制定规范的法律和法规，并鼓励人们通过正规的渠道进行人民币和缅币的兑换，加大力度杜绝"地摊银行"的存在，保证边境贸易的结算方式又好又快地发展。

（十）运用外交手段促进贸易发展

对于滇缅贸易发展中遇到的许多问题，单单靠我国云南省自身的力量在某些事情上是不能解决的，也需要国家通过外交协商或者谈判手段来解决。国家之间在进行商品交易往来时，不可避免会出现一些贸易摩擦，而这些贸易摩擦只有通过政府的外交手段才能进行解决。"一带一路"倡议的提出，给滇缅双方贸易的发展也带来了机遇。云南省政府或者是贸易协会应该不断加强应对策略、公开信息和政策、设立预警机制的建设，不断增强其工作的深度和力度，一旦遇到贸易摩擦问题，积极帮助企业解决问题，也要不断提升企业面对摩擦时的应对能力。

六、中国与泰国农业合作建议

（一）重点关注相关基础设施与目标产业的投资

中国应凭借在技术、资金、人才等方面的优势，同东部经济走廊的目标或需求对接，充分利用相关优惠政策，参与其建设与发展。当前东部经济走廊建设的主要内容是基础设施建设、扶持 12 个目标产业以及促进高新技术研发。中国设施建设方面优势明显，具有技术水平高、建设周期短、工程质量好等特点，可重点参与东部经济走廊规划的高速铁路、机场扩建、码头改造、智慧城市等项目工程。东部经济走廊扶持的 12 个目标产业中有多个产业与《中国制造 2025》重点发展产业相一致。中国可以鼓励技术领先的企业前去投资设厂，甚至选择相关产业具有优势的省份与东部经济走廊三府组建地方政府间的联合协调工作小组，以促进两国企业之间、政企之间、地方政府之间的产业合作。此外，泰国政府已经认识到人才支持对东部经济走廊的重要作用，不仅将教育培训增补为目标行业之一，还制定了东部经济走廊人力资源发展的综合协调发展计划；加强同外国高校或教育机构的合作。教育培训合作也可成为一大合作亮点，中国鼓励高等院校、科研院所、企业研发部门、民间培训机构等在东部经济走廊设立分校区、研究中心、职业培训学校等。目前，暹罗大学与海南大学、海南师范大学，苏拉纳里理工大学与福州大学等中泰两国的高校之间达成面向东部经济走廊的学术合作关系。帕那空皇家大学孔子学院与腾晖技术（泰国）有限公司签署合作协议，举行了汉语班开班仪式。

泰国积极推介东部经济走廊，颁布一系列优惠政策，也展现出同中国

"一带一路"对接的强烈意愿，吸引不少中国企业的高度关注。但需要注意的是泰国宣传东部经济走廊通常重点突出其具有的各种优势和优惠，往往忽略可能存在的劣势与风险。因此中国企业在前往东部经济走廊开展商业活动之前，需要对泰国当地法律法规、社会风气、风土人情等方面有充足的知识储备，对意向项目的可行性、可持续性、可盈利性等做好调研工作，避免投资经商的盲目性。有些风险通常事发突然无法掌控，因此我国相关企业需要提前准备好应对突发事件的处理措施，确保在东部经济走廊的投资项目不受到严重影响。

（二）加强中泰两国农产品质量安全合作

应加快建立中泰农产品质量安全管理体系机制，加强中泰农产品质量安全机制建设的顶层设计，包括农产品质量安全信息溯源、风险评估平台等，提高信息交流速度，及时把握两国产地环境质量和农产品质量最新发展动态，协调两国农产品质量安全的国际纠纷，减少贸易摩擦。同时在此平台上推动两国科技合作，开展培训和宣传，促进两国农产品质量安全控制相关的科学技术交流，可以有效提高两国农产品质量安全保障技术水平。继而以构建的中泰农产品质量安全合作机制为基础，辐射至东南亚，扩大农产品质量安全合作影响力，逐步将其他国家纳入农产品质量安全机制内，形成东盟区域的农产品质量安全合作大联盟，促进东盟区域内农业可持续发展，互惠互利，共同繁荣。

（三）加强中泰标准互认和农产品认证

随着"一带一路"倡议的深入实施，标准化在便利经贸往来、支撑产业发展上的作用日益凸显。目前，老挝、柬埔寨等东盟国家标准化处于起步阶段，标准化程度低，其有多项标准采用泰国标准。通过加强与泰国标准化合作，共同制定双边或多边区域标准，推动中国-东盟标准化发展，以构建全要素、全链条、多层次的东盟国家热带农产品质量安全标准体系。

应与泰国建立标准互认机制，包括产地环境标准认证和农产品安全管理体系标准认证，对中泰技术指标基本一致的标准或者共同使用的国际标准进行互认，针对其他标准则开展一致性可行性研究，促进两国共同提升农产品质量安全标准水平；积极推进两国检测认证机构互认，积极参与国际实验室能力验证比对试验，对农产品质量安全结果双边互认，节省检验检测成本，为两国农产品顺利进入双方市场创造条件；扩大中泰农产品质量统一认证范围，尤其是自愿性产品认证、有机产品认证、良好农业规范认证以及其他国家的先进体系认证等，促进两国农产品贸易的发展。

（四）加强中泰农产品质量安全科技创新基础和应用研究

泰国与我国在自然气候、生物资源、农业生产状况以及人文风情习俗等方面具有相似性，在农业科研方面具有共性和互补性，在科学技术、经验和成果等方面具有很强的可移植性和适应性，具备开展合作的区位优势和地缘优势。应建立中泰食品及农产品质量安全研究领域科学家专家联席会，两国专家共同评议和商讨中泰食品及农产品质量安全研究的优先领域，并与已有良好科研基础和国际合作背景的高校、科研机构建立中泰农产品质量安全联合实验室，积极开展中泰农产品质量安全相关领域的基础科技创新研究。共同加强在检测新技术、新方法、新材料和农产品产地溯源以及农产品真伪鉴别技术，物流运输、冷藏保鲜技术等农产品质量安全高新技术方面的合作与交流，促进两国农产品质量安全学科建设，解决中泰两国目前存在的影响农产品质量安全的共性科研难题。

（五）鼓励建设合作基地，形成合理的农产品生产管理体系

在加强中泰两国科技基础研究的基础上，鼓励将中泰技术研究成果孵化落地在合作基地中。合作的方式采取多样化，除了鼓励中方农业企业投资泰国之外，也可以引进资金，鼓励泰国农业企业到我国投资建立种植园、加工包装工厂等，便于泰国的农产品种植技术、标准及时落地，提高信息交流分享速度。以农产品质量安全的视角，在产地环境修复改良技术、农产品种植过程中农药的使用管理、农业良好规范的建立、质量安全关键控制点设立、农产品包装贮运等方面加强技术推广和合作，统筹国际国内两个市场、两种资源，推动两国农业生产管理技术和标准协调一致，改善农业国际贸易发展环境，共同促进中泰农产品质量安全交流走向常态化，并逐步形成跨区域、跨学科的农产品质量安全科研创新队伍，提高解决农产品质量安全的技术和手段，培育国际化专家和顶尖团队。

（六）优化两国农产品出口结构，增强产品优势

中国与泰国农业资源的差异主要源自两国本身的资源禀赋，在各类资源的优势上不尽相同。泰国的土地密集型农业与中国的劳动密集型农业有着根本性的差距。对于泰国而言，可以继续扩大本国的优势，重点发展大米、橡胶等农作物的种植，着重提高农业技术，加大产量提升质量。对于中国而言，应该加大改变传统农业经营模式的力度，进行大型且有规模的农业经营，在这个基础上延伸下线的多条产业链，实行可持续发展，增强产品发展动力，提升产品的附加值。对于两国由于气候等自然禀赋造成的农产品种类优势不

一的情况，两国可以合作形成需求互补，优化各自的出口种类结构。

（七）消除贸易壁垒，健全农产品外贸机制

虽然贸易壁垒对于保护本国贸易确实有利，但与此同时也会阻碍本国的出口。为了两国之间有更好的贸易合作前景，尽可能放宽针对农产品的市场准入程序与标准，但是同时也要健全自身的农产品外贸机制。对于泰国与其他国家的农产品准入规则进行实时监测，在放低本国贸易壁垒的同时也要防止他国的贸易壁垒。对于农产品出口的反馈与预警机制要尽可能完善，及时了解并掌握国际市场的动向，对于可能面临的贸易壁垒迅速做出反应。对于贸易合作伙伴，公开我国的农产品的检测安全数据，这样可以保持良好的合作贸易环境。对于可能发生的贸易摩擦要积极应对，不断了解农产品贸易国际规则，对 WTO 贸易争端的解决方案进行关注学习，维护我国在农产品对外贸易上的合法利益。

（八）顺应新时代互联网发展，发展跨境业务

新时代"互联网＋"的发展也为农产品贸易提供了源远流长的发展动力。在连接人与人、人与物的互联网技术上，中国的农产品贸易可以使得农产品拥有更大的产业价值，减少农产品中间商的所需成本，在发掘与泰国或者其他国家的贸易中使农产品的竞争力得到进一步的提高。为此，中国应继续扩大农业科技投入，鼓励创新和驱动新型销售渠道的高速发展。为了满足互联网跨境电商的需求，对于物流专线的信息系统也要保持随时更新换代，并且对于农产品的库存与实时价格进行监控，对于运输所需的保鲜技术要加快专业的技术研发。为了更好地满足"互联网＋"的发展以及跨境消费，中国与泰国还需要在贸易信用支付体系上进行合作，减少跨境支付的风险，为促进农产品与"互联网＋"和谐发展营造完善的发展环境。

（九）继续推进"一带一路"，加强农业领域合作

在"一带一路"倡议的不断推进下，中国和泰国农业都获得了长足的发展。在持续保持与泰国等沿线国家平等对话、交流经验的同时，中国也在不断向外输出本国的优秀农业人才，带动双方在农业技术层面的发展进步。既给对方国家带去先进的科学技术，也为自己国家的文化输出赢得不少赞誉，这也是一种双赢。在此背景下继续引导两国农业领域的合作，进一步拓宽合作的领域范围，提升两国农产品的对外贸易水准。在农产品的对外运输航线上，确保基础设施不断完善，使两国间相连程度日益深入，这样会大大减少农产品运输成本与运输中可能遇到的损害，进一步提升农产品的竞争力。

七、中国与越南农业合作建议

（一）优化贸易商品结构，创新中越贸易合作方式

越南在对华贸易中主要出口的是初级产品和低附加值制成品，对华出口商品结构单一。随着越南国内生产力水平的提高，越南可以通过积极优化和调整产业结构将出口由依靠劳动密集型产业转为依靠高附加值制造业，为丰富和优化对华出口产品打下基础；依靠现有的生产力水平对出口的初级产品进行深加工，努力提高出口商品的附加值；同时要结合国际市场的现实情况，提高国内对出口产品的质量要求；并通过给予高附加值、高新技术企业更多的政策支持来帮助这些企业提高出口商品的竞争力。

越南可以通过提高本国出口商品的质量和附加值来打开中国市场。越南要用长远和发展的眼光选择性地从中国进口商品，选择一些虽然价高但是技术比较先进的产品和设备，除了提高生产效率和减少能耗，更重要的是能从中学习先进的技术经验并提高自身的生产力水平。越南可以通过提高本国的生产力水平、调整优化对华出口商品结构（由出口初级产品、低附加值制成品向高附加值制成品转变）来解决对华贸易逆差问题。中国在对越南贸易过程中要发挥大国精神，主动与越南沟通交流，探索多样化的贸易合作形式。不仅要与越南积极开展商品贸易，更要灵活地采用无偿援助、技术支持、基础设施建设等多种方式来实现中越的优势互补。中国要积极引导本国优秀企业对越南投资，为对越南投资企业提供支持；通过政策引导中国企业开展对越南贸易，既要使中方企业能充分利用越南优势资源实现企业自身利益，又要给越南相关产业带去先进的技术、管理经验和资本，帮助越南相关产业发展，这样才能最终实现中越两国的互利共赢。

（二）提高贸易便利化水平，加强基础设施建设

中国与越南贸易规模进一步扩大对中越贸易所需的基础设施有了更高的要求。尤其是在交通上，需要在现有跨境公路、港口、铁路、机场等设施的基础上不断完善并扩大规模以提高各种交通运输方式的运输能力。中越铁路建设属于泛亚铁路规划中的东线部分，中越铁路一旦建成不仅有利于提高中越双边贸易的便利化程度，还有利于越南与"一带一路"沿线大陆国家的往来，给越南带来更多的发展机遇。

虽然中国相关企业拥有十分先进的铁路建设经验和海外投资建设的经验并且也愿意帮助越南完善其国内交通网，但是出于政治、经济等多方顾虑，越南选择了日本企业进行铁路建设，而日本企业的建设成本过高导致中越铁

路越南段工程进展缓慢,至今仍未贯通。在基础设施的建设上,中越两国要立足长远、协商共建,完善中越有关基础设施投资建设的合作机制,以成文的规定保障基础设施建设的有序进行。

越南方面还应完善对基础设施投资建设的有关法律法规,以公正公开的方式进行基础设施投资建设的招标工作,争取以合理的成本高质高效地完善本国的交通基础设施。中国应引导鼓励优秀的中国企业通过招标等公平的竞争方式参与越南的基础设施建设工程。中国企业在参与越南基础设施建设前要充分了解越南相关的法律法规,在建设过程中要高质高效,树立良好的企业形象。中国和越南要通过积极的沟通和交流增强两国的互信,共同努力为建设中越两国贸易所需的基础设施提供一个稳定的外部环境,为中越两国的贸易往来提供更便利的交通环境。

(三)继续实施降低关税的优惠政策

关税成本过高是不利于中越双边贸易往来的。中越两国应重视降低关税对中越双边贸易的积极效应,通过科学规范地制定对越和对华关税政策来推动中越双边贸易进一步的发展。目前中越两国尚未全面实现零关税,为了进一步深化中越双边贸易合作,中越两国仍应该致力于降低关税。不过关税的削减绝不能一蹴而就,而应该分阶段逐步进行。在执行过程中要结合中越两国的实际情况灵活调整。在制定关税减让政策时,中越两国要妥善处理好两方面的问题:一是削减关税对中越双边贸易有促进作用,可以加深中越两国的贸易合作,拓展中越两国贸易合作领域;二是关税的设置对本国的产业可以起到一个支持和保护的作用,可以选择性地引入外资,减少其对本国本土产业的冲击。为了妥善处理好这两方面的问题,中越两国在制定相关关税政策前,应该要经过充分的沟通和协商,以确保所制定的关税既能促进中越两国的贸易合作,又不会对中越两国的本土产业造成不利影响。对于中越两国通过协商制定的关税协定,中越两国政府要严格遵守和执行,严格按关税协定的要求进行减税。中越两国政府还应建立健全关税征管、监督机制,联手严厉打击走私行为,维护中越双边贸易的正常秩序。通过科学有序地降低关税,推动中越双边贸易的自由化,深入挖掘中越双边贸易合作潜力。

(四)利用自身优势,加强农产品加工合作

中国要利用好与越南地理相邻以及自身农业加工业优势,加强与越南的农产品生产加工合作,充分利用越南丰富的农副产品资源,开发新的深加工农产品。

由于进出口鲜果较易损耗,中国企业可考虑依托边境城市,在边境园区

进口越南新鲜水果，进行果汁、干果等产品加工，同时利用好跨境劳务、跨境金融合作及"互市＋加工"运营模式，赴越南投资建立水果加工厂，再返销国内。

越南是天然橡胶的种植、生产和出口大国。目前越南向中国出口的大多为未加工的橡胶，每年向中国出口橡胶占越南总出口量的六成多。中国的橡胶工业门类比较齐全，体系完备，在橡胶加工方面已有一批知名产品。中国正在打造桂林橡胶产业园区，将形成年产值180亿元的橡胶轮胎产业集群。但由于中国本土的橡胶产量不足以保证橡胶加工业的顺利发展，中国有必要加大从越南进口橡胶的力度，促进中国橡胶加工工业发展壮大。

水产加工合作。越南水产养殖业近年得到越南政府的鼓励发展，水产品产量不断提升，罗非鱼、巴沙鱼和虾是其主要出口水产品。中国市场对水产品的需求很大，中国企业可在中越跨境合作区，如东兴等地，进口越南水产品进行深加工，再行销到中国国内市场。

（五）建立政策协调机制和强化软环境建设

在促进跨境农业一体化合作的政策机制协调和软环境建设方面，要协调实现农产品贸易和农业跨境投资便利化，保证商品和生产要素的跨境自由流动。目前，中越双方已经在农产品认证等方面签署了备忘录、合作协议，也批准了双方的一些企业在对方国家注册等。双方还要继续改善通关环境、简化通关手续和提高通关效率，统一检验检疫标准；要保证跨国农业投资的畅通，在财政、金融和税收等方面加强对跨境投资的融资服务和支持工作；要加强对跨境农业劳动力管理的政策协调，消除人力和人才资源流动的机制障碍；要加大双方政府对农业合作的引导和支持，开展定期交流，加强政策和信息的协调；双方要组织农产品展销洽谈会、农业领域各层次的研讨会；双方农业管理部门要帮助农业企业协调解决好境外投融资难、产品进出口手续受限等问题。

参 考 文 献

程希，段涛，2018. 以投资柬埔寨作为推动澜湄合作机制的后发动力 [J]. 中国市场，961（6）：73-79.

付永丽，2020. 中缅边境地区国家级边境经济合作区的发展特征及其前景 [J]. 贵州民族研究，41（10）：134-140.

胡慧茵，2022. 柬埔寨从"一带一路"倡议受益良多　自贸协定生效后农产品、旅游等领域涌现大量商机 [N]. 21世纪经济报道，2022-01-10（009）.

胡慧茵，2022. 中泰铁路进入全面建设阶段　泰国与区域经贸互通提速［N］. 21世纪经济报道，2022-07-18（009）.

蓝庆新，2022. 中老铁路推动"一带一路"建设走深走实［J］. 丝路百科，38（1）：15-16.

李忻蔚，丁仁展，李立池，等，2021. 中越边境农业科技合作现状与对策［J］. 农业展望，17（9）：134-141.

李雪娇，郭小虎，2022. "一带一路"倡议下中越跨境合作新发展探析［J］. 边疆经济与文化，220（4）：16-18.

林妮（MIENGHEUANGTHONG LOUNNY），2020. 老挝参与澜湄合作机制研究［D］. 长春：吉林大学.

潘美，2022. "中老经济走廊"建设对双边经贸合作的影响研究［D］. 哈尔滨：黑龙江大学.

孙智明，2022. 澜湄合作视域下云南与老缅泰次区域农业合作的时空格局及推进机制研究［D］. 昆明：云南师范大学.

万宁，2022. RCEP下的中泰双边贸易［J］. 中国外资，509（14）：6-9.

韦宏丹，许劲，吴菁华，2021. 区域经济合作新背景下中越双边贸易研究［J］. 北方经贸，435（2）：21-24.

余海秋，刘海丹，2022. 推进中泰两国"在绿色循环中相遇美好"［J］. 社会主义论坛，453（9）：52-53.

郑国富，2019. "澜湄合作"背景下中柬双边农产品贸易合作发展的现状与对策［J］. 广西财经学院学报，32（4）：20-32.

郑国富，2022. "一带一路"倡议下中缅农产品贸易合作的成效、问题与发展对策［J］. 创新，16（4）：53-63.

周萍，2022. "一带一路"倡议下中缅经济走廊的建设［J］. 全国流通经济，2308（4）：113-115.

图书在版编目（CIP）数据

澜湄国家农业发展现状及农产品质量安全标准分析 /
王飞，王会，曾亚琴主编. —北京：中国农业出版社，
2023.11

ISBN 978-7-109-31294-4

Ⅰ.①澜…　Ⅱ.①王…②王…③曾…　Ⅲ.①农业发
展—研究—中国、东南亚②农产品—质量管理—安全标准
—研究—中国、东南亚　Ⅳ.①F313②F316.5

中国国家版本馆 CIP 数据核字（2023）第 203156 号

中国农业出版社出版
地址：北京市朝阳区麦子店街 18 号楼
邮编：100125
责任编辑：卫晋津
责任校对：史鑫宇
印刷：北京印刷集团有限责任公司
版次：2023 年 11 月第 1 版
印次：2023 年 11 月北京第 1 次印刷
发行：新华书店北京发行所
开本：700mm×1000mm　1/16
印张：13.75　　插页：2
字数：267 千字
定价：88.00 元